KB031928

일본적 사회질서의 기원

GENDAI NIHON NO SHAKAI CHITSUJO(일본적 사회질서의 기원)
by Akira Narusawa
© 1997 by Akira Narusawa
Originally published in Japanese
by Iwanami Shoten, Publishers, Tokyo in 1997

한림신서 일본학총서 78

일본적 사회질서의 기원

나루사와 아키라(成沢光) 지음 | 박경수 옮김

小花

한림신서 일본학총서 78
일본적 사회질서의 기원

초판인쇄 2004년 8월 25일
초판발행 2004년 8월 30일

지은이 나루사와 아키라
옮긴이 박경수

발행인 고화숙
발행처 도서출판 소화
등록 제13-412호
주소 서울시 영등포구 영등포동 94-97
전화 2677-5890(대표)
팩스 2636-6393
홈페이지 www.sowha.com

값 7,000 원

ISBN 89-8410-259-8
ISBN 89-8410-105-2 (세트)

일본적 사회질서의 기원 **차례**

서론

1. 현대사회의 질서상

현대의 일상생활에서는 이미 익숙해져서 별로 문제삼지 않는 것 중에 청결하고 밝은 공간이 있다. 더러움이나 어두움, 어수선하거나 효용성이 낮은 것들은 공간의 가장자리나 외부로 배제되고 내부는 말끔히 '정리', '정돈' 되어 있다. 표준 척도를 기준으로 설계되어 인공적으로 그어진 직선을 기초로 하면서, 울퉁불퉁한 기복을 없앤 평탄하고 매끄러운 면을 중심으로 구성된 공간이다.

인간은 이 공간 속에서 인공적으로 치밀하게 생산된 갖가지 제품과 장치를 이용하며 기계 시계에 의해 표준화된 시간과 미리 작성된 시간표에 따라서 행동하는 것이 '자연' 스럽다. 몸은 '건강' 하고 '정상' 이며 '청결' 해야 하고, 대개는 특정한 양식의 의복을 걸치고 정형화된 언어·동작을 적절한 속도로 정연하게 되풀이한다. 불특정 다수의 사람들이 행하는 행동과 언어는 표준화·균질화되어 서로의 '이성'으로 이해하기 쉽고 또 조작, 관리하기도 쉽다.

비이성적이거나 예측 불가능한 '이상한' 행동, '무례' '불손' 혹은 '야만'스러운 것들, '불결'한 사람과 그러한 환경은 질서에 대한 위협으로 간주된다. 카오스 즉, 무질서는 이윽고 코스모스의 바깥으로 철저히 배제된다. 자연재해는 여전하지만 초자연적인 존재의 개입은 완전히 배제되어 주술이 코스모스의 유지에 영향을 미칠 여지는 없어지고 모든 것이 세속화된다. 이러한 세계에서만이 일정한 목적을 지닌 기능집단의 경제적, 사회적 생산효율은 오르고 '성장' '발전' '진보'의 기초가 형성된다.

이것이 바로 우리를 둘러싼 시공간에 관한 현대사회의 세계관 또는 우주관이다. 각종 집단이 추구하는 기능적 합리성이 이러한 코스모스(cosmos)를 잉태하고 사람들은 그런 우주관에 따라서 시간을 엄수하고 건강을 관리하며 사는 것이 '윤리'가 된다.

나아가서 이 코스모스는 정연한 공간과 청결하고 건강한 신체야말로 아름다움이라는 식의 일정한 미적 감성을 형성함으로써 변함없는 지위를 누리게 된다. 이러한 질서 속에 참여하기 위해서는 흔히 경제적 또는 경제외적 강제가 따르겠으나, 기능·윤리·미의식이 일체를 이루고 있는 까닭에 개개인의 자발성이나 질서 속의 일원으로서 심리적 만족감을 환기시킴으로써 코스모스는 더욱더 강고해진다. 한편, 이 세계는 인간의 일상적인 행위에 의해 성립되지만 현실적으로는 언제나 불완전한 형태로서밖에 인식되지 않는다. 따라서 앞서 말한 우주관이란 그저 이상적인 세계에 대한 이미지일 뿐이다. 그러나 아득히 먼 유토피아라기보다는 이미 현실 속에서 실현되고 있는 친근한 코스모스이다. 그 실현을 향하여 사람들은 쉴새없이 바쁘게 활동해야만 하는 것이다.

이 코스모스와 그 내부에 사는 사람들의 언어 및 행동양식은 온갖 기능집단을 비롯한 도시사회의 발달과 함께 신분이나 지역의 차이를 넘어서 널리 보급되었다. 이 시대를 '근대'라고 부른다면 '근대'가 달성한 성과란 참으로 크고 또 깊다. 신분별·지역별로 세분된 코스모스로부터 사람들을 해방하고 '근대인'의 이념을 기초로 한 산업화·조직화·정보화의 발전이 많은 사람들에게 '안락'과 '쾌적'을 제공했기 때문이다. 그러나 동시에 인공적 사회공간을 만들고 또 유지·관리하기 위해, 그리고 한편으로는 쾌적한 이 코스모스에 계속해서 안주하기 위해 인간이 치른 희생이나 잃어버리는 것들 또한 엄청나다.

우선 자연환경에 주는 부하(負荷)라는 문제를 들 수 있다. 에너지 자원에 대한 의존은 인공적 공간이 확대되고 질서가 철저해질수록 방대한 양에 이를 수밖에 없다. 애당초 자연에 대한 이용 및 조작의 가능성을 높이는 것이 이 사회질서의 목적이기도 하므로, '개발'을 환경 파괴로 간주하고 자연에 떠안기는 부하의 한계를 자각하는 것 자체가 대단히 어려운 일이다.

둘째로는 몸, 생명과 같은 인간 속의 자연성이 인공적 공간과 '제품'이라는 이름의 합리적 물체에 둘러싸여서 거의 되돌릴 수 없도록 변질되어 버렸다는 사실이다. 공격적이며 파괴적인 충동이 억제 당하는 것은 '문명화 과정'(N. 엘리어스)의 필연이라 하더라도 생명 의 탄생부터 죽음까지가 인공적 질서 하에 관리됨으로써 인간 본래 의 감성 · 상상력 · 생명력은 약해질 수밖에 없다.[1] 무균(無菌)사회 를 지향한 끝에 면역력이 약화되고 약제에 대해 강한 내성을 지닌 세균의 역습을 두려워하는 것 따위는 사소한 예에 불과할 것이다.

셋째로는 질서화에 반드시 동반되는 인간의 균질화 문제이다. 다 양성과 이질성이 상실되었을 뿐만 아니라 개개인의 정신 · 신체의 차이에 대한 인식도 약해졌다. 일정한 사회질서 속에서 인간관계는

---

1) '모든 생활 필수품'이 "제품이란 형태의 합리적 물체가 되고 전 생활영역이 완전히 콘크리트화해 버려서", "인간의 상상력까지도 변형되고", "물건과 인 간의 관계가 근본적으로 변해 버린", '新品文化'의 시대에 관해서는, 藤田省 三, 『精神史的考察』(平凡社, 1982), pp.278~, 飯田泰三 · 宮村治雄 편, 『藤田 省三小論集 戰後精神の經驗II』(影書房, 1996), pp.81~, 『藤田省三著作集』 5(みすず書房, 1997), p.1 참고.

또한 L. Mumford가 이미 1950년대 초에, 인간의 기계화 · 규율화가 수도 원 · 관료조직 · 군대로부터 시작되고 현대에 이르러서 전면적으로 나타난 점에 관하여 문명비판을 전개한 사실을 상기하고 싶다. "근대인은 요컨대 기 계를 이용하여 힘과 질서를 획득하였으나 그로 인해 인간생활의 거의 대부분 을 배제하고 매몰시켰다. 즉 자동인형에게 권한을 이양하고 자신의 판단을 포기해 버림으로써 근대인은 오히려 스스로의 본능적 충동을 해방시켜' 정 신착란과 무감각의 상태' 속에서 "주지하는 바와 같은 대량살육을 계획했 다". L. Mumford, 『現代文明を考える—藝術と技術』(生田勉 외 일역, 講談社 學術文庫) 제2장. 이 밖에 L. Febvre/G. Duby/A. Corbin 공저 『感性の歷史』 (小倉孝誠 외 일역, 藤原書店, 1997).

서로 예측 가능한 형태를 취해야만 한다는 의식이 보편화되었다. 예상치 않은 갈등에 휘말리는 것을 경계하고, 혹은 보험을 들어서 위험 부담을 극소화하려고 한다. 그 결과 이질적이거나 이해 곤란한 타자에 대한 상상력이 더욱더 고갈되고 예외자, 소수자에 대한 불관용·적의·냉담함이 증폭된다. 이러한 인간관계의 위기가 진행되는 현상을 회피하고자 예를 들면 도시화사회에서 '무질서의 효용'(R. 세네트)을 주장하곤 하였다. 그러나 사람들은 이질적인 요소를 조합한 '무질서'로부터 전혀 '새로운 질서'를 끊임없이 재창조하기 위해 수고하기보다는 기존의 질서에 안주하면서 당연히 개선되어야 할 일을 그냥 방치하는 쪽으로 기울기 일쑤였다.

넷째로는 사회질서가 미시적인 권력의 발생을 촉진하며 결국은 개인의 자유를 억압한다는 점이다. 행동의 규율화는 일탈 행위에 대한 '감시와 처벌'(M. 푸코) 장치의 발달을 불러오고, 각 기능집단 속에서 개인 행동의 집중적인 관리를 용이하게 하기 때문이다. 문제는 여기서도 관리 당하는 것을 '압박'이라고 느끼지 못하고 도리어 관리 당함으로써 얻어지는 '안락감'을 불안과 긴장이 따를 수밖에 없는 '자유'보다도 '쾌적'하다고 느낀다는 사실이다.

끝으로, 개인들의 자유로운 대화를 통한 공공적 질서의 형성이 저해되기 쉽다는 점을 들 수 있다. 기존의 '쾌적'한 코스모스 속에 틀어박힌 사람들로서는 애초부터 이질적인 타자와 논쟁할 필요도 기회도 극히 적을 수밖에 없고, 시민 사이의 이해를 조정하는 활동에 적극적으로 참여해서 소위 시장적 사회질서를 실현하는 것은 극히 어렵기 때문이다.

2. 일본적 질서형성과정의 특징

앞에서 본 질서상이란 세계 도처에서 이미 보편적으로 나타났거나 혹은 장차 실현하고자 하는 미래의 목표라고 할 수 있다. 그러면 도대체 그 원형은 언제, 어디에서부터 발생한 것일까? '근대' 서유럽에서 형성되어 '후진국' 쪽으로 일방적으로 전파된 것일까? 아니면 각지에서 제각각 '발전'이 이루어진 후에 서구의 영향 때문에 가속도가 붙은 것일까? 이 같은 의문을 해결하기 위해서는 각 지역별로 질서형성과정에 관한 상세한 분석이 필요한 것은 말할 나위가 없다. 여기서는 일본의 경우에 국한해서 사회질서가 형성되는 과정과 그 기원에 관해 검토해 보고자 한다. 이를 위한 사전 작업으로서 우선 일본의 '근대적' 사회질서 형성과정의 전체적인 특징에 관해 개관해 보자.

첫째는 원형(原型) 질서가 형성되는 속도가 외국에 비해 현저하게 빨랐다는 점이다. 메이지 유신(明治維新) 이후 1890, 1900년대를 형성기라고 본다면 극히 단기간에 실현되었다고 할 수 있다. 서유럽의 경우 예컨대 공중위생의 제도화 과정을 살펴보면, 14세기 후반

이래 페스트 환자 또는 그 감염 가능성을 의심받은 하층민의 격리·봉쇄 조치에서 시작하여 18세기의 '예방'을 목적으로 한 신체환경 만들기에 이르기까지는 오랜 시간이 걸렸다.[2] 공기와 물의 흐름을 정화한 청결한 도시공간의 형성, 신체 단련과 목욕 습관에 따른 건강한 몸 관리는 19세기 이후 콜레라 유행으로 인하여 더 한층 강화되었다.[3]

그런데 일본의 경우는 1850년대 개국 이후 콜레라가 유행하면서부터 '공중위생' 관념과 제도를 수입했으므로, 에도시대(江戸時代. 1603~1867) 도시의 위생상태에 대한 평가를 별도로 친다면 서구에서 500년간의 역사를 통해 달성한 성과를 극히 단기간에 흡수한 셈이다. "일본 국민은 불과 10년 전까지만 해도 봉건제도와 교회·수도원·동업조합 등의 조직을 갖춘 우리네 중세 기사시대 정도의 문화 상태에 있었지만, 그 과정을 한걸음에 뛰어넘어 우리들 유럽의 문화발전에 소요된 500년이란 시간과 19세기의 모든 성과를 단숨에 그것도 한꺼번에 제 것으로 삼으려 한다"(E. 벨츠).

또 하나의 예로, 경찰의 관리에 의한 통일 규격의 도로 포장과 가

2) M. Foucault, 『監獄の誕生』(田村俶 일역, 新潮社, 1997); M. Foucault, 『臨床醫學の誕生』(神谷美惠子 일역, みすず書房, 1969) 참고.
3) 見市雅俊, 「公衆衛生の發展と身體の規律化 ―ヨーロッパ近代」(『シリーズ世界史への問い5 規範と統合』, 岩波書店, 1990), J. Csergo, 『自由·平等·淸潔』(鹿島茂 일역, 河出書房新社, 1992), G. Vigarello, 『淸潔になる'私' ―身體管理の文化誌』(見市雅俊 감역, 同文館, 1994) 참고.

로 조명이 보급되고 밝은 도시공간이 생성되기 시작한 것은 서구의 경우 17세기 이후의 일이다. 물론 그 배후에는 도시 지배를 위한 절대왕정의 의지가 도사리고 있었다. 이전까지는 각 가구별로 랜턴을 이용하던 조명과 주민의 자유의사에 맡겨졌던 도로 관리가 이제 권력에 의해 통제되기 시작한 것이다.[4] 하지만 서구에서 가로 조명이 가스등에서 아크등으로 바뀐 19세기 후반경에 이 극동의 섬나라는 '근대적' 도시질서의 개념과 장치를 짧은 시간에 한꺼번에 도입하였다. '벽돌 거리'와 '가스등'이 그야말로 문명개화의 상징이 된 것이다. 이렇듯이 서유럽의 경우 100년 단위로 형성된 질서가 일본에서는 10년 단위로 바뀌었다. 이 속도가 사회질서 형성에 끼친 영향은 무엇이었을까?

둘째로는 새로운 질서가 도입되었을 때 가족 · 사찰 · 신사(神社) · 동업자 단체 · 지역공동체 등 '전통사회'의 해체와 재편에 대한 저항이 약했던 점이다. 신질서의 도입에 긴 시간이 걸렸던 다른 국가나 지역에서는 저항이 서서히 해소되었을 것이다. 이에 반해 일본은 지극히 단기간에 신질서를 받아들였기 때문에 민중의 당혹감이나 불안감으로 인한 격렬한 저항이 오히려 당연한 일이었다. 그러나 예를 들어 전염병 환자의 강제 격리나 주거지 강제 소독은 1870년대의 소위 콜레라소동을 야기하긴 했지만 그 기간과 참여한 지역

---

4) W. Schivelbusch, 『闇をひらく光 —— 一九世紀における照明の歷史』(小川 さくえ 일역, 法政大學出版局, 1988).

및 인원은 대단히 한정된 것이었다. 가족이나 직인(職人)조합 같은 중간단체가 권력에 대항한 힘은 결코 강하지 못했다. 게다가 '전통'의 체현자로 인식되던 황실이 '개화'에 앞장서서 의식주를 먼저 서양화하였다. 종교단체의 자립성도 약했기 때문에 나라시대(奈良時代, 710~784) 이래의 긴 역사를 지닌 신불습합(神佛習合: 신도·불교 혼합)의 제사형식을 권력이 강제로 파괴했을 때도 기성 종교의 저항은 약했다. 바꿔 말하면 '국가'로부터 비교적 자립적인 '사회'의 저변이 얕았던 것이다.

셋째는 군대와 학교가 맡았던 역할이 비교적 컸다는 점이다. 군대 자체가 민중에게는 규율적인 언어·동작과 질서 잡힌 공간을 관리하는 능력을 배우는 학교였다. 초등·중학교는 집단행동훈련을 중시함으로써 사병 교육의 예비기관으로서 역할을 수행하였다.

일본이 군대 편성을 하며 많은 점을 배워 참고한 프로이센의 경우는 18세기 이후 군대 내 일상생활의 규율화가 도시와 농촌의 군사적 규율화에 큰 영향을 미쳤다고 한다. 그 방법은 퇴역 군인을 활용한 도시의 야경(夜警)·소방·가로등 관리와 함께 이들을 하급 공무원이나 초등학교 교사로 등용하는 것이었다.[5] 일본도 제국 재향군인회가 조직화한 퇴역 군인들이 군국주의 사상 보급에 적잖은 역할을 했지만 일반 행정에의 관여는 한정적이었고, 오히려 군 내무반과 초·중등 교육기관이 규율화의 모델이자 집단행동에 대한 훈련의

---

5) 坂口修平, 「社會的規律化と軍隊」(앞의 책, 『シリーズ 世界史への問い、5』).

장으로서 보다 크게 기능하였다.

넷째는 '질서화'가 목적합리성의 범주를 넘어서는 경향이 있었다는 점이다. 이를테면 군대에서 병사의 비품관리 및 정리·정돈에는 밀리미터 단위의 정확함이 요구되는 경우가 대부분이었다. 관리 목적에서 벗어난 불필요한 질서를 '과잉 질서'라고 부른다면 일본에서는 과잉 질서를 위한 규율화에 따르는 것이 윤리적 의무가 되었고, 더구나 그 결과 실현된 질서는 사람들에게 미적 질서로 인식되거나 또는 무자각적으로 침투하였다.

마지막으로 이 질서는 내면화된 '제도'로서 사람들의 행동을 지배하고 사회를 상대적으로 안정시키기도 하였다. 이른바 '국민도덕'이나 '가족국가관' 등을 핵심 내용으로 하는 천황제 이데올로기는 이 '제도'를 보강하는 역할에 불과하였다. 1945년 패전 후 예전의 도덕은 점차 풍화하고 가부장적 가족관도 현저히 변모하였다. 하지만 이 사회질서만은 오늘날까지도 명맥을 유지하며 잠재된 의식으로 정착하였다.

현재로서는 이 질서상(秩序像)에 대신할 새로운 세계를 구상하고 그리하여 앞서 논한 여러 문제를 전면적으로 해결하는 일은 거의 불가능한 것처럼 보인다. '근대화'에 성공할수록 '가치의 상실'도 증대되는 한편, 인공적 세계 안에 '쾌적하고 안전하게' 들어앉아서 외부에 대한 불감증에 빠져 버린 사람들에게 이러한 상실이 초래한 문제의 소재를 정확히 파악하는 일은 더 더욱 어려워졌기 때문이다. 소규모 시안(試案)과 거듭된 시행착오를 제외하고는 대체할 만한 새로운 질서가 보이지 않는다는 의미에서 이는 또 하나의 '역사의 종말'이라고 할 만하다.[6] 따라서 '근대적' 사회질서의 기원을 탐색하려는 앞으로의 작업은 과거처럼 '근대화'를 단순히 긍정하는 입장에서가 아니다. '문명화'의 극점(極點)인 이 세계는 어디에서 유래한 것일까? 즉, '종말의 시작'을 묻는 일이 남겨진 과제이다.

---

6) '과학적 사회주의' 하에서도 지도자들이 '불순분자'를 제거한 다음에 평준화된 대중을 일정한 기준에 따라서 신체적 · 정신적 · 사회적으로 규율하고 '건전'한 사회에 적합하게 만드는 방법과 그 질서상은 필자가 논한 코스모스와 흡사한 것이었다. M. Heller, 『ホモ ソビエティクス —機械と歯車』(辻由美 일역, 白水社, 1988).

제1부

근대적 사회질서의 형성

1. 들어가기

여기에 채색 판화가 한 장 있다([그림 1]). 「도쿄 사쿠라다문밖 육군 조련장」이란 제목인데 군대의 조련 모습을 묘사했다고 하기에는 왠지 기묘한 느낌을 주는 그림이다.

예를 들어 [그림 2]라면 군대 조련도임을 금방 알 수 있다. 정면에 군악대가 배치되어 당시 민중들로서는 귀에 생소한 음악에다 서양식 복장과 가죽 구두로 차려입은 군대가 등장한다. 그림을 들여다보는 사람 자신이 구경꾼이 되는 것이다. 그런데 [그림 1]은 한복판을 꽤 높은 흰색 울타리가 좌우로 가로질러서 그림 전체를 위, 아래 두 부분으로 나눠놓았다. 그림의 위쪽 또한 좌우 가득히 검정 울타리가 둘러쳐져 있으며, 두 울타리 사이의 연병장을 전혀 얼굴을 식별할 수 없는 제복 입은 보병 한 무리가 명령에 따라서 분열 행진을 하는 모습이다.

필자가 처음으로 이 그림의 일부를 요코세 야우(橫瀨夜雨, 1878~1934. 메이지·다이쇼시대의 시인) 편 『메이지 초기의 세상』[1]이란 책의 표지 그림에서 보았을 때는 사병들의 군복 바지를 휘감은 빨

---

1) 『明治初年の世上』(復刻全集 제4권, 崙書房, 1974).

강 띠[2]에 강렬한 인상을 받았던 기억이 있다. 그러나 이 그림의 중심은 분명히 아래쪽 절반 부분이다. 큰길을 마차와 인력거가 달린다. 장사치가 오가고 짐을 운반하는 아이들, 길을 가는 엄마와 아이, 양산을 들고 걷는 여인들 등 시끌벅적한 분위기다. 양복 차림도 보이지만 대부분은 에도시대 이후의 신분, 직업 차이를 그대로 반영한 다채로운 화복(和服: 전통 일본식 복장) 차림이며 한 사람 한 사람이 정성껏 묘사되어 있다. 수레나 마차의 수는 제법 늘었으나 아직은 교통 규제도 그다지 엄격하지 않았던 듯한 메이지 초기 도시의 거리 풍경이 그림에 담겨 있다.

작가는 위, 아래의 관계를 어떻게 생각했기에 이것들을 한 장의 그림으로 합쳐 버렸을까? 주제는 군대 조련도 아니고 당시 채색화의 한 유형인 '풍속 모음'도 아니다. 그렇다면 오히려 양자의 대비를 강조하는 것이 작가의 주된 의도가 아니었을까? 위쪽의 사람들은 일정한 양식의 군복에 몸을 감싸고 영 마음이 내키지 않는다는 듯이 한결같이 고개를 숙이고 허리를 구부린 모습으로 일렬종대를 지어 지시된 방향을 향해 걷고 있다.

1891년의 『보병조전』(步兵操典)에 실린 행진 · 속보 규정에 따르면 사병은 "동령(動令)에서 왼쪽 다리를 앞으로 내밀되 지면으로부

---

2) 1873년 당시의 프랑스식 육군 무관 복식제도에 의하면, 보병의 정복 바지는 좌관(佐官: 영관급) · 위관 · 하사관 · 사병 공히 '붉은 모직'(緋絨)이었다. 1886년(메이지 19) 독일식으로 개정되면서 '감색 모직'(紺絨)으로 바뀌었다. 太田臨一郎, 『日本近代軍服史』(雄山館出版, 1972), 참고.

[그림 1] 도쿄 사쿠라다문밖(櫻田門外: 東京都 千代田區 皇居 남쪽) 육군 조련장

[그림 2] 엣추지마(越中島: 東京都 江東區 隅田川 하구의 동쪽 기슭) 대조련도

터 높이 올리지 말고 발끝을 숙여 조금 바깥쪽으로 향하며, 무릎 안쪽을 펴면서 상체를 조금 앞으로 내밀되 오른 발에서 75cm 되는 곳을 수평으로 밟은 후에 몸의 중심을 완전히 밟은 발쪽으로 옮긴다. 왼발을 밟음과 동시에 오른발 뒤꿈치를 땅에서 떼어 가볍게 무릎을 구부리며 왼쪽과 동일한 방법으로 다리를 앞으로 내밀어서 같은 거리의 지점에 두며 행진을 속행" 해야 한다.

감시하는 상관의 눈초리가 한 사람 한 사람의 신체 각 부위 움직임을 세세하게 통제하고 있는 것이다. 이에 대해 그림 아래쪽의 사람들은 삼삼오오 무리를 지어서 오른쪽 혹은 왼쪽으로 걷거나 뛰어다닌다. 발의 움직임은 신분·직업·연령·성별에 따라서 각양각색이다. 물론 규제가 전혀 없지는 않았다. 막번체제(幕藩體制: 막부와 번이 지배하는 에도시대의 정치체제) 하에서 거의 습속화된 복장 제한과 교통 법규가 있었던 것이다.

예컨대 에도시대 중기인 18세기의 법령 가운데는 이런 내용도 있다. "우차(牛車)·다이하치구루마(大八車: 8명분의 짐을 2, 3명이 끌어서 한꺼번에 운반한다는 의미의 이륜 짐수레)·지구루마(地車: 차체가 낮아서 무거운 짐을 운반할 수 있는 수레) 또는 짐을 실은 말을 끌고 길을 지날 때는 통행에 지장을 주지 않도록 자주 명한 바 있다. 허나 최근에는 말·수레를 끌면서 …왕래하는 사람을 피하지도 않으니 …참으로 불손한 일이다. …다치는 사람이 생기면 그 죄의 경중에 따라 반드시 처벌할 터이니 이 일을 널리 알리도록 하라."[3] 도로에서의 위험을 방지하기 위해 이미 법령에 의거한 단속이 시행되고 있었음을 알 수 있다(제2부 3 참고).

훗날 메이지 초기에 이르러서는 『위식괘위조례(違式詿違條例)』 (1872년 도쿄부 내에 하달된 53개조의 경범죄 단속법령으로, 이듬해부터 전국 각지에서 공포, 시행됨)에 의거한 규제가 가해졌는데 예를 들면 "말을 타고 함부로 내달리거나 말·수레를 질주하여 행인을 치는 자"(위식죄목 제13조), "짐수레나 인력거로 행인에게 피해를 끼친 자"(괘위죄목 제40조)는 벌금·태형·구류에 처해졌다. 그러나 나졸들의 눈이 미치지 않는 곳에서는 이런 규제의 효율성도 제한적이었을 것이다. 관습·습속에 의한 규율만으로는 사람들의 행동을 일거에 통제할 수 없었고, 그림의 울타리 밖은 안쪽과는 달리 다양성과 자유가 있었다. 즉, 이 그림에서는 획일성과 다양성, 절대적

---

3) 『御觸書寛保集成』, 二六四九, 1722년 8월 발령.

규율과 상대적 자유가 대비적으로 묘사되었다고 할 수 있다. 그러나 작자가 의도한 바는 단순한 대비에 그치지 않는다. 중앙의 울타리는 양자의 단절만을 의미하는 것이 아니다. 복판의 문이 안쪽을 향해 활짝 열려서 그곳을 통해 안을 들여다보는 호기심 많은 사람들의 모습이 보인다. 문이 열린 정도를 감안하면 군은 완전히 규율화되어 일사불란한 몸가짐에 민중의 시선이 닿는 것을 오히려 환영하는 듯이도 보인다. 급속히 쓰러져 가는 아래쪽 세계로부터 막 만들어지고 있는 새로운 질서를 향한 호기심에 찬 시선이 여기에는 묘사되어 있다. 전근대적인 민중이 '근대'의 본디 모습(原風景)을 들여다보는 장면이라 해도 좋을 것이다. 그리고 실은 울타리의 안팎 어느쪽에 속하든 당시 사람들이 스스로는 잘 깨닫지 못했던 구조와 논리가 이 풍경의 안쪽에는 감추어져 있다.

군대의 탄생은 메이지유신 이후의 일본사회에 어떠한 현상을 야기하였을까? 무사신분에 의한 무력 독점 현상이 무너지고 병역이 '국민'의 의무가 되었음은 말할 필요도 없다. 또 그 결과 일정 기간 집안의 일손을 군에 빼앗긴다든지, 평민이 병영에서의 군국주의 교육을 통해 천황의 병사로 다시 태어난다는 점은 자주 강조되어 왔다. 하지만 후세에까지 가장 깊고 강하게 영향을 미친 점은 바로 사병 생활의 일상적인 규율화 문제가 아니었을까?[4]

---

4) '근대적'인 생활양식의 형성과정에 군대가 미친 영향을 일찍부터 지적한 논고로는 加藤秀俊,「明治二十年代のナショナリズムとコミュニケーション」(坂田

일정표에 따라서 정해진 시간에 군사훈련부터 식사·배설·휴식 등의 일상적인 행위에 이르기까지 집단적으로 정형화된 행동을 일제히 행하는 점, 생활공간을 일정한 방식으로 '정돈'하는 점, 인간관계를 상하의 일정한 '예의'에 의거하는 점 등이 평상시의 군대생활을 통하여 반복적으로 훈련되었다. 물론 그것은 한마디 명령만으로 평민집단을 전투에 가장 효율적으로 동원하고자 하는 군대 본래의 목적에 따른 행동의 규율화였다. 에도시대까지의 신분제사회에서는 무사단에 대한 훈련이 '이에(家: 식솔·가산·가업 등을 포괄하는 전통 일본사회의 최소 집단)'를 기초단위로 하여 이루어졌다. 예를 들어 아시가루(足輕: 말단 보병 또는 무사 집안의 잡역부)들이 평상시에 '이에'를 떠나 특정 기간, 특정한 장소에서 집단훈련을 받는 일은 없었다. 또 신분에 상관없이 20세 이상의 남자를 집결시켜 일거수 일투족을 세밀하게 통제하는 일도 없었다. 에도시대 말기에 창설된 강무소(講武所)는 막부에 소속된 무사(幕臣) 개개인의 활·검·창술 훈련장이지 집단 조련장은 아니었으며, 나가사키(長崎)의 해군전습소(海軍傳習所)도 주로 군함 조종을 위한 기술 습득이 목적이었을 뿐이었다. 각 번(藩: 막부 장군의 임명을 받은 다이묘〈大名〉가 지배하는 반 독립적인 지방 행정기구)의 '제대(諸隊)'는 처

吉雄 편, 『明治前半期のナショナリズム』, 未來社, 1958). 또한 프로이센에서 군대와 퇴역 군인이 도시와 농촌의 군사적 규율화에 미친 역할에 관해서는 坂口修平, 『プロイセン絶對王制の研究』(中央大學出版部, 1988)가 있음.

음으로 신분과 관계없이 편성되긴 했으나 일상생활의 조직적인 규율화가 진척되지는 않았다.

그런 의미에서는 1873년 반포된 징병령을 비롯하여 프랑스·독일·영국의 제도를 참고한 전(典)·범(範)·영(令) 등의 법령과 규칙에 기초한 메이지 군대의 창설은 획기적인 일이었다. 이는 단순한 군 자체의 성립뿐만 아니라 그곳에서 많은 사람들에게 각인된 질서가 외부 사회로 확산되었다는 의미에서 획기적인 사건이었다는 것이다. 러일전쟁 후 흔히들 '훌륭한 병사는 훌륭한 국민(良兵卽良民)'이라고 말하곤 했다. 이 말 속에는 훌륭한 병사는 현역 종료 후에도 재향군인으로서 자연스럽게 훌륭한 국민이 될 수 있다고 하여 일반 교육기관으로서 군대를 강조하는 측면과 함께, 훌륭한 병사가 아니면 훌륭한 국민도 될 수 없다는 식으로 군대를 질서교육을 위한 최고의 학교로 간주하는 측면이 함의되어 있다. '군인은 국민의 정화(精華)', '군대는 국민의 학교'라는 메이지시대의 표어는 주로 후자에 기인한 것들이다.

학교사회에서도 집단행동의 기본 틀은 군대를 모델로 하였다. 정렬과 행진의 방법, 경례·제복·두발 형태 등이 그 예라고 할 수 있다. 물론 교실 내에서 '청결', '정돈'을 강조하는 것은 군대식이라기보다 많은 사람들이 밀집해서 생활하는 집단을 유지하기 위한 보편적인 질서의 조건에서 출발했을 것이다. 그러나 일례로 1886년 모리 아리노리(森有禮, 1847~1889: 영·미 유학을 경험한 메이지 전기의 정치가) 문부대신(文部大臣)에 의해 사범학교령이 공포되면서 사범학생의 관리는 「육군 훈련법」을 따른다고 하여 '병식(兵式) 체조'가 도입되었고, 전원 기숙사제도로 생도들은 사감이나 상급 생으로부터 24시간 생활을 감시, 감독 당할 수밖에 없었다.

기숙사 내는 병영 조직이며, 사감을 돕는 사람은 대개 병식을 담당하는 교관이었다. 1실은 10명 이하이고 각자에게 폭 석 자(약 90센티) 정도의 상하 3단으로 나뉜 관물대가 주어져서 제복·속옷·팬츠 따위를 규정대로 개어 넣고 관물대 아래쪽에 배낭·대검 띠·군화 등을 순서에 맞추어 매달았다. 기상부터 취침까지 모두 나팔로 시간이 통보되고 인원 검사는 아침과 밤에 있었다.[5]

극단적으로 세밀한 규율주의는 때로는 사범학교 학생들의 반항심을 불러일으켜서 종종 학내 소동의 원인이 되었고, 다른 한편으로는 규율을 그대로 수용한 소위 말하는 사범학교 타입을 낳기도 하였다. 이러한 교육과 생활지도를 5년 동안이나 받은 학생들에게는 일반인의 3년간 징집에 비해 불과 6주간에 걸친 현역병 훈련만으로 병역을 면제받는 특전이 주어졌고,[6] 훈련을 마친 뒤에는 교사로서 군대질서를 학교에다 이식하는 역할을 담당하였다. 학교 행사인 소풍은 흔히 '행군' 형태를 취했다. 전교생은 대대·소대로

---

5) 村上俊亮 외 편, 『明治文化史 第三卷 教育道德編』(洋洋社, 1955), p.183, 唐澤富太郎, 『敎師の歷史』(創文社, 1955) 등.

6) 이 제도가 징병 기피에 연루된 사실 및 그 후의 법률 개정에 관해서는 菊他邦作, 『徵兵忌避の硏究』(立風書房, 1978), 참조.

나뉘어 "정연하고 보무당당하게 보조를 맞추어" 행진했다고 한다.[7] 운동회 때는 큼지막하게 '평시의 전투'라고 쓴 깃발을 세우고[8] 내용상으로도 군사 훈련의 색채가 농후하였다.[9] 이것이 바로 학교 군대화의 발단인 것이다.

그러나 메이지유신 이후 많은 조직들의 내부에 형성된 질서를 한결같이 군대 모델로만 설명할 수는 없다. 예컨대 도미오카 제사공장(1872년 군마현 도미오카〈群馬縣 富岡〉에 세워진 관영 공장) 기숙사의 여공들은 매일 아침 첫 번째 피리소리를 신호로 하여 감독 선도하에 작업장까지 '똑바로 행렬을 지어서' 가며 작업장 내에서는 "바른 태도로 어느 한 사람 곁눈질하는 일도 없이 작업에 몰두한다"라는 기록이나,[10] "외출 때는 말할 나위 없고 실내에서도 행동거지를 조신하게 해서 부도(婦道)에 어긋나는 일이 일절 없어야 한

---

7) 중요문화재 (舊)開智學校資料集刊行會 編, 『史料 開智學校』 第一卷, 『學校日誌』의 1888년 11월 「秋季運動會」.

8) 『モースコレクション寫眞 編 百年前の日本』(小學館, 1983), pp.152~153에 사진 수록.

9) 앞의 『史料 開智學校』에 따르면 깃발 빼앗기(旗奪), 공 던지기(投毬), 높이 뛰기(飛越), 이인삼각(二人三脚) 등이 당시 운동회의 주 종목이었다. 남과 북 두 패로 나누어 '대형 모의 전투(大假戰)'를 했다는 기록도 있다(1892. 8). 또한 吉見俊哉, 「運動會の思想─明治日本の祝祭文化」(『思想』 845호, 1994. 11)는 메이지시대의 운동회를 "국민 자체적인 규율화 훈련과 지역 축제 사이의 모순을 내포한 접합과정"으로 인식하고 이를 면밀히 분석하고 있다.

10) 和田英(上條宏之 교정), 『定本富岡日記』(創樹社, 1976), pp.18~19.

다. 우스개 소리·노래·고성 그 밖에 살갗을 드러내는 일 등의 예의에 어긋나지 않도록 주의하며, 몸은 물론 의복 등도 최대한 청결히 해야 한다"[11]와 같은 규칙이 내포하는 기본적인 질서관은 군대 내무반과 공통된다고 해도 그 계보는 별개의 것으로 보아야 할 것이다.

학교에서도 교사 한 사람이 질서 정연하게 앉은 다수의 학생들을 마주보며 하나의 교재

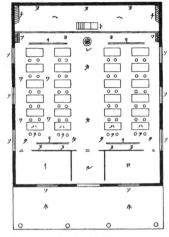

[그림 3] 교실 설계의 원형
기호 'ㅏ'는 교탁, 'ㅅ'는 책상

혹은 하나의 교과목을 가르치는 장소로서 교실이 성립하고([그림 3]),[12] 학생들이 일정한 행동규율에 복종하도록 요구한 것은 가깝게는 미국으로부터 '일제교수법(一齊教授法)'과 학교 운영 및 건물 설계방법을 도입한 결과이다. 더 거슬러 올라가면 에도시대의 한코(藩校: 각 번에서 가신의 자제들을 모아서 유학을 중심으로 무예와 실용 학과를 교수한 공영 교육기관)로부터도 그 기원을 구할 수 있다.

서민교육의 장이었던 '데라코아(寺子屋: 우리의 서당에 해당하는

---

11) 佐野英, 『大日本蠶史』(大日本蠶史編集事務所, 1898), p.322, 「工女寄宿所掲示」(1872).

12) 藤森照信 編, 『日本近代思想大系19 都市 建築』(岩波書店, 1990).

[그림 4] 서민의 교육기관인 데라코야(寺子屋)

민중교육기관으로 주로 읽기·쓰기·주산과 향토의 지리·역사 등을
중심으로 한 실용주의 교육의 색채가 강함)'는 특정한 스승에게 개인
교습을 받는 이들의 잡다한 집합이어서 교실 내의 질서 유지는 그
다지 엄격하지 않았다. 출입 시각·교재·진도는 배우는 이에 따
라 각기 달랐고 애당초 일정한 제도를 전제로 한 것이 아니었다.
따라서 모든 학생이 일정 시간 동안 스승을 주목하고 그 말씀을 경
청하도록 강제하는 질서를 만들고 유지할 필요는 없었다([그림 4]).

  이에 대해 무사 자제의 교육기관으로서 주로 에도시대 후기 즉,
18세기 말부터 19세기 전반에 걸쳐 대거 설립된 한코의 경우는 자
습과 개인지도를 기본으로 하면서도 회독(會讀)·윤독 등의 그룹

학습 외에 일정한 교재를 동시에 다수의 학생에게 교수하는 강석(講釋: 서적의 의미를 알기 쉽게 설명하는 것)·강의 등의 방법이 사용되었으므로 교실의 질서를 중시할 수밖에 없었다. 더욱이 기숙사를 설치한 곳에서는 기숙사 내의 생활을 규율할 필요도 있었다. [그림 5]는 영주가 거주하는 성내의 강석 장면인데 이를 통해 한코의 분위기를 유추할 수 있다. 또 [그림 6]과 같은 서민을 위한 강석의 장도 이와 유사했다.

물론 데라코야의 경우도 싸움·언쟁·심한 장난(惡戱)·잡담을 금하며 예절에 대한 엄격한 규정을 두었고, 태만·불손 등에 대해서는 방과 후의 귀가를 지연시키는 '유치(留置)', 맨손이나 막대기로 때리는 '편달(鞭撻)', 똑바로 서 있게 하는 '직립(直立)' 등의 신체 구속과 체벌이 가해졌다. 19세기 중반 무렵에는 교실 배치가 정비된 사례도 보이지만([그림 7]), 무사 교육기관에 비하면 아직 대단히 허술했고 발달 정도도 뒤져 있었다. 예의범절의 주입을 일상 윤리로 삼는 무사 신분의 특질과 기숙제도의 발달이 규율화를 촉진하였던 것이다. 일례로서 쇼헤이자카 학문소(昌平坂學問所: 도쿄 新田 湯島에 설치된 막부 직영의 학문소)의 기숙사(書生寮) 규정은 숙사 내의 범절·귀사 시간·출입 규제 등 극히 세부적인 사항으로 가득하다[13](제2부 2. 참고). 하기야 집단생활에 따른 수행자의 규율을

13) 文部省 編, 『日本敎育史資料』七(臨川書店, 1970). 또한 한코(藩校)와 데라코야(寺子屋)의 교육과정에 대한 상세한 분석은 R. P. Dore, 『江戶時代の敎育』(松居弘道 일역, 岩波書店, 1990)이 있다.

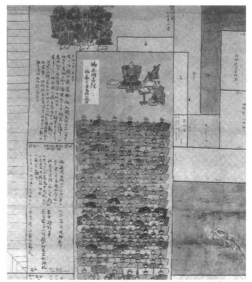

[그림 5] 성내(城內)에서 행해진 강석

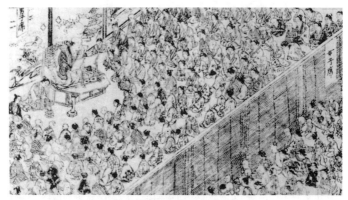

[그림 6] 전훈청문도(前訓聽聞圖)

역사적으로 거슬러 올라가면 후술하는 선종(禪宗) 사원의 청규(淸規)에 도달하게 될 것이다(제2부 4. 참고).

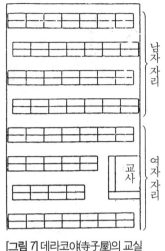

[그림 7] 데라코야(寺子屋)의 교실

이 밖에도 도시에서의 시민 행동을 규율하는 규칙이 있다. 앞서 언급한 『위식괘위조례』는 공중위생·교통·영업·풍기 등에 대해 일정한 모범적 질서를 전제로 한 경범죄 단속 규정으로 이루어져 있으며, 도시민의 행동을 규제한 선구적인 사례라고 할 수 있다. 이러한 새로운 규제를 서민에까지 신속하게 침투시키기 위해서 [그림 8]과 같은 여러 가지 포스터가 제작되기도 했다.

이런 식으로 다양한 장에서 사회질서가 형성된 것은 바꿔 말하면 학교 이외에도 새로운 질서를 교육하는 공적 기관과 기회가 늘어났다는 것을 의미한다. "마을마다 불학지호(不學之戶)가 없고 집집마다 불학지인(不學之人)이 없어야 한다"(學制の被仰出書, 1872)라는 정책은 그러한 다원적 교육기회 속에서 실현되어 간 것이다. 게다가 교육 대상에는 아동만이 아니라 성인도 포함되었고, 각양각색의 질서는 계보를 달리하는 모델에 의거하였다. 이들 질서의

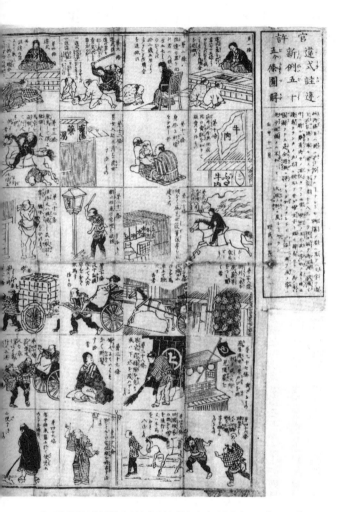

[그림 8] 관허(官許) 『위식괘위신례(違式詿違新例)』 55개조 도해

형태를 정리해 보면 거기에는 몇 가지 공통된 특징이 엿보인다.

다음에서는 메이지유신 이후 새로이 나타난 사회질서의 골격을 추출하여 그 특질을 밝히고, 나아가서 가능한 한 질서관의 계보를 더듬을 수 있는 실마리를 찾아내고 싶다. 이는 다시 말하면 일본 근대의 우주관(cosmology)을 밝히려는 시도이다.[14] 19세기 후반부터 20세기 초두에 걸친 시기를 대상으로 일본적 사회질서의 원형을 재구성하는 작업이 제1부의 목적이므로 그 후의 발전과정에 관해서는 거의 언급하지 않았다. 또한 여기서 말하는 사회질서란 권력이 치안입법을 통하여 실현하고자 한 '안녕질서'와는 다르며 보다 미시적인 형태를 취한다.

14) 종래의 연구로는 京極純一, 『日本の政治』(東京大學出版會, 1983) 의 「제2부 秩序の構造」가 있다. 저자는, 일상생활의 '의미있는 질서(nomos: 인위적인 관습 · 제도 · 법률 등의 총칭)'는 여러 가지 비일상적인 카오스의 힘에 의해 붕괴하고 사회적인 가치 상실(anomie)을 초래한다. 허무주의자와 실존주의자를 제외한 '통상적 경우'에 사람들은 "노모스와 카오스 양자를 그 속에 포괄하는 우주"와 "최종적인 의미를 보증하는 '의미의 우주', '코스모스'"를 '신봉'하며 살아간다. "현재까지의 일본에는 집합체를 영원한 실재라고 규정한 '집합체 코스모스'와 개개인을 비롯한 삼라만상이 영원한 실재와 불가분의 관계라고 규정한 '相卽 코스모스'라는 두 개의 코스모스가 존재한다" 라고 주장한다. 이에 대해 본서의 관심은 노모스란 도대체 무엇인가를 비판적으로 검토하기 위해 노모스가 상정하는 세계를 하나의 코스모스로서 재구성하고자 하는 점이며, 따라서 京極이 논하는 " '의미'를 최종적으로 보증하는 코스모스"와는 출발점이 다르다.

2. 시간

안팎의 구분과 경계가 명확히 설정된 한정된 공간 속에서 많은 사람들이 밀집하여 일정 시간 함께 행동하는 경우, 그곳이 군대 내무반이든 학교·공장·감옥·병원이든 또는 자유로운 결사이든, 각각의 장이 필요로 하는 질서에는 공통된 구조가 있다.

여기서는 우선 시간 질서에 관해서 생각해 보자. 메이지유신 이전의 시간은 계절과 지역에 따라서 또는 시각을 알리는 사람이나 설비에 따라서 달랐으며 전국 공통의 시간이란 아예 존재하지 않았다. 오전 6시의 일출과 오후 6시의 일몰을 기준으로 한 1일 12시간제로는 분·초 단위로 공통 시간을 설정하기가 불가능했고 애당초 그럴 필요성도 의식되지 않았다. 산과 들, 강, 바다에서 노동하며 생활하는 사람들에게는 자연의 변화에 따라 나뉘는 시간을 아는 것만으로 충분했다.

하지만 인위적으로 통보되는 시각에 따라서 생활을 규율하는 습관은 에도 초기인 17세기부터 도시뿐만 아니라 농촌에서도 우리들의 상상 이상으로 일반화되었던 것 같다. 특히 17세기 중엽 이후로는 사찰의 범종이 급속히 보급되었다. 전국의 촌락 수 약 5만에 대해 종의 수가 3만에서 5만 정도에 달했다는 추정도 있다. 더구나 그 보급은 불사(佛事)를 위한 것이라기보다 때를 알리는 시종(時鐘)의 수요 증가에 기인한 듯하다.[15] 직인(職人), 막벌이꾼, 상가 고용인 등 도시 서민층의 대부분은 노동시간[16], 촌락별 용수 이용시간 등에 시종과 해시계 등을 병용함으로써 거의 반 시각(현재의 1시각) 단위로까지 시간을 규제할 수 있었다. 성하정(城下町: 에도시대 영주가 거주하는 성을 중심으로 형성된 도시로서 각 번의 정치적·군사적·경제적 중심지, 현대 일본 도시의 원형)에서는 성에 설치된 종(城鐘)이 번사(藩士: 번 행정에 종사하는 무사)들의 근무시각을 알리고 상인과 직인들이 거주하는 구역에서는 시종당(時鐘堂)이 시보를 알렸다. 또한 이처럼 계절과 당일의 날씨에 영향을 받는 부정시법(不定時法)만으로는 관측자에 따라서 일출·일몰 시각을 확정하는 데 차이가 생길 수밖에 없었기에 갖가지 '기계장치'를 이용한 일본식 시계(和時計)가 고안되기도 하였다. 이러한 것들은 당시의 일본인들이 인공적 시간에 의한 사회질서의 형성과 유지를 관습화하기 시작했다는 증거이며, 나아가서 메이지유신 이후 서양식 기계시계

---

15) 角山榮, 『時計の社會史』(中公新書, 1984), p.66 이하. 한편 笹本正治, 「時の鐘」(『中世の音·近世の音』, 名著出版, 1990)는 시간관념의 보급이 전국시대(戰國時代: 1467~1568)로부터 시작된 것으로 보고 있다.

16) 氏家幹人, 『江戶藩邸物語』(中公新書, 1988)는 에도시대 겐로쿠(元祿: 1688~1704) 무렵에 막벌이꾼의 대표자들이 작성한 시간대별 심야 할증 임금요구서를 소개하고 있다(p.231). 이는 대대로 물려 내려온 하인(譜代下人)의 감소와 반비례적으로 출현한 임노동자의 원초적 형태라고 할 수 있다.

가 보급되는 심리적 혹은 사회적 기반으로 작용하였다.

1872년 2월 태음력을 폐지하여 태양력으로 대체하고 전국 일률적인 정시법(定時法)을 도입하였는데, 처음 얼마간은 지역간 통신망도 구비되지 않은 상태였으므로 보급에는 시간이 걸렸다. 태양력 시행의 주안점은 공리적 목적보다도 오히려 인공적인 시간질서를 인민의 일상윤리로서 계몽하고, 길·흉일 같은 역(易)에 얽매인 민간신앙을 부정하는 점에 있었다.

광음(光陰: 찰나와 같은 짧은 시간)을 아껴서 생업에 힘써야 함은 이미 여러 차례 포고한 바와 같다. 이를 위해 학교마다 시각을 알리는 북인 보각고(報刻鼓)를 설치하였는 바 금번에 태양력으로 시각을 개정하여 전국 도처에 설치된 보각고의 시각을 동일하게 함에 있어서는 더욱더 촌음이라도 아껴야만 할 것이다.

· 다른 사람과 시각을 약조하고 이를 등한히 여겨 지연시키거나 혹은 무익한 잡담으로 시일을 허비하여 타인의 생업을 방해하는 일이 없도록 주의할 것.

· 목수나 그 밖에 막벌이를 하는 자가 낮의 길고 짧음에 따라서 일에 차이가 생기지 않도록 오전 몇 시부터 오후 몇 시까지로 약조하여 임금을 정하되, 일출·일몰에 구애받지 말고 생업에 힘쓸 것.

· 옛 달력의 중·하단(달력의 상단에는 날짜와 간지〈干支〉, 중단에는 24기와 60궤, 하단에는 당일의 길흉에 관한 역주 등이 실려 있음)을 폐지함에 있어서 삼세상(三世相: 불교의 인과설과 음양오행설 등에 입각하여 사람의 생년월일, 인상 등으로 과거·현재·미래에 걸친 삼세의 인과·길흉·선악을 판단하는 것), 남녀 궁합,

별자리 점(星運占) 등이 기재된 서적류를 매매하는 행위는 이를 일체 금할 것.

· 모든 기이하고 요망스러운 일은 예전부터 금해 왔다. 종래의 폐습으로 어린아이의 울음과 장난질을 멎게 하는 데도 요물(妖物)을 들먹여서 겁을 주는 등의 행위는 아이들의 발달하는 재주와 지혜를 몽매하게 만들 뿐이니 혹시라도 이런 허망한 소문이 들리지 않도록 주의할 것.

(교토부 지사명령 「태양력 도입에 따른 주의(太陽曆ニ伴ウ諸注意)」, 1872년 2월)[17]

태양력 시행에 이어서 전국 공통시간이 제정되었다. 일본은 1884년 워싱턴에서 열린 제1회 국제자오선회의에 참가하였으며, 1888년부터는 동경 135도의 자오선 시각을 일본 표준시로 삼았다. 당시 구미사회는 국내외를 잇는 철도·선박 교통과 전신 등이 발달하여 이미 표준시 제정에 대한 사회적 수요가 있었다.[18] 같은 무렵 일본에서도 전신은 전국적으로 개통되었다. 그러나 철도는 1886년 이후 국영철도와 민영철도가 급속한 확장기에 들어섰지만 당시로서는 아직 도쿄 신바시(新橋)와 고쿠후쓰(國府津, 神奈川縣 中郡 大磯町의 서부지역)간, 고베(神戶)와 교토(京都)간, 도쿄 우에노(上

---

17) 京都府立綜合資料館 編, 『京都府百年の資料』 四(社會編, 1972), pp.21~22.

18) Stephen Kern, *The Culture of Time and Space, 1880~1910*(Harvard University Press, 1983), pp.11~12. S. Kern, 『時間の文化史』(淺野敏夫 일역, 法政大學出版局, 1993), pp.14~19.

野)와 다카사키(高崎, 群馬縣 중부)간에서 겨우 개통되었을 뿐, 시간의 표준화가 일상생활에까지 보급된 상태는 아니었다. 그럼에도 불구하고 국제적 기준에 대한 부합과 국내의 정치적·사회적 통일을 동시에 국가적 과제로 삼으면서 표준시 설정을 서두른 것이다. 1890년대 이후 교통·통신의 발달이 가속화하고 이를 전제로 군대의 동원체제가 정비되었다. 시간의 표준화는 철도 승차 경험이 일반화함에 따라서 점차 민간의 일상생활에까지 침투했다. 달력의 경우는 아직 민간인이 태음력의 시간 구분과 연관된 생활습관에서 완전히 벗어나지 못했기 때문에 신구력(新舊曆) 병용이 장기간 지속되었다.

둘째로는 시간표에 따른 행동규율을 들 수 있다. 이는 주일 행동과 정시 행동으로 나뉘는데 군대의 경우는 대개 1871년 육군 병학료(兵學寮)의 「일일정칙(日日定則)」(太政類典) 제정에 즈음하여 도입되었다. 내무반의 생활규율을 '검사'하는 것은 '주번(週番)'이고 수·토요일 오후와 일요일은 교련(敎鍊)을 쉬며 일요일은 외출도 허용하는 식으로 '주(週)'를 단위로 한 행동 사이클이 짜여졌다. '주'는 관청에서는 1876년 4월 이후 근무 단위로서, 또 학교의 경우는 주별 시간표를 통해 일반화하였는데 여기에는 군대의 경험이 크게 작용하였다. 이전까지는 달력에 표기된 육요(六曜=六輝: 易의 先勝·友引·先負·佛滅·大安·赤口)가 있었을 뿐이지만 메이지 이후는 7일을 단위로 한 행동양식이 급속히 보급된 것이다. 각지의 도시에 연이어 설치된 시계탑은 당초 다케하시(竹橋: 도쿄 지요다구〈千代

田區〉중심부)의 병영에서 비롯된 것이며, 정오에 터뜨리는 궁성(현재의 皇居)의 호포(號砲)는 해군 병학교 기숙사가 관리하였다.[19]

하루의 시간을 세분해서 시간표를 짜고 정시에 집단적으로 일제히 행동하게 된 것도 유신 이후부터이다. 에도시대에도 번청(藩廳: 번의 행정을 주재하는 관청) 관리들의 등청과 퇴청 시간, 각급 고용인의 근무시간 등이 정해져 있었지만 정시 행동이 널리 파급되지는 않았다. 정시 행동은 군대·학교·공장과 같은 기능집단의 행동훈련을 통해 비로소 필요성이 인식되고 많은 사람들이 경험하기에 이르렀던 것이다. 이는 바꿔 말하면 기계 시계가 가리키는 단위시간당의 교육·생산 등에 대한 행동효과를 높이고자 하는 효율관념에 입각한 규율이다. 따라서 일정 기간 후에 일정 수준의 효과를 예측하는 일도 가능해졌으며, 한편으로 집단에 속한 개인에 대해서는 효율화를 촉진하는 일이 윤리적 덕목이 되었다. '시간 엄수'는 유신 이후 새로운 시간질서에 따른 근면한 자의 덕목이라 할 수 있는 것이다.

예를 들어 공장제 생산제도를 도입함으로써 종래의 청부제 노동관계에서는 그 필요조차 인식되지 않았던 노무관리규칙이 나타났다. 그 주안점은 바로 시간질서 확립에 있었다. 출퇴근과 휴식 시간의 확정 및 이행 여부 확인, 지각·조퇴 및 노동시간 내 태업에 대한 벌칙 제정, 이러한 것들의 준수를 관리하는 현장감독 등 직제

19) 柳生悅子, 『史話まぼろしの陸軍兵學寮』(六興出版, 1983), p.98.

[그림 9] 加州 金沢(金沢縣 金沢市) 제사공장

(職制)의 창출 등([그림 9]).

1876년 2월 공부성(工部省)이 제정한 『공작장 규칙』[20]의 「직공 규칙(工作場職工心得規則)」에 따르면,

제1조 모든 직공은 반드시 오전 8시에 공작(작업)을 시작하여 12시부터 1시까지를 오반(午飯) 시간으로 하고, 다시 4시까지 공작을 한 후 4시 10분에 모두 퇴산(退散)할 것.[21] 단, 지각이 4회에 이르면 급료에서 1일분의 급전(給錢)을 뗄 것.

20) 內閣記錄局 편, 『法規分類大全』 제1편, 官職門 16 官制 工部省.
21) 1일 7시간 노동인 것은 정부에서 운영하는 공학료(工學寮, 본문에서 후술함) 생도의 실습공장이기 때문으로 추측된다. 中西洋, 『日本近代化の基礎過程』 中卷(東京大學出版會, 1983), p.547.

제2조 각자의 공작에만 전념하고 다른 일로써 시간을 무익하게 허비하지 말 것.

또 「공작장 관리 근무규정(工作場官吏處務規程)」에는,

제1조 일본인·서양인을 불문하고 공작을 관리하는 관리는 장내 모든 사무를 담임하며 명령이 민첩하고 확실하게 이행되도록 이를 감시할 것.

제2조 공작을 시작하는 시한보다 7분 전에 출장(出場)하여 직공들이 각자의 장소에 있는지를 검사하고 그 성명을 장부에 기재할 것.

이라고 하였다. 이러한 공장 내 작업규칙은 일본 최초의 기계화 공장인 나가사키(長崎) 제철소의 경우 이미 1871년 그 싹이 보이는데 이것은 에도 말기에 네덜란드인 기사들이 작성한 「공장 내 작업관리에 관한 건의」(工場內作業管理についての建議, 1864. 6)에 연원을 둔 것 같다.[22] 하지만 당시까지도 회사가 직접 노무를 관장하는 공원(公員)들에 의한 공장제 생산은 일부 관영공장이나 대기업에 한정되어 있었다. 일반적으로는 신기술을 익힌 '기술자 십장(親方)' 층에 의한 새로운 형태의 청부제를 거쳐 대개 1910대 이후 회사의 직접고용제도가 널리 보급되었다고 한다.[23]

22) 中西洋의 앞의 책 中卷, p.542 이하; 같은 책 上卷, p.137 이하.
23) 間宏, 『日本勞務管理史硏究』(ダイヤモンド社, 1964), p.34.

철도 또한 시각 제도 보급에 큰 영향을 미쳤다. 1872년 개업 당시 철도료(鐵道寮: 서양 기술의 도입을 촉진하기 위해 1871년 8월 공부성 산하에 공학료 · 광산료 · 조선료 · 제철료 등과 함께 설치된 10료 중 하나)가 발행한 운행 시각표를 보면 오전 7시에 요코하마(橫浜)를 출발한 열차가 7시 58분 도쿄 신바시(新橋)에 도착하고, 그 사이 각 역의 착 · 발차 시간, 정차 시간(1~2분) 등이 분 단위로 나타나 있음을 알 수 있다. 게다가 시각표에는 새로운 제도에 승객을 숙련시키기 위한 주의서도 첨부되었다. "승차를 원하는 자는 표기된 시각보다 적어도 10분 전까지 '역'에 와서 표를 구입하고 기타 수속을 마쳐야 한다", "발차 시한에 어김이 없도록 시한 3분 전에 '역'입구를 닫는다" 등.[24]

승객은 일일이 가르치지 않으면 시간질서에 따른 행동을 취할 수 없는 어린아이 같은 존재라는 전제가 있었다. 분 단위의 시간을 일상생활 속에서 경험해 보지 않았던 민중을 상대로 한 것인 만큼 이는 당연한 일이었을 것이다. 역(驛)은 공공의 시공간을 창출하여 시민을 교육시키는 학교였다. 승객에 대한 교육뿐만 아니라 시간 규율에 따라야만 하는 최초의 노동자 집단을 만들어 냈다[25]는 의미에서도 당시 철도는 거대한 교육기관이었다고 할 수 있다. 아니이 시기의 모든 공공적 공간은 학교의 역할을 수행했다고 하는 편

24) 鐵道寮, 『鐵道旅客並貨物賃錢表』(1874년 경), 복각판(あき書房, 1986).
25) 榎並重行 · 三橋俊明, 『細民窟と博覽會』(JICC出版局, 1989), p.199 이하.

이 더 정확하겠다. 도로 · 병영 · 병원 · 감옥 등 모든 장소가 생면부지의 타인과 공유하는 '시공간질서'에 대한 교육을 목표로 하였기 때문이다. 벽걸이 시계가 걸린 공간이 문명의 한 교실이었고 새로운 시간감각을 체득한 자가 엘리트가 되었다. 개화 신사의 상징이 회중시계였던 점은 바로 이 같은 연유에서였다.[26]

셋째로 시간질서는 속도와도 밀접히 연관되었다. 구성원이 임무와 행동을 '빠르게', '지체없이' 수행하는 것이 질서 성립을 가능하게 하는 조건이었다. 이미 필자는 17세기 말 이래 속도가 하나의 가치로 인식되었음을 논한 바 있다.[27]

당시 성립한 '도시사회'에서는 화폐가 소비 속도를 끌어올리고 헌 물건보다 새로운 물건에 가치를 인정하는 풍조가 일반화하였다. 변화나 유행에 대한 관심이 속도가 지닌 가치를 상승시키기도 하였다. 그러나 에도시대까지는 아직 '신속함'이 집단질서 형성에 필수 불가결한 조건으로까지는 성숙되지 않았다. 메이지 이후의 기능집단에 이르러 비로소 속도가 질서의 한 지표가 된 것이다. 군대가 적과의 전투에서 군사행동의 속도를 높이려 했을 뿐만 아니라 공장, 학교에서도 경쟁원리에 입각한 업적 달성의 속도가 추구되고 이를 통해 집단의 규율을 강화해 갔다. 더욱이 교통 · 통신의

---

26) 前田愛, 「塔の思想」(加藤秀俊 · 前田愛, 『明治メディア考』, 中公文庫, 1983), 참고.

27) 成澤光, 「都市社會の成立」(『政治のことば』, 平凡社選書, 1984).

고속화에 대응하여 더 빠른 속도가 요구될수록 그러한 경향은 한층 더 강화될 수밖에 없었다.

한편으로 위와 같은 시간질서를 전국적 차원에서 민중에게 계몽하고 새로운 정치지배구조를 공고히 다지기 위해 메이지정부는 또 하나의 통일 시간을 창출하였다. 성스러운 국가의 시간 즉, '천황(天皇)의 시간'이다. 보다 구체적으로 말하면 에도시대까지는 존재하지 않았던 전국적으로 통일된 축제일(祝祭日: 축제란 경축과 제사) 신설이 이에 해당한다. 일상적 시간으로부터 구별된 성스러운 시간인 제일(祭日)은 원래 지역과 직업·신분에 따라서, 또한 민간신앙의 양상에 따라서 실로 다양한 형태를 띠었다. 민간생활에서 성속(聖俗)의 시간 구분을 통일하는 것에 대해 정치권력은 상관하지 않았고 그럴 필요도 없었다. 소위 연중행사의 대부분이 천체의 운행과 계절·기후 같은 자연의 리듬에 밀접히 연관되어 있었기에 그것은 오히려 당연한 일이기도 했다. 고대 이래 중국 역법의 영향을 받아 제작된 관력(官曆)이 있었고 민간에는 그에 준한 민간력(民間曆)이 널리 통용되었지만 전국이 일률적으로 성속의 시간 구분을 준수한 적은 없었다.

이에 반해 메이지정부는 우선 태양력을 강제로 시행함으로써 역(曆)의 지역차나 자연 변화와의 관계를 단절 짓고 인위적인 단일 시간으로 통일시켰다. 이어서 1873년 「태정관 포고(太政官布告)」에 의해 천장절(天長節: 天地長久에서 유래된 말로 천황의 탄생기념일, 패전 후 1948년에 현재와 같은 '천황탄생일'로 개칭됨), 기원절(紀元節:

『日本書紀』의 초대 진무〈神武〉천황 즉위일을 태양력으로 환산하여 건국일로 정한 것, 패전 후 일시 폐지되었으나 부활운동을 거쳐서 1966년부터 현행 2월 11일 '건국기념일'로 고정됨)이 국가의 축일로 정해졌다. 군주와 서민을 막론하고 대체로 사람이 태어난 날을 축하하는 습관이 없던 차에 천황의 생일을 축일로 삼고, 국가가 창설된 시기에 관심조차 없던 국민에게 초대 천황 즉위일에 결부시킨 건국의 날을 설정한 것이다.

이러한 것들에 힘입어 메이지국가는 열강과 어깨를 견주는 국민국가로서의 의식체계를 갖출 수 있었다. 심지어는 원시제(元始祭: 새해를 맞아 1월 3일 천황이 궁중의 三殿에서 행하는 제사)와 신상제(新嘗祭: 고대부터 민간과 궁중에서 벼 수확기에 맞추어 행해진 제사로, 메이지 이후 11월 23일로 정했으나 패전 이후는 '근로 감사의 날'로 명칭이 바뀜) 그리고 봄·가을의 황령제(皇靈祭: 춘분과 추분에 황실이 행하는 역대 천황에 대한 제사) 등도 제정되었는데 대부분은 예로부터 궁중의례로서 행해진 것들로 민간과는 전혀 인연이 없던 시간이었다.

"역을 바꾼(改曆) 이후로는 5절구(五節句: 연중 5회의 중요한 날, 1·7, 3·3, 5·5, 7·7, 9·9)와 본(盆: 조상신을 숭배하는 민간의 가장 중요한 명절, 원래 음력 7월 15일이었으나 현재는 주로 양력 8월 15일을 중심으로 함) 같은 귀한 날들을 폐하고 천장절·기원절처럼 까닭을 알 수 없는 날을 경축한다. …세간 사람들의 마음에도 없는 날을 축하한다고 정부에서는 억지로 붉은 환약 파는 가게의 간판 같은 깃발(일장기)과 등을 내걸게 하니 더 더욱 모를 이치"[28]라고 저항한 민중도 있었으나 1880, 90년대 이후 초등학교의 축제일 의식이 제도화하면서 '천황의 시간'은 널리 보급되었다. 이 의식은 교직원과 학생 이외에도 해당 시·정·촌(市町村)의 장과 학교 관계의 관리, 부모·친척 및 주민이 참석한 가운데 '어영(御影: 천황·황후·황태자의 초상화)'에 대한 배례(拜禮), '교육칙어(敎育勅語: 충효와 충군애국을 국민의 궁극적인 가치로 칭송한 내용으로 1890년 10월 30일 반포)' 봉독 등을 중심으로 행하여졌다(文部省令,「小學校祝日大祭日儀禮規程」, 1891). 그것은 무엇보다도 성스러운 시간의 원천인 천황이라는 존재를 지역 '주민'에게 주입시키고 그들을 '천황의 신민(臣民)' 즉, '국민'으로 거듭 나게 하기 위한 축제였던 것이다.[29]

일세일원제(一世一元制: 메이지 이후 천황 한 사람의 재위기간 동안은 하나의 연호만을 사용토록 제한한 제도) 또한 위와 같은 맥락이다. 연호는 이제 천황 개인의 생사와 무관한, 국가의 상서로운 일이나

---

28) 小川爲治,『開化問答』(1873.『明治文化全集』제20권에 수록).

29) 生方敏郎,『明治大正見聞史』는 3대절(三大節: 四方拜·紀元節·天長節)에 군장(郡長)·판사·세무서장·경찰서장 등이 '위엄을 갖추고' 참석한 가운데 '검정 플록코트'를 착용한 '얼굴이 흰' 교장이 '낭랑하게' 교육칙어를 낭독하는 의식의 미학을 기록으로 남기고 있다(中公文庫판, p.61). 그러나 '천황의 시간'을 '중등과정 이하'의 사회에 침투시키기 위해서는 기미가요(君が代: 천황의 장수와 치세를 찬양하는 고대의 시가로 근년 일본 국가로 법제화됨)·만세·어진영(御眞影: 천황·황후의 사진)이란 3점 세트를 이용한 연출이 필요했다. 牧原憲夫,「萬歲の誕生」(『思想』845호, 1994. 11).

천재지변 따위를 이유로 함부로 바꿔서는 아니 된다. 천황이 통치하는 치세와 함께 시작하고 끝나야만 하는 것이다. 황실전범(皇室典範: 1889년 대일본제국헌법 반포와 동시에 제정 시행된 황실제도에 관한 기본법으로, 1945년까지 헌법과 함께 최고법으로 인정됨)이 양위를 허용치 않았으므로 이에 대응하여 천황의 육체적 죽음이 '한 시대의 종언'으로서 국민에게 인식될 수 있는 시간 관념이 필요해진 것이다. 1872년 제정된 '황기(皇紀: 초대 진무천황 즉위년으로 추정되는 기원전 660년을 원년으로 함)'는 연호는 보급되지 않았지만 연호와는 반대로 개별 천황의 죽음으로도 단절되지 않는 시간의 연속성 즉, '천양무궁(天壤無窮)'을 각인시키는 역할을 하였다.

그러나 이렇게 '천황의 시간'을 창설한 것만으로 천황이 시간질서의 정점에 선 것은 아니었다. 1899년 이후 도쿄제국대학의 우등생에게 매년 '하사'한 '은(銀)시계'가 상징하는 것처럼 천황은 '근대적' 시간의 계몽가로서도 군림하였다. 그 무렵 유신 이후의 황족·귀족에게서 자신들은 평민과 달리 전통적인 시간 속에서 살며 문화적 차이를 구현하는 신분이라고 하는 세계 보편적인 귀족의식이 나타나지 않은 점은 주목할 만하다. 한 예로서 메이지천황의 정비(正妃) 쇼켄황태후(昭憲, 1849~1914)가 지은 "시계 바늘이/쉼없이/도는 것처럼/시간도/촌음을 아껴서/애쓰지 않으면/어떤 일도/이루지 못하리니"라고 하는 유명한 「금강석」(金剛石)의 가사는 1887년 화족 여학교에 하사한 것으로 평민에게만 근면을 장려하는 내용이 아니었다.

문명개화 이래 양식 · 양복 · 의자 · 침대와 같은 서양식 생활을 민중보다 앞서서 받아들이고 전통과 관습의 파괴를 솔선수범한 것이 황족이었다. 화족제도(華族: 유신 직후에 이전의 구게⟨公卿⟩ · 다이묘⟨大名⟩를 폐하고 이들을 화족이라는 새로운 특권신분으로 재구성한 것으로, 1884년 화족령을 통해 공 · 후 · 백 · 자 · 남작의 작위가 수여됨)가 분명히 창설되긴 하였으나 생활과 행동양식에서 상하의 질적 차이가 없어졌다는 의미에서 신분제는 이미 붕괴된 것이라고 할 수 있다. '근대'의 사회질서는 상류사회로부터 하류사회까지를 하나로 관통하는 질서였으며 동시에 황실은 문화적 규범자로서의 지위에서 벗어났다. 새로운 서양식 '전통의 창조'야말로 근대 천황제의 특징인 것이다.[30] 고대사회로부터 이어온 '아치(雅趣)'의 미학이 쇠퇴한 후 메이지시대의 귀족이 이를 대신하는 새 시대의 미의식을 창조한 것도 아니었다. 퀸즈 잉글리시(Queen's English)에 대응하는 '천황의 일본어' 따위는 존재할 수도 없었기 때문이다.

---

30) 식민지에 대한 문화적 침략도 "자국문화에 대한 우월감보다 서양의 선진문화를 한발 앞서서 잘 흡수하였다는 우월감을 앞세워"서 이루어진 것은 천황제국가의 특징으로 기억할 만하다. 白樂晴, 「新植民地時代と西洋文學を讀むこと」(『知慧の時代のために』, オリジン出版センター, 1991), p.227.

'정리', '정돈'은 지금으로선 다소 진부하게 들리는 말이다. 이는 메이지 이후 오늘날까지 공장이나 학교 같은 곳에서 '청결'과 함께 가장 빈번히 사용되어 온 표어이다. 그러나 원래의 한자어로서는 공간을 점하는 사물에 대해서라기보다 병사를 '정돈'하고 인민을 '정리'하는 등, 위로부터의 지휘나 통치에 의해 질서를 만든다는 의미로 사용되는 예가 많았던 듯하며 에도시대까지는 거의 통용되지 않았다. 유신 이후 많은 사람이 밀집한 집단생활이 발달함에 따라 물품 배치의 의미로 상용하게 된 새로운 용어일 것이다. 혼란과 질서를 엄격히 구분하고 시각적으로 끊임없이 질서 잡힌 공간을 만들어 내고자 하는 노력의 결과 나타난 말이며, 그 속에는 유용한 물품을 일정한 장소에 비치하여 필요시에 언제라도 재빨리 꺼내 쓴다는 합목적성이 내재되어 있다. 하지만 '정리', '정돈'이 철저함을 더하게 될 때 가끔 질서는 미적 기준으로서 평가되기도 하였다.

'정돈'이란 병사가 각자의 군복 상하와 속옷 · 팬츠 · 외투 등을 사각으로 개어 그 접은 면의 길이를 배낭 폭에 맞추고, 관물대(整頓

棚) 위의 손 상자(手箱: 한 손으로 쉽게 들 수 있는 작은 상자) 오른편에 예를 들면 철 지난 군복 두세 벌, 계절용의 군복 두 벌, 작업복, 철 지난 속옷과 팬츠, 계절용의 속옷과 팬츠, 외투, 우의 순으로 층층이 쌓아서 그 위에 목깃, 양말, 구두끈을 가지런히 배열하고 제일 위쪽에 배낭을 얹어 두는 것이다. … 이렇게 피복을 층층이 쌓은 앞면이 대패질을 한 널빤지처럼 매끈한 평면을 이루는 것이 좋은 '정돈'이다. 각 병사는 배낭 폭에 맞추어 갠 피복의 접은 면을 정돈판(整頓板) 한 장으로 위에서 누르고 다른 한 장으로 옆면을 팡팡팡 두드려서 편평하게 하여 각을 세운다. … 집게손가락과 엄지손가락에 침을 묻혀서 접은 면의 가장자리를 매만지거나 문지르는 병사들도 있으니 여기에는 참으로 미묘한 고심이 담겨 있다.[31]

병사들의 침상 위쪽은 미세한 곳까지 신경을 써서 '대패질을 한 널빤지처럼 매끈한' 동일한 형태의 공간이 눈길이 미치는 한 일렬 횡대로 가지런히 나타난다[그림 10]. 사물에 대해 요구된 위와 같은 질서는 사람에게도 마찬가지로 요구되었다. 예를 들면 위병(衛兵)검사 때 "주번인 부관(副官)은 종대(縱隊)의 선두보다 약간 앞쪽에 위치하여 각 주번 군조(軍曹: 하사관)를 일직선으로 점위(占位)시킨 다음 정돈하게 한다"(軍隊內務書 제18장 제7조). 같은 자세로 늘

---

31) 大西巨人, 『神聖喜劇』(文春文庫판) 제1권, p.83 이하. 이는 태평양전쟁에 관한 기술이긴 하지만 '정리 · 정돈' 주의가 낳은 미적 과잉질서의 전형을 보여 준다. 또 山崎慶一郎 編著, 『內務敎育の參考』(琢磨社, 1933. 1935 개정)를 소재로 하여 내무반 생활의 세부에 걸친 감독 지휘 실태를 해설한 大濱徹也 · 小澤郁郎 編, 『改訂版 帝國陸海軍事典』(同成社, 1995)도 있다.

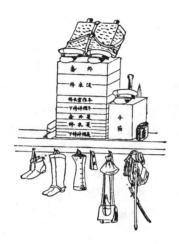

[그림 1이] 내무반 실내 장치도(軍隊內務書 付圖 第一)

1. 이 그림은 모든 병종(兵種)을 통틀어서 그 준거해야 할 대강을 나타낸 것이므로 세부적인 장치에 관해서는 연대장이 적절히 정할 것.
2. 상하에 관물대를 설치한 병사(兵舍)의 경우는 하부 관물대에서 상부 관물대 순서로 이를 장치하고, 손 상자(手箱)는 상하 어느쪽에 두어도 좋다.
3. 일상적으로 사용하는 작업복은 반합(飯盒)에 붙여서 작게 개둘 것.
4. 피복은 계절에 맞춰 사용하는 순서대로 상부에 둘 것.
5. 식기 · 젓가락은 손 상자에 넣어두는 것이 위생상 좋다.

어선 '사람'의 집단이 한 치의 오차도 없이 직선으로 '정렬'하고 개인차를 극력 배제한 동작을 취하며 분열 행진한다. 그 점에서 열병식의 미학이 성립하는 것이다. '정돈'된 '사람'과 '사물'은 검열자인 상관의 시선, 결국은 천황의 시선(天覽)에 미세한 곳까지 스스로를 노출함으로써 규율화된다.[32] '정연'한 공간이란 바꿔 말하면 하나의 시점에 의해 통제되는 공간이기도 하다.

그러나 질서에 종속된 사람이라 해서 마냥 수동적인 입장에만 머무는 것은 아니었다. 미적 질서 속에 몸소 참가하거나 이를 구경함으로써 감정적이고 자발적인 기분의 고조를 깊이 경험하게 된다. "열병식 · 열함식(列艦式) 같은 의식은 엄숙한 군기(軍紀)로써만 경의를 표하는 것이 아니다. 아름다운 형태를 통하여 보는 사람으로 하여금 쾌감을 느끼게 하는 것도 마찬가지로 중요한 경의 표현이다."[33]

공간의 문제에서 두 번째 조건은 '청결'이다. 뒤쪽에서 언급할 신체의 청결과는 별도로 여기에서는 공간의 청결에 한정하여 논하도록 하자. 관리하는 입장에서 보면 많은 사람들이 밀집하여 생활

---

32) T. Fujitani, 「近代日本における群衆と天皇のページェント —視覺的支配に關する若干の考察」(吉見俊哉 일역, 『思想』797호, 1990년 11월. 이 논문은 동 『天皇のページェント』, 米山 リサ 일역, NHKブックス, 1994년에 재수록됨)은 大 열병식이 열병에 참여한 장병들과 구경하는 민중 모두를 "천황의 시선에 철저히 순종하는 대상으로 변질시켜 간" 과정을 분석하였다.

33) (구 육군 대위) 原田政右衛門, 『大日本兵語辭典』(1921. 복각본은 國書刊行會, 1980) 중 「美觀」.

하는 공간에서 가장 큰 문제는 전염병 발생이었다. 막부 말기에 서구 각국에 대한 개항지를 확대하고 외국인 거주조건을 완화한 후부터 급속히 증가한 콜레라 · 장티푸스 · 이질 등을 예방하기 위해 메이지정부는 공중위생사상을 수입하고 위생행정을 전개하였다. 그 특징은 오염된 공간의 소독 · 교통 차단 · 병자의 강제 격리 · 예방을 위한 세밀한 공간관리 등이었다. 게다가 이러한 것들은 국가권력 중에서도 특히 경찰의 강제력을 배경으로 실현되었다.[34] 의사, 환자 및 시 · 정 · 촌 위생조합의 협력에 의한 지역 자치적인 위생사업도 한때 구상되었지만 1890년 개정된 「콜레라예방법 수칙(虎列刺病豫防法心得)」과 함께 단기간에 폐지되었다.[35] 왜냐하면 위생행정은 지역 주민의 건강보다 국가의 부강과 치안 유지를 목적으로 하였기 때문이다. "위생에 관한 일은 범위가 넓다. 작게는 한 사람의 건강과 행복, 크게는 국가의 부강."[36]

내무반 규정(군대내무서)에는 병사(兵舍) 내 청소의 부산물인 진흙 · 배설물 등의 처리와 배제, 그리고 실내 공기 청정에 관한 세부적인 사항이 포함되어 있다. 농촌 · 산촌 · 어촌에서 자란 평민 병사로서는 배설물과 쓰레기 처리를 위한 공간이나 흡연 장소의 특

---

34) 경찰이 위생행정을 전담한 점에 관해서는 長與專齋, 『松香私志』(1902, 小川鼎三 외 校注, 『松本順自傳 · 長與專齋自傳』, 東洋文庫, 平凡社, p.175).

35) 長與專齋, 위의 책, p.170 이하.

36) 長與專齋, 『衛生槪論』 서문. 이 밖에 田中和男, 「明治末年における '健全なる身體'」(『社會科學』 33호, 1984), 참조.

정화 및 그 관리, 실내 청결과 정돈 등은 병영 생활을 통해 처음으로 배우는 것들이었다. 이 점에서 군대는 생활공간을 규율할 수 있는 국민을 양성하는 교육기관이었던 것이다.[37]

학교에서도 1881년의 「초등학교 교원 수칙(小學校教員心得)」에 "신체 교육이란 오로지 체조에만 의존하는 것이 아니다. 언제나 학교를 청결히 하며 광선·온도를 적절히 조절함으로써 공기 순환에 유의한다"라 하여 건강교육의 일환인 공간관리를 교원의 의무로 규정하였다. 또 1897년의 문부성 훈령 「학교 청결 방법」에서는 교실·기숙사 내의 청결 유지에 관해 세부적인 지시를 내렸다. 이 밖에도 1885년 이후 전국의 학교를 시찰, 검열하여 국민교육의 획일화를 추진한 '장학관'이 학교 시찰시에 최우선적으로 주목한 것은 교사의 청결 정도였다고 한다.[38]

공장·감옥·병원 등 사람이 밀집한 거주공간이라면 어디든지 동일한 위생조건에 입각한 공간 규율이 부과되었다. 시각적인 관리가 주를 이룬 한편, 악취 제거나 소음 규제 같은 후각·청각에 관련된 규율도 있었다.

근간에 소, 돼지를 키우는 목축업이 성한 바, 날이 더울 때는 그 악취가 사람의 건강을 해할 뿐 아니라 최근에는 가축류의 전염병까

---

37) 榊原貴教 編, 『近代日本軍隊關係雜誌集成目錄(I)』(ナダ書房, 1991), pp. vi~x 참조.

38) 千葉壽夫, 『明治の小學校』(津輕書房, 1969), pp.186~189.

지 유행하여 종종 인명을 손상한다. 앞으로는 … 민가가 밀집한 장소에서 가축을 기르는 행위를 엄금한다(太政官布告 1873년 5월 15일).

철공소, 대장간과 목욕탕 등은 벽을 사이에 둔 이웃 사람들이 땅 울리는 소리나 오염, 소음 때문에 건강상에 피해가 크다는 불만이 들린다. … 위의 세 가지 업종은 아래와 같이 단속하도록 정한다(大阪府布達 1877년 5월).[39]

에도시대의 경우도 도시사회에서는 신체 건강에 대한 관심이 높아서 '양생(養生)'에 관한 여러 원칙과 음식·약물·운동에서 침·뜸에 이르기까지 여러 가지 실천방법이 회자되었다. 외기(外氣) 속의 사악하고 독한 기운을 피해야 한다는 주장으로부터는 바야흐로 공간의 인공적 질서화가 신체질서에 연동하는 것으로 새롭게 인식된 듯한 느낌도 든다. 자연질서와 인간 신체의 질서는 별개의 것이며, 인위적으로 구성된 공간 속에서만 신체의 질서는 유지된다는 논리가 탄생하는 것이다. 이런 관점으로 보면 오염·악취와 같은 '혼돈'과 '혼란'을 야기하는 요소는 가능한 한 중심으로부터 배제하는 것이 공간의 정치학이자 미학이다.

1881년 1월 간다바시 혼마치(神田橋 本町: 도쿄 지요다구 동부지역)의 슬럼가를 도쿄부가 전면 매입하고 주민을 강제 이전시킨 일

39) 小田康德, 『都市公害の形成』(世界思想社, 1987), p.13.

은 바로 이 공간질서의 창출을 위해서이며, 그것과 짝을 이룬 것이 빈민 추방이었다. 토지 매입의 이유로 도쿄부는 '위생·화재 예방·수도의 체면'이라는 세 가지 점을 들었다.[40] 질병과 화재와 범죄라고 하는 '혼돈'을 야기하기 때문에 빈민이란 존재 자체가 반(反)질서로 간주되었다. 더구나 이는 '체면'을 더럽힌다는 표현에 함의된 미학과 중첩되면서 배제의 논리를 구성하였다. 후일 군의관 시절의 모리 린타로(森林太郎, 1862~1922. 근대의 문학가 森鷗外의 본명)는 이러한 질서 논리의 모순을 예리하게 파혜쳤다.

> 만일 논자의 말대로 이 위험한 빈민을 바깥으로 내쫓는다면 이는 바로 빈민과 함께 공중위생도 창밖으로 내던지는 격이 된다. 왜냐하면 안쪽에 머무는 부자들은 공중의 작은 한 부분이긴 하나 공중의 주체가 아니다. 이미 공중(公衆)이 없어졌는데 하물며 공중위생이 존재할 수 있겠는가.[41]

그러나 모리 자신도 지적했듯이 슬럼 배제에 의한 청결 공간의 창출이야말로 "바로 지금 우리 일본의 일반적 추세"였다.

---

40) 東京府會 編,『明治十四年東京十五區臨時會議事錄』(藤森照信 編, 앞의 책 『日本近代思想大系19 都市 建築』에 수록됨) 제1권. 한편 오사카부(大阪府) 경찰부장의 '빈민 이전'은 슬럼을 범죄와 전염병의 온상이라 규탄하였다. 廣田昌希 編,『日本近代思想大系 22 差別の諸相』(岩波書店, 1990).

41) 森林太郎,「市區改正ハ果シテ衛生上ノ問題ニ非サルカ」(『東京醫事新誌』 1889년(메이지 22) 1월 5일~2월 9일). 이는 『鷗外全集』 제28권(岩波書店) 에 재수록.

도로, 시가지 등에 대해서는 공중위생적 시선과 그것과는 또 다른 시선에 의한 규율화가 뒤엉켜 있었다. 한 예로서 앞서 언급한 1872년의 『위식괘위조례』 중 「괘위죄목」에는 "금수(禽獸)의 시체나 오물을 거리에 투기하는 자"(제36조), "집 앞 청소를 게을리 하거나 하수구를 치지 않는 자"(제38조)와 같은 조항이 열거되어 있다. 전자는 위생적 시선에 따른 것이라 하겠지만 후자는 이 조례의 곳곳에 보이는 다른 예들과 마찬가지로 서구의 시선을 의식한 정부 차원의 규제라고 할 수 있다. 훗날 이러한 조항들은 「시가지 청소규칙」(市街掃除規則, 1879)으로 정리되었다.

　메이지정부가 서구를 의식한 것은 「위식죄목」에 "외국인을 신고 없이 묵게 한 자", "외국인과 사사로이 잡거하는 자"(제14, 15조)라는 조항에서도 역력히 나타나며 우선은 이방인 배제를 전제로 한 것이었다. 그러나 한편으로는 "나체 또는 맨어깨나 허벅지를 드러내어 추한 꼴을 보이는 자"(제22조)라고 규정함으로써, 예사롭게 맨살과 엉덩이를 내보여도 '추태'로 간주된 적이 없었던 에도시대와는 전혀 달리 외국인의 시선에 촉각을 곤두세운 규율화가 진척되었다. 정부 스스로가 '이방인'을 보는 시각에 양면성을 지니고 있었던 것이다.

　에도시대까지는 아마도 귀인 행렬이 통과할 때 외에는 집 앞 도로 청소를 일상적으로 강요한 적이 없었을 것이다. 유신 직후의 다음 신문기사를 통해서도 이 점을 확인할 수 있다.

아오모리현(靑森縣) 인민이 완고하고 세상 견문이 없음은 … 그 한 예를 들자면 작년부터 관청에서 도로에 오물을 방치하지 말도록 명을 내리고 포망리(捕亡吏)를 보내 자주 순시하면서 친절히 지도 하였으나 아랫것들은 아직도 무슨 영문인지조차 도무지 알지 못한 다. 근간에 히로사키(弘前: 현재의 靑森縣 弘前市)에 관원들의 거 처를 자원한 부호가 있어서 한 관원이 묵었을 때 그 집 처마 밑에 말 똥이 높이 쌓인 것을 순라 돌던 포망리가 발견하여 엄히 질책하였 더니 반토(番頭: 상가의 고용 지배인)가 앞장서며 황급히 데치(丁 稚: 어린 점원)를 내보내 이를 치우게 하였다. 주인이 괴이하게 여겨 바로 하오리 · 하카마(羽織 · 袴: 에도시대 남성들의 상하 정장)를 차려 입고 집에 묵던 관원 앞으로 나아가 엎드려 묻기를 오늘은 어 느 분의 행차이신지요(郵便報知新聞, 1874년 1월 15일자).

또한 메이지시대 천황이 지방을 순행한 관련 기사에 따르면 순 행하는 길목의 청소가 해가 갈수록 강화된 것을 알 수 있는데, 아 마 이것은 에도시대 귀인의 행차와는 달리 천황 자신이 당대의 공 간 규율을 실현하는 '청결'의 상징으로서 민중 앞에 섰다는 것을 의미한다. 그 이전의 천황은 제사왕(祭祀王)으로서는 '맑고 깨끗 함'을 실현하는 존재이었다. 그러나 그것은 '부정(不淨)'을 제의를 통해 해소한 결과 얻게 된 미적 가치이지 위생학적인 '청결'은 아 니었다. 유신 이후의 천황과 황족은 새로운 질서관을 솔선하여 계 몽함으로써 예부터 전래한 '부정-정화'관의 비중을 상대적으로 저하시켰다.

동시에 새로운 '청결-불결'관에 의해 이전까지 '부정'이 지녔던 양면성도 상실되고 말았다. 인간의 배설물과 시체 등은 정화의 례를 거치면 혐오 대상에서 완전히 탈바꿈하여 모종의 생명력을 잉태하는 존재라든가 혹은 어떤 위력을 지닌 신으로 재생한다는 신앙이 있었다. 익사체를 에비스(惠比須: 민간 구복신앙인 七福神의 하나로 해상·어업·상업 등에 대한 수호신)로 모심으로써 해난의 액을 피하거나 풍어의 신으로 삼는 예와,[42] 신여(神輿: 신령을 모신 가마)·깃대·음식·돈 같이 부정 타는 것들을 동구 밖으로 내보내면 이웃 마을에서 이를 받아들여 거꾸로 풍요를 안겨 주는 길한 물건으로 존중하는 예도 이에 속한다.[43] 하지만 메이지 이후의 '부정'은 단순히 불결함과 동일시되면서 정화의례에 관한 공감대도 사라지게 되었다.

미나미가쓰시카군 나카히라이촌(南葛飾郡中平井村: 현 도쿄 葛飾區)의 젊은이들이 콜레라를 물리치는 기도를 한답시고 이웃한 가미고마쓰가와촌(上小松川村) 세이후쿠사(正福寺)에 있는 대반야경함을 메고 나와 '콜레라를 내보내라, 이웃마을로 보내라'고 장단 맞춰 외치며 마을 안을 돌았다. 이 사실을 이웃마을인 시모히라이촌(下平井村) 사람들이 듣고는 콜레라를 되돌려줘야 한다면서 자기네 마을지킴이 신사로부터 사자 머리를 메고 나와 마찬가지로 '콜레라를 내보내라, 이웃마을로 보내라'고 외쳐댔다. 그저께 저녁

---

42) 波平惠美子,「水死體をエビスとして祀る信仰の分析」(『民族學研究』 42권 4호, 1978).

43) 新谷尚紀,『ケガレからカミヘ』(木耳社, 1987), p.87 이하.

무렵에는 쌍방이 마을 어귀에서 정면으로 마주쳐 '여기서 소리를 진 쪽이 콜레라를 가져간다, 지지 마라, 지지 마라' 하며 서로 … 싸우는 가운데 순식간에 돌을 던지고 호미와 가래로 서로를 쳐서 … 큰 싸움이 된 것을 제6방면 4분서에서 신속히 순사를 출동시켜 진정시키니 …"(東京日日新聞, 1879년 9월 5일).

또 천황이 순행할 때 머문 곳에서는 천황이 뒤를 본 통(厠箱)과 분뇨(御糞) 같은 것을 '신령이 깃든 물건(御神體)'이라 하여 하사해 주도록 소원하는 예도 있었다.[44] 배설물을 거름으로 사용하는 습관은 일반적이었는데 '부정'의 정도가 심할수록 거름의 힘도 세다는 신앙까지 있었던 것 같다. 개화기 신문이 '놀라울 정도로 몽매한 인민의 이야기'라며 전하는 바로는 "기후현 시모오노군(岐阜縣下大野郡)의 각 마을에서 누가 말을 퍼트렸는지 콜레라 병자의 토사물이 밭에 좋은 거름이 된다 하여 모두가 앞다투어 토란 밭에 뿌렸다 한다. 경찰소가 이 말을 듣고 한시라도 방치할 수 없는 중대사라 하여 급히 순사를 출동시켜 밭을 파헤치고 소독을 행하였다"(朝野新聞, 1879년 9월 14일)라고 한다.[45] 이 장면에서는 경찰이 청결한 공간질서를 유지하는 역할을 담당하였는데, 이는 앞 시대라면 당연히 '부정-정화'라는 가치 기준에 따라야만 할 공간을 경찰이 위

---

44) 芳賀登,『明治國家と民衆』(雄山閣出版, 1974), pp.102~103.
45) 프랑스에서도 19세기 중엽까지는 어떤 종류의 '오물'이 가진 '정화력'에 대한 민간신앙이 남아 있었다고 한다. 北山晴一,『おしゃれの社會史』(朝日新聞社, 1991), p.48 이하.

생적인 사회질서 유지의 관점에서 관리한 것이라 할 수 있다. 그 결과 '부정'은 본래의 양의성을 잃어버리고 부정적인 가치로만 남음으로써 배제의 대상이 되고 말았다.

걸인관(乞人觀)의 전환도 이 같은 변화의 한 예증이다. "옛적의 걸인은 단순히 빈민만을 의미하지는 않았다. … 여행하는 종교인, 떠돌이 예술인이나 직인 등 유랑과 표박을 기본적인 생활양식으로 삼는 유민(流民)의 총칭이었다." 각지를 떠도는 이러한 '객인(客人)'들은 마을사람의 입장에서는 익숙지 못한 존재였던 까닭에 공포와 멸시의 대상이었고, '부정' 타는 존재로 기피하면서도 동시에 다른 한편으로는 비일상적인 가치를 가져다주는 자로서 경외하고 환대하는 '양의적 감정의 대상'이었다.[46]

하지만 1870년 메이지정부는 '회국순례육십육부(回國巡禮六六部: 법화경 사본을 전국 66개소의 신사와 사찰에 한 부씩 봉납하며 걸식순례하는 행위)'를 비롯하여 각지를 걸식 행각하는 보화종(普化宗)의 허무승(虛無僧)을 금하고, 이어서 1872년에는 승려의 탁발행위를 전면적으로 금지했다. 1881년 금지령이 해제된 후에도 탁발승에 대한 면허제, 탁발 방법의 통제 등을 통하여 이들 '걸인'을 국가와 경찰의 관리하에 두고자 하였다. 이 점에서는 천부인권에 기초를 둔 자유민권파의 신문조차 "편로(遍路: 四國 88개소의 예배소를 순례하는 행위)와 걸인을 없애야 한다"라고 논한 것처럼(土曜新聞,

---

46) 眞野俊和, 『旅のなかの宗教─巡禮の民俗誌』(日本放送出版協會, 1980) 제7장.

1876년 5월 9일), 일반적으로 '걸인'은 전염병을 옮기는 병원체이자 범죄 예비군이고 행려사망으로 '인민에게 민폐와 손해'를 끼칠 뿐인 존재로 간주되었다.[47]

물론 이러한 전환이 단기간에 걸쳐 일거에 실현된 일은 아니었다. 위생행정이 시작된 초기에는 전통적 심성에 뿌리박은 민중의 반항이 다양한 형태로 나타나곤 하였다. 1877년 발발한 콜레라소동 때는 항간에서 '피병원(避病院: 법정 전염병자를 격리 수용하여 치료하기 위한 병원)'으로의 강제 격리는 산 사람의 쓸개를 빼내기 위해서이며 '소독'은 독약을 뿌리는 것이라는 소문이 나돌아 의사나 순사가 습격을 당했다. 정부는 "피병원은 황색 천에 검정으로 Q자('Quarantine=격리')를 쓴 깃발을 게양하고 그 경계 지점에 방(榜)을 세워서 외부인의 출입을 제지해야 한다"는 명령을 하달했다(1877년 內務省 達, 「虎列刺病豫防法心得」 제4조). 그러나 양의와 관헌이 창출하고자 한 '청결' 공간은 민중으로서는 낯선 죽음의 공간에 불과하였으며 콜레라소동은 1890년까지 산발적으로 발생하였다.

여기서 중요한 것은 정부의 방역행정에 의해 '청결'이 공간질서의 새로운 지표로 대두하였으며, 동시에 전통적인 사생관에 기초를 둔 각종 민속의 해체가 시작되었다는 점이다. 시체 처리에 관한 예를 들어 보도록 하자. 에도시대까지는 죽은 태아를 수장하는 관습이 있었는데 유신 이후로는 시체가 강물에 떠다니는 것이 '추태

47) 위의 책, pp.219∼230.

악습'이라 하여 이를 금지하였다.[48] 1884년 10월의 태정관 포고령 「묘지 및 매장 규칙」(墓地及埋葬取締規則)에 따르면 묘지와 화장터 는 "관할 관청이 허가한 구역에 한" 하며 "일체를 소관 경찰서의 통제에 따를 것"이라고 규정하였다. 이전까지 사회의 기본단위인 '이에(家)' 또는 촌락에 속한 성스러운 공간이었던 묘지가 공적 기 관의 관리를 받는 단순한 세속 공간의 하나로 탈바꿈하는 계기가 마련된 것이다. 또한 위 규정에 의거하여 내무성이 경찰청과 부·현(府縣)에 하달한 「규칙 표준」에는 "묘지의 신설은 국도·현도(縣道)·철도·큰 하천 주변을 피하며 민가로부터 대개 60칸(間: 1칸은 약 1.8m) 이상 격리된 곳으로, 지대가 높고 건조하며 식수에 지장을 주지 않을 곳을 택해야 한다"(제2조), "묘지는 반드시 청결해야 하며 청소와 보수를 게을리 해서는 아니 된다"(제5조)라 하여, 묘지가 환경 악화 즉, 무질서화를 초래하지 않는 '청결'한 공간일 것을 요구하였다.[49]

48) 氏家, 앞의 책 『江戸藩邸物語』 p.177.
49) 도로·철도로부터도 거리를 두라는 명령에 대해 이는 "메이지정부가 취한 신도주의정책의 기초에 두어진 정(淨)과 예(穢)의 감각이 근대 과학의 위생 사상과 결부되어 도로·철도 같은 국가 공공시설에 주검의 부정(死穢)이 미치는 것을 기피하기 위한 것으로 밖에는 생각되지 않는다. 천황과 그의 군대, 국가의 유력자와 많은 관리들이 통행하는 곳에 부정타는 주검이 있어 서는 곤란하다는 것이 근본 취지일 것이다" 라고 보는 견해도 있다(高取正 男, 『神道の成立』, 平凡社選書, 1979, p.186). 신도적인 주검=부정(不淨)의 관념이 입법자의 의식 속에 존재했는가에 관해서는 확인할 도리가 없지만

게다가 "화장터는 인가가 모인 곳으로부터 대개 120칸 이상 떨어진 바람의 반대쪽을 택하고 화로·연통에 악취와 연기를 막는 장치를 구비하며 주위에는 담장을 설치해야 한다"(제6조)라는 조항도 있다. 화장터에서 피어오르는 연기는 인생의 무상함을 덧없어 하며 죽은 이의 혼이 어디를 헤맬까 근심하는 그런 시선으로 보는 것이 아니다. 단순한 악취이자 배제해야 할 대상에 지나지 않았다. 죽음, 주검이 내포하는 부정을 화장 의례를 통해 정화하는 성스러운 공간이란 관념은 쇠퇴하고, 겉보기에 깨끗하며 사체 부패로 인한 물과 공기의 오염을 막고 그것을 위생적으로 처리하기 위한 세속 공간을 확대하는 것이 근대적 질서의 논리인 것이다.

이렇게 중심에서 배제된 혐오시설은 주변부로 축적될 수밖에 없지만 질서 유지를 위해서는 혼돈의 주범인 오염물을 외부로 배제하는 것만으로는 충분치 않았다. 질서 교란의 요인을 바깥에다 격리하여 잘 관리함으로써 그것들이 다시 내부로 침입하는 것을 막을 필요가 있었던 것이다. 예전에는 집의 내부나 집 옆에 세우는 게 보통이었던 묘지는 인가와 떨어져 주위를 수목으로 둘러싼 오염물이 쉽게 배어 나오지 못할 공간으로 격리되었다. 전염병 환자를 위한 '피병원' 설치는 1877년 시작되는데 그것은 병자 치료를

이 무렵까지는 아직 전통적 정예관(淨穢觀)과 근대적 위생관념이 확연히 분리되지는 않았을 것이다. 이 밖에 히로타 마사키, 「日本近代社會の差別構造」(히로타 編 앞의 책에 수록), 참조.

위해서라기보다 국가의 입장에서 '건강＝치안' 질서 유지를 우선시킨 조치였다.

그 가장 극단적인 예가 나병 환자의 요양소일 것이다. 1907년 소위 「나병(한센병) 예방법(癩豫防法)」이 성립한 이후 완전 격리정책이 추진되고, 환자는 흙담과 해자로 둘러친 병원 속에 갇혀서 순사를 포함한 직원들의 상시 감시·도주자 체포·감금 등을 통해 말 그대로 '단속' 대상이 되었다. 1916년에는 법을 강화하여 요양소 소장에게 징계억류권이 부여되기도 했다. 물론 당시로는 유효한 치료법도 없었으므로 병자를 격리함으로써 건강한 사회질서를 '예방' 차원에서 방어한다는 것이 명목상의 목적이었다. 그러나 이 병의 병원균이 대단히 전염력이 약하다는 사실은 이미 알려져 있었으며 일반 사회에 대한 감염 예방이라는 목적은 단지 편견에 지나지 않았다. 오히려 외관으로 나타나는 병의 형상이 미적 질서를 어지럽히지나 않을까 하는 두려움이야말로 배제와 격리를 정당화시키는 가장 큰 원인이었다. 특히 외국인의 내왕이 잦은 도시에서는 국가의 위신이 깎일지도 모른다는 우려가 수치심을 증폭시켰다. 이리하여 차별이 미적 감성으로 뿌리내린 이후로는 그 극복이 결코 쉽지 않았다.[50] 메이지유신 이전의 '나병'은 아직 유전병이나

50) 多磨全生園 患者自治會 編, 『俱會一處 患者が綴る全生園の七十年』(一光社, 1979), 松木信, 『生まれたのは何のために─ハンセン病者の手記』(教文館, 1993) 등은 이러한 격리 논리를 환자 입장에서 비판적으로 고찰한 귀중한 기록이다. 한편, 근세의 나환자에 관해서는 生瀨克己, 『近世日本の障害者と民

신이 내린 천형(天刑)으로 인식되었고, 평범치 않은 외관에 대한 천시·차별과 함께 때로는 '구경거리'로서 그들을 호기심에 찬 도시민 앞에 내다보이는 일도 있었다. 그러나 공간에 대한 질서 감각이 메이지 이후와는 달랐기에 평생을 '병원(=감옥)'에 강제 수용하는 식의 철저한 배제와 차별은 발생하지 않았다.

　정신병자에 대한 격리도 경찰력을 통해 강화되었다. 1874년 3월 경시청은 "정신병자가 함부로 배회해서 다른 사람에게 끼치는 폐해가 적지 않다. 심한 경우에 방화를 하거나 남을 살상하는 일 따위는 필시 그 가족의 부주의 때문이므로 그냥 내버려둘 수 없는 일이다. 따라서 추후에 정신병이 발병한 것으로 보이면 먼저 그 가족이 엄중히 감호(監護)해야 한다. 만약 감호를 게을리 하여 길거리를 배회하는 경우는 상당한 벌을 받을 것이니 이를 명심하라"는 명령을 산하의 모든 구(區)에 하달하였다. 심지어 1884년 1월에는 집안에 가둔 정신병자에 대해서도 "가장 가까운 친속(親屬) 2명 이상이 연대 서명하고 의사의 진단서를 첨부해서" 경찰에 신고 서류를 제출할 것을 의무화하였다. 1875년 이후 속속 설립된 공·사립 '전광원(癲狂院: 정신병자 수용시설)'에서는 수갑이나 족쇄 같은 기구로 신체를 구속하는 일이 보통이었다. 환자를 방화·살상 등의 잠재

衆』(三一書房, 1989) 참조. 또 澤野雅樹,『癩者の生 —文明開化の條件としての』(青弓社, 1994)은 개화의 정치논리 속에 '나환자'를 자리 매김한 탁월한 분석이다.

적 범죄자로 단정하고 오직 치안을 위해 감금을 강제한 것은 '정 상인'인 다수자를 위한 공간질서 확보를 명분으로 하였다.[51]

위생행정에 바탕을 둔 격리된 공간의 창출은 근대적 공간의 세 번째 조건인 개방성과 폐쇄성이라는 이중구조와도 결부된다. 에도 시대까지는 아직 자연환경이 주는 제약이 거주지역의 폐쇄성을 강 하게 유지하였고, 인구의 대부분인 농민에게 일상생활의 범위는 극히 제한적이었다. 게다가 흔히 '할거제(割據制: 전국을 막부와 각 번이 분할 지배하는 체제)'라 부르는 에도시대의 정치구조는 주요 도로에 세키쇼(關所: 통행자·통과 물품에 대한 검문소)와 기도(木戶: 도시 내 기본 행정구역이자 자치기구인 町의 출입을 통제하는 시설) 등 을 설치하게 함으로써 공간의 폐쇄성을 높였다. 물론 성하정과 농 촌의 영지 사이를 왕래하는 무사도 적지 않았고 상인·직인, 산촌 민·어촌민 같은 비농업민(非農業民)이 전국 각지를 나다닌 빈도와 속도는 근대인의 상상을 뛰어넘는 것이 사실이지만, 인구의 절대 다수인 농민 세계의 지역적 국한성은 부정할 수 없는 일이었다.

에도 말기부터 메이지유신에 걸친 사회적 변화는 먼저 국제적 교통과 교류 확대에서 시작하여 사람과 물품이 번(藩) 사이에 이동 하는 것을 촉진하고, 성하정을 전형으로 한 근세 도시를 외부로 개

---

51) 吳秀三·樫田五郎, 『精神病者私宅監置ノ實況及ビ其統計的觀察』(1918)은 메이지 이후 민간 사택 및 공립시설에의 감치가 환자의 간호 치료가 아닌 오 로지 '사회의 안녕 질서 유지'를 목적으로 한 결과, 환자는 '죄수 이하의 냉 대'를 받았다고 비판하였다.

방하였다. 세키쇼와 기도가 사라지고 여행이 자유로워졌으며 도로와 철도의 발달, 통신망 정비에 따라서 민중이 경험하는 세계가 서서히 외부로 확대되었다. 후쿠자와 유키치(福澤諭吉)[52]가 『민정일신』(民情一新, 1879)에서 묘사한 다음과 같은 세계가 눈앞에 펼쳐진 것이다.[53]

전기 · 전신과 같은 이기(利器)가 진실로 그 세력을 떨칠 때는 중앙과 변경(都鄙)의 구분이 없어질 것이다. 과히 나라의 모든 것을 뒤엎어서 하나의 도회지로 변모시키는 일이라 할 수 있다.

이것은 말할 필요도 없이 '근대화'에 따른 공간 개방의 결과이며 지금의 우리로서는 지극히 익숙한 풍경이지만 역으로 근대화과정에서 도리어 내왕에 제한이 가해진 예도 있었다. 관유(官有) · 민유(民有)의 구분 및 지조개정(地租改正: 1871년 전국적으로 단행된 지조금납제도) 등에 의해 공간에 대한 사적 소유권이 확립되고 땅의 경계가 명확해짐으로써, 마을 주변 산지에 대한 이용권(入會權)을 빼앗긴 농민이나 산림 내를 이동하면서 가공, 세공의 재료와 작업장 및 주거를 얻는 자유를 박탈당한 산촌민이 바로 그러했다. 그들의 생계 연명을 위한 활동이 계몽사상가의 시야에는 들어오지 않았다.

52) 1835~1901. 메이지유신기 일본의 대표적인 계몽사상가이자 자유민권론자, 갑신정변을 배후에서 지원하다 실패한 후 '脫亞入歐'를 주장함.
53) 『福澤諭吉全集』(岩波書店) 제5권에 수록.

또한 에도시대까지 극히 일부에만 존재하던 폐쇄적 공간이 '근대'의 개방적이고 훨씬 확대된 세계 속에서 마치 바다 위에 섬이 점점이 떠오르듯이 지평을 넓혀 갔다. 우선 '급양반(給養班)'이라 불리던 군대 내무반을 들 수 있다. 이는 소수의 지원병을 제외하면 대다수가 징집자인 병사와 하사관이 「군대내무지침」(軍隊內務書)이 정한 규칙에 따라서 24시간 기거를 함께하는 공간이다. 영문(營門) 출입은 특정 요일에 한해 특별한 허가를 받아야만 하고 귀가 시간도 정해져 있다. 외부의 방문자는 한정된 시간에 정해진 장소에서만 접견이 허용된다. 바깥 세계는 다소 소란스럽기도 하고 무질서한 공간이다. 규율과 질서가 자리잡은 내부 공간에 '혼란'이 침투할 위험을 최소화하기 위해 우편물은 편지 내용까지도 상관의 감시를 받았다. 징병은 국민된 자의 의무였기 때문에 정해진 복무 기간 3년 동안 공간 내부의 '질서'를 거부하고 외부의 '혼돈'으로 되돌아갈 개인적 자유는 인정되지 않았다. 그 사이 내부 공간에 수용된 인간이 어떤 대우를 받는지 외부로부터 알아낼 공인된 수단은 없었다. 이러한 폐쇄 공간은 학과 및 술과(術科)의 교육·훈련에 대한 집중, 생활의 규율화에 일정한 효과를 거두었다. 특히 외부와는 다른 사회질서를 획일적으로 체득시키는 데 효율적이었다. 내부적 질서의 틀은 여러 종류의 군대 법규 및 세칙에 의해 규정되었고 외부로부터 변화를 촉진할 만한 요인이 끼어들 여지는 없었다.

이와 같은 폐쇄 공간의 구조는 기숙제(寄宿制) 학교도 마찬가지였다. 군 관련 학교는 물론이고 일부 관립 중학교와 특히 규율이 엄격한 사범학교 기숙사 생활은 그 전형적인 것이었다. 당시 사범학교 졸업생 한 사람은 후에 이렇게 회고하였다. "모든 것이 군대식이고 …주 2회의 외출시 만약 단 1분이라도 늦으면 바로 출입문이 닫혔다", "교내에서 일간신문은 전혀 읽을 수 없었다", "전임 사감이 세 명이나 있어서 두견이 눈, 매 눈처럼 감시하여 조금도 빈틈이 없었고, 생도들이 위축되어 가능하면 사감 눈에 안 띄도록 노력했다."[54]

공장의 기숙사제도도 구조면에서는 군대, 학교와 다르지 않았다. 주야 2교대, 24시간 조업을 위해서 이 공간은 효율적이었다. "기숙사는 대개 목조 이층의 장방형 건물(長屋)로 …수용 인원은 다다미 한 장(90cm~180cm)에 한 사람 비율이 보통이다. 하지만 방적업은 모두가 주야 교대근무인 까닭에 휴일 이외는 혼자서 다다미 두 장을 차지하게 된다", "감독으로 약간 명의 남자를 두거나 혹은 결혼한 부인네가 여공들의 뒷바라지를 하며, 각 방에는 실장을 두어서 연장자이자 고참인 여공이 이를 맡아 감독을 대신했다. …외출 제한은 직공의 품행을 감독하기 위해서라고 하나 실은 직공이 도망치는 것을 막는 수단에 지나지 않았다", "공녀(工女)의 서신에 대해서는 … 발신 · 수신 공히 일단 사무실에서 이를 접수하여 내용을 점검한 후에 지장이 없음을 확인한 다음 이를 전달하고 …"(農商務省, 『職工事情』 중 각종 직공에 관한 「職工ノ住居」에서 인용,

---

54) 唐澤富太郎, 『學生の歷史』(創文社, 1955), pp.67~68.

1903). 이상은 공장제 생산이 직공 기숙제도와 짝을 이루며 성립했을 때 비로소 나타난 공간이다. 하기야 현실적으로는 너무나 설비가 빈약하여 화재 등의 재해 위험이 상존하였으며 위생 상태도 나빠서 직공의 기거와 생활을 규율화하는 것조차 공간적으로 불가능한 공장도 적지 않았다. 공간 정비가 생산 효율을 높인다는 사실을 안다 해도 당장 투자를 할 만한 여유가 없는 것이 현실이었다.

감옥 공간의 형태도 앞서 본 것들과 대개 일치한다. 에도시대의 감옥은 원칙적으로는 아직 형량이 결정되지 않은 미결수 수용소이었을 뿐 형벌의 일종인 금고형(禁錮刑)을 가하는 곳이 아니었다. 이에 대해 1872년 「징역법」 제정 이후의 감옥 즉, 형무소는 금고·노동·교육 및 교정을 위한 시설이었고, 그 결과 수용자의 일거수 일투족이 감시 대상이 되었다. 이러한 목적에 맞춘 십자형(十字型) 옥사의 일망식(一望式: 중앙의 망루를 통해 옥사 전체를 내려다 봄) 감시 방식은 같은 해 제정된 「감옥규칙 및 도식」(監獄則並圖式)에 보이는 것처럼 그 자체가 완전히 서양식이었다([그림 11]). 1890년대의 부분적인 개량을 거친 후에도 구금자의 생활을 감시하고 규율화한다는 당초의 설계 취지에는 변함이 없었다.[55]

근대적 공간의 네 번째 조건은 조명이다. 문명개화의 상징물 중

---

55) 重松一義, 『圖鑑日本の監獄史』(雄山閣出版, 1985), p.4 이하. 한편 T. Fujitani, 「近代日本における權力のテクノロジー」(『思想』 845호, 1994. 11)는 근대 일본이란 국민국가가 내부에 감금을 위한 다양한 소공간을 구비한 전체적으로도 '완전히 가시화된 감금 공간'이었다고 주장하였다.

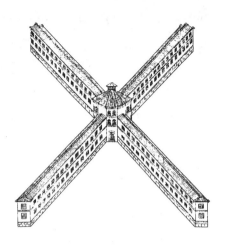

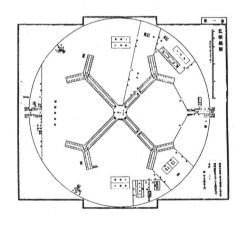

[그림 11] 십자형 옥사(『감옥규칙 및 도식〈監獄則並圖式〉』)

하나가 가스등이었다는 점은 우연이 아니다([그림 12]). 에도시대의 도시도 '곳곳의 반쇼'(辻番所: 무사 거주지역의 치안 유지를 위해 설치한 일종의 검문소)에는 항상 야등(夜燈)을 켜서 치안을 유지했는데 물론 조명이 가능한 범위는 극히 좁은 지역에 지나지 않았다. 일정한 구간의 도로 전역을 조명하게 된 것은 외국인이 다수 내왕하던 요코하마 시가지가 1872년, 도쿄의 중심가인 긴자(銀座)는 1874년부터였다. 유럽에서 치안과 방범을 주목적으로 가로등이 대도시에 보급된 것은 17세기 후반 절대왕정의 시대였는데,[56] 그것을 일본에 도입한 이유는 아마도 밝은 유럽적 도시공간을 모방하기 위함이 아니었을까?

실내를 보다 밝고 안전하게 조명하는 석유 램프·가스등 등은 전신국과 공부성 직속의 대학교를 비롯한 공공 건축물에서 시작하여 1890년대에 이르러 공장·상점·일반 가정에까지 서서히 보급되었다. 단, 전등의 보급은 1900년대 이후에나 가능하였다. 이러한 실내등의 보급은 그때까지 주간으로만 제한되었던 생산과 소비 활동의 시공간을 비약적으로 넓혀서 공장의 심야 조업이 확대되고 극장·상점의 영업 효율이 진작되는 등의 결과를 낳았다. 인공조명만이 아니고 나중에는 얇은 창호지와 판유리 따위를 이용하여 건축구조의 변화를 꾀함으로써 실내의 조명을 높이기도 했다. 야

---

56) W. Schivelbusch, 앞의 책 『闇をひらく光——九世紀における照明の歷史』, p.88 이하.

[그림 12] 1877년 권업박람회(勸業博覽會)의 가스관(瓦斯館)

나기다 구니오(柳田國男)[57]는 집의 각 방마다 조명이 들어옴으로써
단 하나의 화롯불을 중심으로 가족간 통합을 이루던 종전의 가부
장제도가 해체되고 젊은 세대의 정신적 독립이 촉진되었다며, '불
의 분열'을 계기로 '마음의 단합도 쪼개졌다'는 주장을 폈다.[58]

밝은 실내 공간이 거주자의 건강을 유지하는 조건이라는 논리
도 아마 '서양'으로부터 수입된 것인 듯하다. 문부성(文部省)이 개
화기 학교 건축에서 참고한 번역서에는 "광명이 신체 건강에 불가
결하다는 사실은 거듭 말할 필요도 없다. 조명이 밝은 집에 사는 사

57) 1875~1962. 일본 근대 민속학의 대가.
58) 柳田國男,『明治大正史世相篇』(平凡社東洋文庫, 講談社學術文庫) 제2장.

람은 어두운 집에 사는 사람에 비해 병에 잘 걸리지 않으며, 또 밝은 집은 그 자체로서 유쾌하고 활발한 느낌을 준다"라는 기술이 보인다.[59] 여기서도 공간질서는 신체질서와 밀접하게 연동되고 있다.

밝음에 대한 추구는 공간질서뿐만 아니라 시간질서에도 변화를 가져왔다. 일몰 후가 그저 암흑이었던 시대에 밤은 온갖 도깨비들이 출몰하는 반(反) 질서의 시간이면서 동시에 정체 모를 시공에 대한 두려움과 함께 상상력을 북돋우는 시간이기도 했다. 조명 보급은 정시법과 기계 시계에 의한 시간의 수량화와 더불어 낮 시간, 밤 시간의 질적인 차이를 아예 없애 버렸다. 이윽고 조명 보급에 대한 상업적 수요가 늘면서 시간·공간의 균질화가 가속화하였고, 다니자키 준이치로(谷崎潤一郎)[60]의 『陰翳禮讚』(陰翳禮讚: '음예'란 해거름, 어둑함) 같은 문명비판을 낳기도 했다.

우리들 동양인은 별 대수롭지 않은 곳에도 음예를 만들고 미를 창조한다. … (그런데) 아무래도 근간에 우리들은 전등에 마비되어 조명 과잉이 야기하는 불편에 대해서는 의외로 무감각해진듯 하다. … 대합실, 요리집, 여관, 호텔 등이 대체로 지나치게 전등을 소비한다.

나는 우리가 이미 잊어가고 있는 음예의 세계를 적어도 문학 영역에서나마 되찾고 싶다. 문학이란 전당의 추녀를 보다 깊이 드리

---

59) 위캘스햄, 『學校通論』(箕作麟詳 일역. 1874). 이는 藤森 편 앞의 책에 수록.
60) 1886~1965. 소설가.

우고 벽을 더욱 어둡게 함으로써 너무 많이 보이는 것들은 어둠 속에 가둬 버리고 쓸모없는 실내 장식을 벗겨내고 싶다. … 어떤 모양이 될지 시험 삼아 전등을 꺼 보자.[61]

그러나 동시에 도시의 밤 '풍광'이 "색색으로 빛나는 전등 불빛의 아름다움"으로 새로운 '매력'을 더하고, 어둠의 정서를 잊게 한 것도 사실이리라.[62] 새 질서는 그에 걸맞은 미학을 잉태함으로써 더욱더 강화된다.

게다가 '밝음(明)'이 '앎(知)'의 질서와 연관된 것이라는 점은 소위 계몽사상가의 저작에 보이는 명암의 비유를 통해서도 확인할 수 있다. '문명의 진보', '진실의 발명', '인지(人智)의 개명' 등. 핫토리 세이치(服部誠一)는 "대저 모든 새로운 일은 그 생성처를 더듬으면 모두가 개명의 명(明)자로부터 나오지 않은 것이 없다"라 말하며 학문·정치·풍속·기예의 '명'을 열거한 후, '완벽한 개명'은 '밝은 가스(瓦斯)등'이 가져다 주었다 하여 '조명＝문명' 찬

---

61) 谷崎潤一郎, 『陰翳禮讚』(中公文庫版, 1933), p.39, p.47, p.52. 한편, 우치무라 간조(內村鑑三)도 한때는 도쿄 우에노(上野)의 신사와 시노바스연못(不忍池)의 주변 전등이 '눈부심'을 혐오하여, "문명의 소리와 빛 속에서 소란을 피우는 요즘, 그 옛날이 그립구나"라고 일기(1923년 6월 12일자)에 적기도 했다(『內村鑑三全集』 제34권, 岩波書店).

62) 柳田, 앞의 책 제4장. 또 井上勳, 「開化の光そして影」(『文明開化』, 教育社, 1986), 참조.

가를 지었다.[63] '명(明)'이 곧 '지(知)'이며 또한 새로운 '치(治)'의 필요조건이 된 시대가 바로 '메이지(明治)' 다!

그런데 색깔로 말하자면 밝음은 흰색과 서로 통한다. 유럽에서는 16세기 이후 신체 위생에 대한 관심이 높아지면서 내의를 자주 갈아입는 습관이 퍼졌다고 한다. 잘 세탁된 겉옷에 셔츠를 포함한 순백의 내의가 상류계급의 상징이며 하층계급에 대한 위신세우기였다.[64] 일본의 경우는 관리로부터 시작된 양복 보급이 아마도 하얀 셔츠와 옷깃·소매·장갑 등을 권위의 상징으로 만들었을 것이다. 목깃을 높인 '하이칼라'란 다름 아닌 흰색이며 백인들이 가져다 준 수입품이었다. 백악(白堊: 흰 벽)으로 둘러싼 양옥 건물은 개화를 계몽하는 상징적 공간이었으니 멀리 벽지에까지 앞다투어 건축한 흰 페인트칠을 한 서양풍 초등학교는 그 전형적인 예라고 할 수 있다([그림 13]).[65]

동시에 흰색은 '청결'의 상징이며 공중위생의 색, 권력의 색이기

---

63) 服部誠一, 『東京新繁昌記』 6편(1876). 이 글은 筑摩書房 版 『明治文學全集』 제4권에 수록됨.

64) G. Vigarello, 앞의 책 『淸潔になる '私'—身體管理の文化誌』, p.76 이하. P. Perrot, 『衣服のアルケオロジー』(大矢 다카야스 일역, 文化出版局, 1985), 제8장. 나아가서 청결과 향기로움(芳香)이 부르주아의 미학이 되는 과정에 관해서는 A. Corbin, 『においの歷史—嗅覺と社會的想像力』(山田登世子 외 일역, 新評論, 1988), 참고.

65) 千葉, 앞의 책, p.167부터는 靑森縣 弘前市에서 서양식 초등학교 건물을 신축한 배경이 잘 나타나 있다.

[그림 13] 마쓰모토시(松本市)의 옛 開智學校

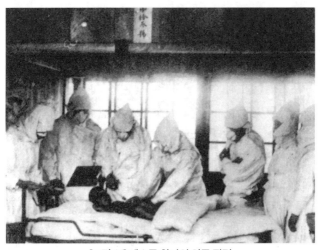

[그림 14] 페스트 환자의 치료 장면

도 했다. 흰 두건·흰 마스크·흰 가운·흰 붕대에([그림 14]) 유백색 소독제(=석회) 등 강제적인 격리·소독을 집행하는 방역행정의 상징으로서, 민중이 '백의(白衣)의 사람'을 두려워하고 때로 공격의 대상으로 삼은 것은 콜레라소동에 관한 기록에서도 찾아볼 수 있다.

흰색은 말할 필요도 없이 개국 이전부터 일본에 존재하던 색이다. '백인'을 들먹일 것도 없이 '흰 피부'는 예부터 미인의 조건이었고 '흰 것(白物)'은 여성들이 화장할 때 쓰는 백분(白粉)을 의미했다. 그러나 이는 살갗을 검게 태우며 노동할 필요가 없는 신분의 미학이었으며 일반적으로는 "흰색은 본디 꺼림칙한 색으로 일본에서는 신에게 제사 드릴 때 옷이나 상복 이외는 일찍이 흰옷을 몸에 걸치는 에가 없었다."[66] 흰색은 이를테면 비일상적인 시공에 속하는 색이었다고 할 수 있다. 문명개화는 이러한 흰색의 신비성을 문명이라는 소독액으로 씻어내고 세속화시키는 과정이기도 했다. 야나기다 구니오는 이것을 "색채에도 또 하나의 근대적 해방이 있었다"라고 표현하였다. 이윽고 흰 옷차림은 흉복(凶服)에서 평복으로, 나아가서는 소복 단장이 결혼하는 신부의 표준 의상이 된 것처럼 축제용 성장(盛裝)으로 사용되었고 상복은 검정으로 바뀐다. 흰색은 '근대'의 풍경을 밝게 엮어 내는 역할을 담당한 것이다.

위와 같은 네 가지 조건을 전제로 하여 다섯 번째로 공간의 인

66) 柳田, 앞의 책 제1장. 이 밖에 宮田登, 『白のフォークロア』(平凡社ライブラリ−65, 1994).

공화라는 측면이 나타난다. 한정된 공간을 가능한 한 인간의 완전한 제어 하에 두기 위해서 건축물은 비바람과 화재에 강해야 하며 내부는 밝고 청결하고 정연하여 외부로부터의 영향을 가능한 배제할 수 있어야 한다. '자연'은 인간이 제어하기 어려운 요소를 많이 포함하며 사회질서에 대해 예측 불가능한 힘을 가할 우려가 있으므로 그 힘을 최소화할 필요가 생긴 것이다. "영내(營內)에서는 사사로이 조수(鳥獸)를 키우지 말아야 한다"(군대내무지침 제19장21조), "실내로 들어갈 때는 반드시 신발의 흙을 깨끗이 털어야 한다"(동 18조), "기숙사 내에서는 바깥에서 사용하던 신발을 금한다"(1897년 文部省 훈령 제1호「학교 청결 방법」).

그러나 인공적 공간이 생리현상을 비롯한 인체의 '자연'을 해치는 것을 피하기 위해서는 고다 로한(幸田露伴)[67]이 일찍이 간파한 것처럼 도시 내부에 인공적 자연공간 즉, 공원이 필요했다. 로한은 공원이 사람 몸에 미치는 의미를 정확히 파악하고 그 증설을 제안했다.

> 본래 도시는 번성하면 할수록 자연 상태에서 멀어진다. 주민을 복잡한 조직 속에 속박하여 그 천진한 원기를 소모하게 하면서 한편으로는 지극히 혼탁한 공기와 부자연스러움으로 그 안에 살아 숨쉬는 사람을 피폐하게 만든다. …도시로 하여금 주민의 노후화를 막고 사람들이 언제나 청신한 상태로 활발하게 생활할 수 있기를

---

67) 1867~1947. 소설가.

원한다면 완전한 형태의 공원을 많이 만드는 것이 좋다. 수목과 풀, 대나무 등이 공기에 미치는 영묘한 힘을 이용하고 또 오락기구를 갖추어 인민을 위안함으로써 어지러운 세간의 구속으로부터 탈피하여 자연의 품안에서 신을 이야기하고 마음을 너그럽게 가질 수 있도록 하자는 것이다.[68]

빈틈 · 골목길 · 공터 · 들판 같은 비기능적인 공간이 축소됨으로써 소모되고 피폐해진 인간 정신은 인위적인 공간을 통해서만이 '자연'을 회복할 수 있게 된다.

한 걸음 더 나아가 로한은 당시 도시인이 여가만 나면 음식점 같은 곳에 "칩거해서 화투로 소일하고 혹은 매춘부와 음담패설을 즐기는 악습"을 비판하고, 가족과 함께 공원을 '산책 소요' 함으로써 "청결한 공기와 밝고 아름다운 햇살을 만끽하는" 습관을 기르도록 장려하였다.[69] 에도시대 이래 민간에서 즐겨온 벚꽃놀이 술자리가 아닌, 건강을 위한 '산책'을 근대적 코스모스에 적합한 도시

---

68) 幸田露伴, 『一國の首都』(1899). 『露伴全集』(岩波書店) 제27권, p.91 이하에 수록. 岩波文庫版은 p.102. 본문의 인용문은 '청결', '광선', '건강', '선량' '건전' 등의 가치에 과민할 정도로 민감한 반응을 보인 근대인 로한이 자각적인 시민의 힘에 기대하여 펼친 도쿄 도시계획론이라 할 수 있다. 이 밖에도 飯沼二郎 · 白幡洋三郎, 『日本文化としての公園』(八坂書房, 1993)은 서구화 과정에 있어서 행정 주도에 의한 공공적 공간 창출의 특징을 비판적으로 고찰하고 있다.

69) 幸田, 앞의 책, 岩波文庫版, pp.103~104.

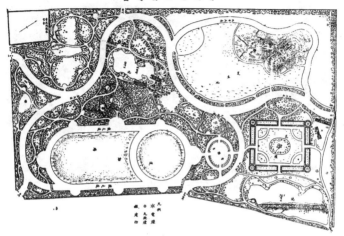

[그림 15] 개장 직후의 히비야(日比谷)공원

중간계급의 행동양식으로 간주한 것이다. 개화의 상징인 도쿄 히비야(日比谷)공원의 서구식 정원이 개원한 것은 1903년의 일이다([그림 15]). 그리고 개원 초기의 도쿄시는 시민의 행동을 규율하기 위해 공원 내에서 음식과 행상을 금했다고 한다.

한편으로 인공적 공간을 형태로 나타낸다면 곡선보다는 직선, 요철(凹凸)보다는 평탄함에 가까우며, 일기 변화나 빈번한 사용에도 쉽게 망가지거나 퇴색하지 않아야만 했다. 기능주의 건축가들이 칭송한 대로 구불구불한 '당나귀 길' 보다는 설계도에 그려진 대로 똑바른 길이야말로 '이성적'인 길이었다. [그림 16]은 그러한 조건을 충족하는 인공적 공간이 재래의 경관을 절단 내고 자기 주

[그림 16] 도쿄 신주쿠(新築)의 아즈마교(吾妻橋)

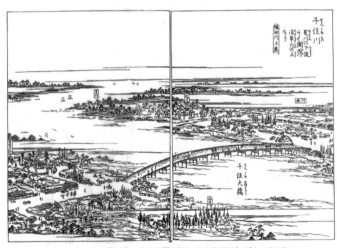

[그림 17] 센주천(千住川) 풍경(江戸名所圖繪 권6, 1887)

장을 소리높이 외치는 '근대'의 한 풍경이다. 강철이라는 소재로 인해 실현 가능해진 장대한 공간 구조물이 직선을 조합한 뼈대를 일정하게 엇지르며 화면의 삼분의 일 이상을 지배하고 있다. 나무 와 돌을 재료로 하여 하늘을 향해 부드럽게 곡선을 그리던 보다 작은 다리(예를 들면 [그림 17])[70]에 익숙한 사람들에게는 위화감 내지 억압적인 감정을 불러일으키지 않았을까 하는 생각마저 든다.

하지만 1887년 작품인 이 채색 판화의 우측 상단에는 "도쿄에서 가장 낚시가 잘 되는 다리. 길이 86칸, 너비 7칸. 전대미문의 멋진 다리"라는 문장이 덧붙여져 있다. 개화기 사람들의 시선은 이 신기 한 공간을 순식간에 적극적으로 평가하고 수용한 것이다. 유신 후 불 과 20년 사이에 나타난 이처럼 빠른 변신이 '건강한 메이지'를 구성 한 불가결한 요소였던 것일까? 아니면 "강철 문화의 광대한 업적

---

70) "일본의 교량 구조는, … 주택과 마찬가지로 대단히 원시적인 것이었다. 교 각은 나무껍질이 그냥 붙은 채였다. … 교각과 교각 사이는 일본식 교량 특 유의 아치형을 표현하기 위해 굽은 두 개의 나무를 걸쳤다. 교각 상판으로는 횡으로 나란히 두꺼운 판자를 깔았다. 여기에다 조잡하게 만든 난간을 덧붙 이면 다리는 완성이다. 이러한 교량은 끝없이 수리가 필요하고 또 마차 따위 는 지나다니지 못한다. 교량은 매 5년 정도로 완전히 바꿔야만 했다"(R. H. Brunton, 『お雇い外人の見た近代日本』, 徳力眞太郎 일역, 講談社學術文庫, 1986, pp.81~82). Brunton은 메이지 초기 '옛 교량을 대신할 항구적인 교량 가설'을 의뢰받아 돌로 된 교각 기초에 철제 골조를 올린 일본 최초의 철교 를 요코하마에 가설했다. 홍콩에서 수입한 건설 기계에 일본의 대장장이들 을 활용한 공사는 종료 때까지 줄곧 호기심에 찬 구경꾼들을 모아들였고, Brunton은 그 모습을 기록으로 남겼다.

을 무차별적으로 단지 살풍경하다고만 폄하함은 다수 민중의 감각을 무시한 주장"이 되는 것일까? 이도 저도 아니면 철도 같은 "평화의 교란자, 매연과 소음의 주범"에 대해서도 민중은 새 시대의 풍경으로 이해하고 "감탄을 아끼지 않았다"[71]라고 해야 할 것인가?

앞의 판화에서는 공간을 측량하는 단위가 아직 옛 제도를 따르고 있다. 이보다 조금 앞선 1885년 일본은 국제적 공간질서인 「미터법 조약」에 가입했는데, 1891년 공포되고 그 2년 뒤부터 시행된 「도량형법」에서는 여전히 자(尺)와 관(貫)을 '기본'으로 하면서 미터법도 '적법'한 것으로 인정하였다. 신제도의 수용에는 어느 정도의 시간이 필요했던 것이다. 미터법 채용은 실은 군대에서 먼저 시작되었다. 제1부 첫머리에 인용한 『보병조전』에서도 '센티미터'가 보폭 단위로 사용되었는데, 이는 에도 말기 이후 수입 무기의 사양이나 군사기술의 기초가 되는 수치 단위를 서양식의 '센티', '밀리'로밖에 표현할 수 없었기 때문이다. 따라서 이 점에서도 군이 새로운 통일적 질서를 선도했다고 할 수 있다.

에도시대까지는 지역에 따라서 도(度: 길이)·량(量: 부피)·형(衡: 무게)의 기준이 달랐고, 칭좌(秤座: 저울의 제작·판매·수리 특권을 독점한 상인조직), 승좌(枡座: 되에 관한 특권을 독점한 상인조직)

---

71) 柳田, 앞의 책 제4장. 또한 '근대적 풍경'의 탄생과 그 특질을 다각적으로 면밀히 검토한 李孝德, 『表象空間の近代─明治 '日本'のメディア編制』(新曜社, 1996)도 있음.

와 같은 공인된 상인조직의 자치적 규제가 허용되었다. 그러나 1875년 공포된 「도량형단속조례」(度量衡取締條例)에 의해 좌(座)의 특권은 폐지되고 국가가 인정하는 공정 기준으로 통일되었으며 그 후 국제기준도 도입되었다.

시간의 경우와 마찬가지로 표준화·통일화의 원리가 작용한 것이다. 다른 측면에서 보면 이러한 기준 통일로 인하여 시간·공간의 국지적 다양성이 해체되었을 뿐만 아니라 전통적인 척도로써 생업을 영위해 온 사람들의 권리까지 빼앗아 버리는 단서가 되었다고 할 수 있다. 1891년 공포된 앞의 「도량형법」으로 농상무대신(農商務大臣)의 허가를 받지 않은 기기 제작·판매자 및 '맞지 않는' 기기인 줄 알면서 판매하거나 또는 '영업상 목적으로 사용'한 자에게는 벌금형이 가해졌다. 또 이 법률에는 도량형 위조죄가 포함되었는데, 제2차 세계대전 후 미터법으로 일원화된 현행 법률에서도 계량기 불법사용 등에 대해서는 징역형을 비롯한 벌칙 규정이 있다.[72]

그러나 이상에서 본 바와 같은 새로운 공간질서가 일본사회에 아무런 저항 없이 신속하게 확산된 것은 아니었다. 한 예로서 '도시공간 개화'의 상징으로 1874년 조성된 도쿄 긴자(銀座)의 벽돌건물거리(煉瓦街)는 바로 그 이듬해에 벌써 주민들이 자아내는 어수선한 분위기로 뒤덮였다.

---

72) 이 밖에 永六輔, 「計量法を粉砕せよ」(『明治からの傳言』, 文藝春秋, 1977).

교바시(京橋)에서 신바시(新橋)까지의 벽돌건물거리는 실로 훌륭하다 하겠으나 양쪽 화단과 가로수 사이로 보이는 갈대발 울타리를 친 집들이 심히 살풍경하다. 한때 많이 줄어들었다가 요즘 원래 모습으로 되돌아온 것이 옛말대로 밥상 위의 파리 떼 같다고 할 만하다. 허나 이는 관청에서 한마디 명령만 내리면 그 다음날로 깨끗이 사라진다. 그보다도 벽돌집에 사는 사람들이 멋진 원주(圓柱) 사이로 조잡한 판자 울타리를 치거나 처마 끝에 보기 흉한 차양을 달며, 일부러 높여서 만든 입구에 요상한 벽을 달아서 다시 낮추거나 낡은 덧문과 기름 먹인 장지문을 세우고, 심지어는 처마 밑에 장작과 빈 가마니, 빈 나무통을 쌓고 좌판을 불러들이는 일 등은 단지 보기에 흉한 정도가 아니라 화재에도 위험하다. 게다가 건물 뒤쪽의 불결함은 이루 말할 수 없는 지경이다. 상하이(上海)나 요코하마 같은 곳에서 중국인이 서양사람의 가게를 빌려서 살면 그 화려하고 고상한 건물이 순식간에 더러워진다고 하여 서양사람도 비웃고 일본사람도 이를 비난하는데, 하물며 그 일본의 수도인 도쿄 중에서도 일등 가는 벽돌집에 사는 사람들의 행동이 이와 같아서는 결코 다른 나라 사람 이야기를 할 수 없을 것이다(東京日日新聞, 1875년 5월 23일).

'혼돈'과 '질서'가 주도권 장악을 위해 펼친 경합은 그 후에도 여러 면에서 나타난다. 이때 중요한 것은 무엇이 '질서'이며 무엇이 '보기 싫고', '누추한', '살풍경'인가를 비판하는 쪽의 사람들이 명확히 인식하고 있었다는 점이다.

이리하여 메이지 초기의 공간질서는 개별 공간의 내부에서는 때로 지나칠 만큼 실현되었으나 전체적인 도시공간으로서는 비통

일적이고 잡다한 거리밖에 남기지 않았다. 이는 1884년 이후 30년 간에 걸친 도쿄 도시계획사업의 입안과 실시과정에 관한 분석에서 명백히 드러난 것처럼,[73] 계획의 주체가 될 만한 도시 자치의 힘이 부족하고 정부도 행정 각 부서와 민간 경제계의 서로 다른 요구 앞에서 계획의 중심을 어디에 둘 것인지 장기적 전망을 실천할 지도력을 갖지 못했던 탓일 것이다. 그 결과 도쿄 긴자의 일부와 쓰키지(築地), 마루노우치(丸の內) 같은 한정된 지역에 겨우 다소나마 통일감을 지닌 거리가 실현되었을 뿐이다. 오히려 도쿄의 도시공간 가운데는 특히 아사쿠사(淺草), 우에노(上野), 긴자와 같은 '유흥가'에 혼돈과 지저분함이 어우러진 '재미난 공간'이 형성되어 도시민에게 일종의 개방적 기분을 안겨 주었다.[74]

73) 石田賴房, 『日本近代都市計劃の百年』(自治体研究社, 1987), 藤森照信, 『明治の東京計劃』(岩波書店, 1982), 御廚貴, 『首都計劃の政治』(山川出版社, 1984) 등 참조.
74) 吉見俊哉, 『都市のドラマトウルギー』(弘文堂, 1987)는 메이지 이후의 '유흥가'를 극장적 공간으로 간주하고 그 상연론적 분석을 시도하였다.

4. 신체

시간·공간의 사회질서는 결국은 사람의 몸을 통해서 실현되고 개개인의 몸 속에 새로운 질서를 만들어 낸다. 신체도 생리적으로는 하나의 '자연'이라고 본다면 기능집단의 목적에 따라서 그 '자연'을 어떻게 인위적으로 변형시키고 제어할 것인가가 근대의 과제라 할 수 있을 것이다.

계몽사상가 니시 아마네(西周)[75]는 1878년 「병가덕행」(兵家德行)[76]이란 제목으로 행한 강연에서 만국의 병제·병법이 변혁하는 방향은 궁극적으로 '메커니즘' 혹은 '기계장치'의 '정밀'화에 있다고 설파하였다. 여기에서 말하는 '기계장치'란 병기(兵器)만을 의미하는 것이 아니라 "사람을 기계처럼 이용하는 사고"까지도 포함한다. 이를 중국 고대 병가(兵家)의 관점에서 보면 "엄정한 규율로 절제된 병사"라는 뜻으로 해석할 수 있으며 그것이 "진정으로 그 본질을 갖춘 것은 최근의 일"이라고 하였다. 절제를 가능하게

---

75) 1829~1897. 일본 최초의 서양철학자로 수많은 철학 개념어를 한자어로 번역함.
76) 大久保利謙 編, 『西周全集』 3(宗高書房)에 수록됨.

하는 조건은 첫째가 '규칙'으로 "수백만의 군사라 해도 일제히 획일적인 규정에" 따르며, 둘째는 '조련(調練)'으로 병사들의 "일거수 일투족을 규율"하여 "천군만마를 오직 한 마음으로 군용(軍用)"에 나서도록 하는 것이라고 보았다. 즉, 병사가 몸으로 질서를 체현토록 하는 것이 유신 이후 군대의 목표라는 것이다.

니시 아마네는 앞에서 토로한 문제가 실은 유신 후 10년이 지난 현 시점에서 "대개 목적을 달성했다"고 보았으며, 앞으로 필요한 것은 '도덕' 교육이라 하여 강연의 본론에서는 병가의 덕행에 관한 주장을 폈다. 이것은 그가 바로 일년 전인 1877년 발생한 서남전쟁(西南戰爭)[77]에 대해, "관병(官兵: 유신정부군)은 절제가 앞선" 까닭에 '마음의 합일(士心合一)'만에 의존한 '적도(賊徒)'에게 승리할 수 있었다는 분석과도 연결된다. 위와 같은 견해는 야마가타 아리토모(山縣有朋)[78]의 「군인훈계」(軍人訓戒, 1878)와 1882년의 『군인칙유』(軍人勅諭)를 거치면서 천황에 대한 절대적 복종을 강조하는 군인도덕론의 출발점으로 작용하기도 했다. 그러나 지금까지 일본의 군인정신에 관해 논한 사람들은 오로지 이 '도덕'이란 측면에만 주목하였기에 니시가 서론적으로 언급한 '메커니즘' 관철에 의한 신체의 규율화라는 문제를 간과하였다. 본 장에서는 바로 이 규

77) 유신정부의 혁신 정책에 불만을 품은 사족(士族)들이 규슈(九州) 남부 일대에서 벌인 내란.
78) 1838〜1922. 메이지 · 다이쇼(大正)기의 군인, 정치가로 元老의 필두.

율화를 주제로 삼고자 한다.

신체의 규율화는 첫째로 군 전체를 기계처럼 움직이기 위해 병사 개개인의 몸을 부품화하는 데서 출발한다. 부품에 지나지 않기 때문에 징병 이전까지 병사의 몸에 밴 신체상 특성들은 깨끗이 지워 없애고 대체 가능한 표준화·평균화된 부품으로 새롭게 주조해야만 했다.

직업이란 것이 흔히 신체의 변형을 초래함은 말할 나위가 없다. 보다 자세히 말하면 서생(書生)의 양어깨는 평형을 잃어 7부, 3부로 기운 경우가 드물지 않다. 산골에서 오래 생활한 자들의 무릎뼈는 굽은 경우가 많고, 농부나 짐을 운반하는 자들의 양다리는 바깥으로 호를 그린다. 나무꾼의 양팔은 굽어서 잘 펴지지 않으며, 어려서부터 염색가게(紺屋)에서 일한 자들은 양발이 벌어진 것을 볼 수 있다. … (이러한) 골격의 변형을 교정하는 일은 신병 입대 후 초미의 과제이며 이를 위해 유연체조를 활용하고 혹은 각개 교련을 행하며, 순서에 따라서 너무 급히 서두르지 말고 쉬임 없이 적절한 교정 훈련을 한 연후에 비로소 부대 훈련으로 들어가야 한다(松本香州, 「兵營觀」, 1906)

훈련한 효과가 나타나면, 검열시 "내 앞으로 오신 연대장님이 '우로 돌아'를 해 봐"라고 말씀하셨을 때 거의 기계적으로 몸이 움직여서 스스로도 자신의 몸이 아닌 것처럼 느꼈다"(尾上新兵衛·鵜崎一畝, 「陸海軍人生活」, 1897)라는 단계에 도달한다. 무엇이든 기술을 습득했을 때 무의식적으로 몸이 움직이는 것 즉, '숙련에 의한

[그림 18] 징병검사

신체의 '자동화'는 자연스러운 과정이겠으나 군대에서는 이것이 무기 사용·정렬·경례 등 생활의 거의 모든 부분에 미쳤다. 천부적인 심신으로부터 분리되어 소외된 부품으로서의 육체가 생산되는 것이다. 이미 징병검사 그 자체가 신체의 표준화를 위해 인간을 선별하는 행위이며 신체 개조를 위한 교육과정의 첫 번째 관문이었다. [그림 18]의 신장 측정기 위에 선 자와 대기중인 자들의 자세에서 보이는 차이에 주목해 보라. 1873년 반포된 징병령의 「상비병 면제규정(常備兵免役槪則)」에 의하면 "키 5척 1촌(약 154.5cm) 미만인 자"[79] 및 "허약하거나 지병 또는 불구 등으로 병역을 감당할 수 없는 자"는 면제 대상이 되었다. 허약체·만성병자·신체 장애자·

---

79) 단, 포병은 5척 4촌 이하로 병종(兵種)에 따라 차이가 있었다. 1873년 1월 陸軍省, 「六管鎭台徵員立式」.

단신자 등을 부품으로서 단련이 불가능한 신체로 배제한 후에 합격자들은 말하자면 재료의 품질에 따라 갑·을·병의 각 종(種)으로 분류되었다.

젊은이이긴 하지만 만 20세라는 연령은 신체의 유연성, 훈련 가능성을 고려했을 때 거의 한계연령이었을 것이다. 그러므로 부품화를 보다 용이하게 추진하기 위해서는 학령기 아동에 대한 예비훈련이 필수적이었다. 이 때문에 각급 학교에서는 '신체검사'가 정기적으로 행해졌고 신장·체중·흉위는 그때마다 표준치와 비교 평가되었다. 또 운동회 같은 행사나 체육과목을 통해 규율적인 집단행동을 감당할 만한 신체로 육성되기도 했다. 이리하여 1900년의 문부성 명령(文部省令)「학생·생도 신체검사규정」이후 오늘날까지 일본에서는 아동의 신체검사기록이 빠짐없이 축적되어 온 것이다.

신체질서는 인체의 해부학적 구조에 관한 지식을 바탕으로 각 부위별 형상과 기능에 대해 '정상' 여부를 판단하는 기준을 설정하고, 이에 근거하여 개별 신체를 평가·선별함으로써 실현될 수 있었다. 더욱이 신체검사의 방법은 시대가 진전함에 따라 보다 정밀화·말초화 하였는데, 예컨대 1928년의 육군성 명령(陸軍省令)『육군 신체검사규칙(陸軍身體檢查規則)』제23조「각부(各部) 검사」 3항에 따르면, "흉부에 대해서는 흉곽의 길고 짧음, 넓고 좁음, 두텁고 엷음을 검사하고 특히 상흉부의 협착(狹窄)에 주의하며, 쇄골(鎖骨)·흉골(胸骨)·늑골(肋骨)·늑연골(肋軟骨)의 상태 및 그 질병과 기형의 유무를 검사한다. 다음으로 수검자에게 심호흡을 시켜서 호흡이 쉽고 어려움, 흉곽의 운동상태를 진찰하여 필요시는 호흡 확장에 따른 차이를 측정한다. 마지막으로 심장 박동에 유의한 다음 타진(打診)과 청진(聽診)을 행한다"라고 하였다. 신체 각 부위별로 같은 방법의 검사를 거듭함으로써 결국은 몸의 세세한 부분에까지 권력의 손이 미치게 되는 것이다.

그런데 부품의 집적이라고 할 수 있는 기계는 니시 아마네가 "몸의 사지를 움직이고 사지에 붙은 수족을 움직이는 것처럼"이라고 비유했듯이, 전체가 하나의 몸뚱이같이 일사불란하게 기능하는 것을 완성된 모습으로 간주하였다. 국가유기체설이 정밀하게 이론화되기 훨씬 이전, 그러니까 기계라는 새로운 모델이 일반에게는 아직 구체적인 형상으로 인지되지 않은 시대에는 신체 모델에 의해 전체와 부분의 기능관계를 표현하였다. '전체'는 하나의 군대인 동시에 천황의 전 군대이며 국가이기도 했다. 따라서 개개인의 몸은 국가라는 전체의 관리하에 두어진 존재로 이해되었다. 초대 내무성(內務省) 위생국장 나가요 센사이(長與專齋, 1838~1902)가 『위생개론』(衛生槪論, 1887) 서문에서 "위생이 다루는 범위는 대단히 넓다. 작게는 일개인의 강복(康福)에서 크게는 국민의 부강까지"라고 서술한 것은 국민 개개인의 건강을 국가적 목적과 불가분의 것으로 간주한 시대에 비로소 나타난 사고 형태라고 할 수 있다.

에도시대의 경우에도 "부모에게서 물려받은 신체발부(身體髮膚)를 감히 훼손하지 않는 것이 효의 근본이다"라는 '효'의 덕과 주군을 위해 헌신하는 '충'의 윤리와의 관계 속에서 개개인의 몸에 의미를 부여하는 일이 있었다. 그러나 그 시대의 신체는 분명히 각자의 이름을 지니고 있었고 다른 것으로 대체 가능한 부품으로는 취급되지 않았기에 모든 신체를 표준화할 필요도 없었다.

한편으로 신체는 건강하고 정상이며 청결해야만 했다. 물론 메이지 이후 개개인의 자발적인 관심이 건강이나 청결을 중시하는 쪽으로 모인 것은 아니며, 건강에 대한 위로부터의 강제가 대개 세 가지 방향에서 작용하였다. 이 점은 에도시대의 도시사회에 확산된 '양생(養生)'에 대한 관심과는 사정이 다르다.[80]

첫째는 공중위생행정이다. 이미 공간에 대한 분석에서 논한 바와 같이 청결과 건강은 사회적 필요조건이며 공간질서가 인간 신체에까지 관철되지 않는 한 질서는 완성되지 않는다. 1870년 4월 메이지정부는 각 부 · 번 · 현(府藩縣)에 대해 천연두 예방을 위한 종두(種痘)의 강제 접종을 명했다. 게다가 병자뿐만 아니라 창녀들까지도 메이지 초기 이후 공권력은 신체 검진을 강제하였다. 그 후 아동에서 시작하여 전 국민의 신체가 위생행정의 감시를 받기까지는 그다지 많은 시간이 걸리지 않았다. 둘째는 강병(强兵) 양성으로, 군대 집단에 있어서도 위생은 중요한 원칙이었다. "신체의 불결은 가장 건강을 해하는 일이므로 머리 · 얼굴 · 손발을 잘 씻고 손톱을 깎고 치아를 닦아서 몸을 청결하게 한"(군대내무서 제19장 제23조)

---

80) 成澤光, 앞의 논문 「都市社會の成立」.

후에 보다 강건한 신체의 연성이 요구되었다. 그 결과 사병 신체의 위생화가 단기간에 실현되어 전력 강화에 공헌할 수 있었다.[81]

이러한 두 가지 방향은 모두 국가가 개인의 건강문제에 관심을 가지고 개입하는 단초가 되었는데, 여기에 사상적 근거를 부여한 것은 다름 아닌 당시 계몽사상가들이 소개한 공리주의(功利主義)였다. 니시 아마네가 「인세삼보설」(人世三寶說, 1875)에서 개개인의 "신체 강건 · 지식 개발 · 재화 충실"이란 사적인 이익 추구가 곧 공익에 직결된다라고 언급한 것이 그 한 예이다.[82] 그러나 논리는 차츰 앞뒤가 바뀌어 국익이 되니까, 혹은 국익에 연관되는 범위 내에서 개인의 건강에 가치를 인정하게 된다.

이와 관련하여 세 번째로는 당시 일본인이 서양인에 대해 육체적 콤플렉스를 품고 있지 않았나 생각된다. 메이지시대 일본인은 서양인들이 키가 크고 뼈대와 근육이 늠름하며 직립이나 보행시 등줄기가 곧게 뻗은 자세로부터 모종의 힘과 위압감을 느꼈음에 틀림없다. "마주치는 녀석마다 한결같이 키가 크다. … 공평한 입장에서 본다면 아무래도 서양사람이 멋있다. 어쩐지 스스로 의기

---

81) 立川昭二, 『明治醫事往來』(新潮社, 1986), p.28. 러일전쟁 중 일본군 사망자 가운데 병사자가 점하는 비율이 세계사상 유래가 드물 정도로 낮았던 것은 메이지정부의 철저한 공중위생정책의 성과라는 평가도 있다. M · 보닷슈 「ナショナリズムの病, 衛生學という帝國」(上田敦子 외 일역, 『現代思想』 1997년 7월호).

82) 鹿野政直 編, 『桃太郎さがし—健康觀の近代』(『朝日百科 · 日本の歷史 別冊 歷史を讀みなおす』 23, 朝日新聞社, 1995), pp.4~6.

소침해지는 듯한 기분도 든다"(나쓰메 소세키〈夏目漱石〉, 「倫敦消息」, 1901).[83] 비단 섬세한 감성을 지닌 작가만이 이러한 감정을 느낀 것은 아니었으리라. 역으로 일본에 온 서양인들은 일본인의 신체에 대한 인상을 "작은 몸에 보기 싫게 주름이 지고 게 다리에 새우등이며 가슴이 들어갔다. 빈상(貧相)이긴 하지만 친절한 얼굴을 하고 있다"(이사벨라 버드, 「日本奧地紀行」, 1884)[84]라고 평했다. 이러한 비평들이 여러 가지 통로로 일본에 전해지고 서양인에 대한 콤플렉스를 증폭시켰을 것이다.

반드시 강병화란 목적만이 아니더라도 이 시기의 많은 지식인들은 일본인의 신체 개량을 문명개화의 주요한 과제로 인식하였다. 대책으로서는 주로 백인과의 결혼(다카하시〈高橋義雄〉, 「日本人種改良論」, 1884년 등)이나 서양식 음식으로의 식생활 개량 등이 제기되었다. 특히 음식물에 포함된 영양분에 대해 관심을 기울이게 된 점이 중요한데, 후쿠자와 유키치가 그 지도적인 역할을 담당하였다.

그가 "사람이 먹고 마시는 모든 음식이 뼈와 살이 되는 것은 아니다. 먼저 뱃속에서 그 성분을 걸러서 나누어 뼈가 될 것은 뼈로 가고 살이 될 것은 살로 간다. 이것을 자양분이라고 한다. …그렇다면 음식이 좋고 나쁨은 그 속에 포함된 자양분이 많으냐 적으냐로

---

83) 三好行雄 編, 『漱石文明論集』(岩波文庫, 1986)에 수록.
84) I. L. Bird, 『日本奧地紀行』(高梨健吉 일역, 東洋文庫, 平凡社, 1973), pp.6~7. 원저는 1884년.

감정해야 할 것이다"라고 하며 음식에 따라 '자양'의 함유량이 서로 다르다는 사실을 계몽한 점은, 육식을 하지 않던 에도시대에 약용으로 육류를 섭취한 '약식(藥喰)'의 발견을 뛰어넘는 획기적인 일이었다. 그러나 후쿠자와가 "조수·어류·우유[85]·계란 등에는 이 성분이 많고 토란·무·야채·쌀 같은 것에는 이 성분이 적다"라고 단정한 점은 지금에 와서 생각하면 지나친 육식 편중이라고 할 만하다. 아마도 당시 '자양'이란 막연히 동물성 단백질을 총칭하는 말로 쓰인 듯하다. 어쨌든 이전까지의 식문화에 대해 영양분

---

[85] 후쿠자와는 1870년 장티푸스에 걸렸을 때 우유를 마셔서 그 효능을 실험한 때문인지, 병이 나은 후에 우유회사의 선전문을 직접 작성했다. '만병통치약(萬病—藥)' 우유를 마시면 "불치의 병이 낫고 불로장생하며 신체 건강과 精心이 활발하여 비로소 일본인의 이름을 더럽히지 않게 된다"(肉食之說, 『福澤諭吉全集』 제20권에 수록).

　육식과 더불어 우유야말로 식문화 서양화의 상징이었다. 유럽의 경우도 거의 같은 시대인 19세기 후반부터 20세기 초에 걸쳐 동물성 식품의 섭취량이 급증하였다. 낙농업 발달과 함께 우유 살균법 같은 보존기술이 진보하고 철도 발달에 따른 수송거리 확대 등으로 우유가 도시 주민의 식생활에 널리 수용되면서 소위 '밀크 시대'가 열렸다고 한다. 南直人,「都市生活とミルク—近代的食生活の一側面」(見市雅俊 外 編, 『青い恐怖 白い街—コレラ流行と近代ヨーロッパ』, 平凡社, 1990년에 수록).

　이 우유라는 식품은 근대적인 지향성을 매우 짙게 보여 준다. 흰색, 살균처리에 의한 청결화, 그리고 후쿠자와 생시에는 없었지만 후대에는 균질화되기도 했다. 용기의 정형화와 밀봉, 즉시 소비성(인스턴트성) 등, 그 어느것이건 현대 식품의 대부분이 지향하는 것과 같은 방향을 일찍이 드러내 보였다. 일본에서는 1900년 內務省令,「牛乳營業取締規則」으로 우유 제조·판매의 세부에 걸친 '위생'적 규제가 시작되었다.

을 잣대로 비판을 가한 것은 식문화의 풍토성 혹은 그 지역적 다양성을 부정하는 계기로 작용하였다. 출신 풍토에 따라 각기 다르게 형성되는 자연과 인간 신체의 '신토불이(身土不二)'적인 관계를 경시하는 쪽으로 영향을 미친 것이다.

음식의 서양화를 오로지 육식 장려로만 인식한 것은 후쿠자와 이외에도 당시 신문기사 등에 널리 보이는 현상이다. 가나가키 로분(假名垣魯文)[86]의 『우점잡담(牛店雜談) 안우락과(安愚樂鍋)』(1871)가 묘사한 세계는 그러한 논리를 잘 전해 준다. 사람들은 "현명하든 어리석든, 가난하든 복 받았든, 대체로 쇠고기 전골(牛食鍋)을 먹지 않으면 아직 개화 못한 놈이라" 하여 '약식'을 하게 되었으나, "그것을 아직도 야만의 폐습이라 여기는 꽉 막힌 놈들이 육식을 하면 신불(神佛)에게 죄가 된다는 둥, 부정 탄다는 둥, 촌스러운 말을 하는 것은 서양과학을 모르는 탓이다. 그런 화상에게는 후쿠자와의 육식 이야기라도 한 토막 들려주자", "이런 정한 음식을 왜 지금까지 안 먹었을꼬"(初篇).

육식이라는 당대의 유행이 여기에서는 계몽지식의 얼굴을 빌려 강요되고 있다. 육식에 '약'으로서의 효능이 있음은 '궁리학(窮理學: 서양 과학)'에 의해 이미 증명된 바이다. 따라서 위에 인용한 내용은 육식은 신체를 '청결'하게 해주며 물론 부정 탈 일도 없으니까 적극적으로 먹어야 한다는 논리인 것이다. 후쿠자와의 「육식지

---

86) 본명은 野崎文藏. 1829~1894. 에도 말기와 메이지 초기에 활약한 희곡작가.

설(肉食之說)」(1870)에서 용어와 논지를 그대로 차용한 내용으로, 이로 인해 인간 신체는 종교적 금기로부터 해방되는 쪽으로 변화해 갔다. 이런 변화에 저항적인 사회계층이라 할 수 있는 승려의 힘도 근세 이후 약화되었고 게다가 천황을 포함한 상류계급이 솔선해서 재래의 습속을 부정했기 때문에 육식의 가속화는 더 말할 나위 없었다. "우리 나라(我朝)는 고래로 육식을 금해 왔는데 황공하옵게도 천황께서 이를 아무 까닭 없는 일로 여기시어 앞으로 육식을 하실 뜻을 궁내에 정하셨다고 한다"(新聞雜誌, 1872. 1월호).

한편, 1890년대에 들어 육군 군의관 모리 오가이는 병사의 체격과 음식물의 상관관계를 논한 가운데 전통 음식이 갖는 가치를 주장했다. "쌀을 주식으로 하는 일본 음식은 조리만 잘하면 몸을 보하고 심력(心力)과 체력을 활발하게 해주는 점이 추호도 서양 음식과 다르지 않다.… 일본인은 체구가 작다. 체구가 작으면 음식물 수요도 비교적 적고 체력도 비교적 약하다. 그렇다고 빈약한 체구라는 말은 아니다. 또 음식이 나빠서도 아니다. 아무럼 일본인 중에도 노동에 종사하는 사람 중 근육의 발육이 대단히 완전하고 노동을 견디는 힘이 서양인으로 하여금 경탄을 자아내게 하는 사람이 많다."[87] 결론은 후쿠자와와 다르지만 모리의 경우도 '서양인'을 비교 관찰의 대상으로 삼음으로써 쌀밥 옹호론을 펴고 있다.

게다가 몸의 부정(不淨)·정화(淨化)라는 관념과 풍속이 약해지

---

87) 「日本兵食論大意」(『鷗外全集』 제28권에 수록).

고 이를 대신하여 '청결', '불결'이라는 척도가 보급되었다. 앞서 언급한 대로 부정의 양의성이 옅어지고 계몽적 지식으로 일원화된 가치에 입각하여 신체를 재게 되었다. 그런 신체의 '청결'을 상징한 소도구가 비누다. 고깃집 손님도 "피부색은 가무잡잡하나 비누를 아침저녁으로 쓰는지 촌티를 벗었고 때깔 좋게" 개화의 향기를 발산하였다. '청결-불결', '건강-질병'의 이분법이 명확해지면서 그 위에 '개화-미개'의 이분법이 겹치고 결과적으로 근대적인 시각과 취향의 미학이 성립하였다.

또한 정신의 '정상'과 '이상'을 따지는 이분법적 사고도 메이지 이후 성립하였다. 정신상태의 이성적 지배라는 표준형을 미리 상정하고 그로부터의 거리를 잼으로써 비정상 즉, '이상'을 판정하거나, 애초에 정신을 육체와 분리시켜 '정신 이상'을 육체적인 기능부전이 아닌 인격적인 '이상'이란 특수한 카테고리로 구별하는 일은 새 시대의 산물이었다. 정신병은 자칫 불치의 병으로 인식되었고 정상사회로부터의 격리는 엄중히 지켜져야만 했다. 앞서 '공간'을 논한 장에서 서술한 대로 1874년 경시청 포고(警視廳布達) "정신병을 발병한 자는 그 가족이 엄중히 감호해야 한다"에서 시작된 격리주의는 '정신병자(狂者)'를 방화·살인 등의 범죄예비군으로 분류함으로써 '치안' 유지라는 목적에 부합할 수 있었다. 근대적 공간질서 속에서 이성으로 해명하지 못하는 혼돈이란 존재할 수 없는 것이었기에 '괴이·유령' 같은 부류는 공간 속이 아니라 개인의 '심성' 속에 생기는 일시적 혼돈으로 이해되었다(津田

眞道, 「怪說」, 1874). "유령이란 없고 모두가 신경병이라는 세상이니까 괴담은 개화선생(開化先生)들이 싫어하시는 일이옵지요"(三遊亭圓朝, 「眞景累ヶ淵」, 1870년대 중반?).

삶과 죽음의 구분도 의사라는 이름의 제삼자가 '과학적' 근거에 바탕을 둔 진단을 통해 결정하였다. 정신과 육체의 통일체인 인간이 다른 세계로 길을 떠나는 과정으로 인식되던 죽음을 육체에 드러난 징후로서만 판정하게 된 것은 1874년의 「의제」(醫制)로부터이다. 사망진단서가 법적 효력을 가짐으로써 개개인의 신체적 종말은 국가의 인정을 받은 연후에만 시체로서 최종 분류되었다.

생체의 분류는 한 걸음 더 나아간다. 1871년 도쿄부의 「나체금지령」은 "천민들이 옷도 걸치지 않고 나체로 품팔이를 하거나 혹은 목욕탕을 출입하는 일이 잦다. 이는 일반의 풍습으로서 국인(國人: 일본인)은 별달리 생각지 않지만 외국인은 이를 심히 천박하게 여긴다. 따라서 각자가 큰 치욕임을 깨닫고 스스로 피부를 노출하는 일이 일체 없도록 해야 한다. 또 외국인과의 교제가 나날이 늘고 특별히 도쿄부 안은 외국인의 왕래도 빈번한데 이같이 흉한 풍습을 그대로 방치해서는 나라의 체면(御國體)이 문제가 되므로 추후로는 천민일지라도 나체로 나다니는 행위를 일절 금한다"라고 하였다. 신분에 따라 각기 다르던 '치욕'의 감각을 외국인의 눈이라는 잣대를 들이댐으로써 균질화한 것이다.

이듬해 제정된 도쿄부 『위식괘이조례』의 「위식죄목」에는 "나체 또는 맨어깨나 허벅지를 드러내어 추한 꼴을 보이는 자"(제22조)에 대한 규정이 있다. 이미 논했던 대로 에도시대까지는 단순한 습속 또는 노동의 필요성 때문에 몸의 일부를 노출하는 행위가 위법은 아니었는데, 메이지 이후 서양의 눈을 의식하고[88] 더구나 공중위생상의 이유가 더해지면서[89] 나체는 반질서로 간주되어 단죄의 대상이 된 것이다. '추한 꼴'이란 표현은 "남녀간의 스모(相撲)나 뱀을 놀리는 일, 그 밖에 추한 꼴을 흥행거리로 삼는 자"(제25조)라는 죄목에서도 보이듯이 신체질서에 관한 일정한 미의식으로 작용하였음을 알 수 있다. '추(醜)'는 질서를 어지럽히는 요소이며, 사람의 몸은 의복을 걸침으로써 비로소 질서에 편입되는 것이다.

그러나 육체를 어떤 식으로든 가공하는 일은 극력 피하였고 여성의 화장도 자연스러움이 강조되었다. "몸에 문신을 새긴 자"(상동 제11조)는 처벌 대상이었다. "화족(華族)[90]으로서 성인식(元服)을 치른 자들은 앞으로 치아를 물들이고 눈썹을 미는 행위를 금한다"(太政官布告 1870년 1월). 후쿠자와는 이를 지지하여 "신체발부는 하늘에서 내린 것이니 함부로 흠을 내면 하늘의 죄인이라 할 것이다"라고 하며,[91] 유교적·덕목을 빌려서 신체의 자연스러움을 강조했다.

---

88) 鈴木理惠,「幕末·明治初期の裸體習慣と歐美人」(『日本歷史』 543호, 1993년 8월).

89) 奧武則,『文明開化と民衆―近代日本精神史斷章』(新評論, 1993), pp.167~168.

90) 이전까지의 조정 귀족과 제후들을 통칭한 메이지시대의 특권신분.

91)「かたわむすめ」(『福澤諭吉全集』 제3권, 1872).

두발형도 이전의 신분별 차이를 폐지하고 단발을 표준으로 삼았으며 군대와 감옥의 경우는 까까머리가 강제되었다. "기결수 및 징역자의 두발은 언제나 이를 짧게 깎고 수염은 늘 깨끗이 밀어야 한다"(改正監獄則 제73조, 1881). 장발은 비위생적이라고 하는 배려도 일부 있었겠지만 군 내무반과 감옥을 사찰의 도장(道場)과 같은 수행의 장으로 간주하여 승려의 신체규율을 반 무의식적으로 도입한 것은 아니었을까?

양복을 입고 구두를 신고 모자를 쓰는 일은 그 자체로서 새로운 질서의 체현을 의미하였는데, 그중에도 제복은 질서를 상징하는 하나의 분명한 기호였다. "복장은 병사에게 군기를 습득시키는 가장 좋은 수단이다. 복장처럼 병사를 끊임없이 감시할 수 있는 것은 달리 없다. 그러므로 복장의 좋고 나쁨이 바로 그 부대의 성가(聲價)를 판가름한다"(군대교련에 관한 監軍訓令, 1889).[92] 군기가 심신에까지 침투했는지 여부는 제복을 바르게 착용했느냐 아니냐로 판단할 수 있다. 표층에 드러난 형태로써 심층의 진상을 판단한 것이다.

드 라 매트리의 「인간기계론」은 정신과 육체의 상관관계를 해부학적으로 밝히려는 시도인데, 여기서도 정신과 복장의 관계는 감시를 통해 부단히 분석이 가해지는 것으로 이해되었다. 메이지 군대에서도 감시의 눈길은 극히 세부적인 부분에까지 파고들었다.

---

92) 由井正臣 외 編,『日本近代思想大系 4 軍隊 兵士』(岩波書店, 1989)에 수록.

그 철저함이 "고환은 바지 왼쪽으로 넣어야 한다"(陸軍省, 『被服手入保存法』 제3장 「著裝」, 1917)와 같이, 때로는 극단적인 엄격함을 넘어 해학의 영역에 도달하기도 하였다. 이러한 발상은 군대에서 학교로 흘러들어 먼 후대에까지 영향을 미쳤다.

제복은 서양식 복장이어야만 했다. 메이지 황후의 의견처럼 양장은 "몸 동작과 행보(行步)에 편리"(婦女服制の事に付て皇后陛下思召書, 1887년 1월)[93]할 뿐만 아니라 새로운 질서의 상징이기도 했다. 군인 · 관리 · 순경 등이 제복을, 초등학교 교장과 지역사회의 유력자들이 양복을 입고 아직도 구태의연하게 전통 복장(和服)을 한 다수 국민에게 '문명'의 권위를 과시하였다.

신체 동작의 정형화도 규율화의 한 형태였다. 군대에서는 각 병과별 『조전(操典)』에 규정된 자세 · 행진법 · 총검 조작법 · 밀집대형의 편제 · 전투시 기본동작 및 그것들에 기초한 세칙이 『검술교범』, 『사격교범』 등에 자세히 제시되었다. 병사는 이러한 온갖 규정에 따른 하나하나의 일정한 동작을 몸에 깊숙이 아로새겨야만

93) 朝野新聞 1887년 1월 19일. 이 인용문 바로 앞은 "지금 서양 여성의 복장을 보건대 저고리와 치마를 달리하는 것이 우리 나라의 옛 제도와 비슷해서 입식 인사법(立禮)에 알맞을 뿐만 아니라"라는 문장이다. 어떻게든 '서양' 속에서 일본적 전통과의 동질성을 찾아내고자 한 점, 그리고 황실의례의 세계에서조차 '편리'라는 단 한 가지 요소가 '옛 제도(舊制)'의 '개량'을 촉구한 점 등이 엿보인다. 신체 운동의 편리성을 무엇보다도 우선시킨 군대에서 양복을 제복으로 채택한 그 직후에 황실에서도 효용성을 존중한 새로운 문명 수용이 용이해진 것이다.

했다. 그것은 몸의 각 부위를 일단 분해하여 기하학적인 정형을 취하게 한 다음 다시 모든 부위를 끌어 모아 전체를 작동시키는 것을 의미했다. "부분의 총화(總和)는 전체와 같다"라는 발상인 것이다.

정형화는 동작의 부정(否定), 즉 부동자세로써 그 극치에 달한다. '사바(沙婆: 세간)'에서는 전혀 쓸모없는 자세이기 때문에 거꾸로 군대에서는 이 자세로부터 출발해야만 했다.

부동자세는 군인의 기본자세이다", "양 발꿈치를 일직선상에 모아서 이를 붙이고 두 발은 직각보다 조금 좁게 벌려서 양쪽 다 밖을 향하며 양 무릎은 결리지 않도록 쭉 편다. 상체는 똑바로 허리 위로 안정시켜 조금 앞으로 숙이고 두 어깨는 억지로 펴지 말고 뒤쪽으로 당겨서 함께 내리며 양팔은 자연스럽게 늘어뜨린다. 손바닥은 조금 바깥쪽을 향하며 손가락은 가볍게 쥐어 가지런히 하고 새끼손가락을 바지 재봉선 뒤쪽에 붙인다. 머리는 똑바로 자연스러운 자세를 유지하고 목을 수직으로 하며, 턱은 가볍게 목에 붙이고 양쪽 눈은 전면을 직시하되 지면을 보아서는 안 된다(步兵操典, 1909).

"신체를 해부학적으로 규율화하는 기술은 강건함과 유연함을 갖춘 소재를 이용하여 병력을 생산하는 과정으로, 각 부위의 조립을 통해 군대를 하나의 집중적인 힘을 지닌 생산복합체로, 병영을 그 생산설비로 전위시킨다."[94] 나아가서 병영 내의 일상생활에서 병사는 『군대 내무반 규정』(軍隊內務書規定) 속의 「기거규칙」 및

94) 榎並 · 三橋, 앞의 책,『細民窟と博覽會』p.108.

『육군예식』(陸軍禮式)에 의거한 동작을 체득해야 했다. 예컨대 "실외에서의 경례는 거수 주목(擧手注目)하는 것이다. 그 법도는 자세를 바르게 하고 오른손을 올려서 모든 손가락을 붙이되 검지와 중지를 모자 앞 챙에 대고 손바닥을 조금 바깥쪽으로 향하며 팔꿈치를 어깨와 가지런히 하여 경례를 받는 자 또는 경의를 표할 대상을 주목한다"(육군예식, 1887).

학교의 경우도 교직원과 학생 각자에 대해 「행동수칙」이나 또는 교장 및 교사의 일상적인 지도, 감시하에 일정한 동작을 신체에 주입시켰다. "교직원된 자는 모름지기 기거 · 식사 등의 시간에 법도를 지키고 휴식 · 운동 같은 시간을 이용하여 심신의 건강을 보전해야 한다"(文部省 達, 「小學校敎員心得」, 1881). 또 학생은 "학교에 도착하면 먼저 신발을 정리하고 대기실로 들어가 도시락을 자기 자리에 두며, 급우들에게 예의를 갖춘 다음에 교사의 지휘에 따라 조용히 교실로 들어서고, 자리에 앉을 때는 교사에게 경례를 해야 한다"(神奈川縣 學務課 編, 「小學生徒心得」, 1879).[95] 이러한 지도는 물론 교외 생활에까지 미쳤다.

"등하교 도중에 나쁜 놀이를 하지 마라. 휴일에 놀러 다닐 때도 마찬가지다"(大阪府, 「小學生徒心得書」, 1872).[96] '나쁜 놀이'란 어른의 판단일 뿐이지만 이에 따라 아이들의 놀이 일반을 규제하는

---

95) 海後宗臣 외 編, 『日本敎科書大系 近代 1』(講談社, 1961)에 수록.

96) 大阪府 敎育委員會, 『大阪府敎育百年史』 제2권 史料編(1)(1971), p.10.

단서가 열리게 된다. "방과 후 물가에 나가 수영"을 하거나 "시가지 거리에서 … 놀이"를 하는 것은 교사나 학부형이 엄중히 '주의' 시키라는 관헌의 명령이 내려지기도 했다(위의 글, 1876, 1878년 등). '비명횡사'를 피하기 위해, 혹은 '왕래에 방해'가 되니까 등 이유는 여러 가지였으나 에도시대까지 아이들의 놀이에 대한 규제가 없었던 점을 감안하면 위험 방지·건강 유지 등을 목적으로 하는 아동 신체에 대한 국가 권력의 개입이 이 무렵 시작된 점은 주목할 필요가 있다. 이러한 규제의 연장선상에서 일정한 규칙에 입각한 경기나 체조같이, 요컨대 학교교육의 테두리 안에서 규율·훈련의 대상이 될 만한 놀이가 장려되었다.[97]

감옥에서도 작업·운동·식사·목욕 등을 위해 감옥 내를 집단 이동할 때의 보행 규칙이나 감방 내의 기거 동작 등에 관한 일정한 행동양식(定式)과 예의를 표하는 방식(禮式)이 메이지 초기 이래 순차적으로 제정되었다. 그것들의 대부분은 군대를 모델로 삼아 보다 세밀하게 규제를 가하는 내용이었다. 한 예로서 목욕은 호령에 따라 "일렬씩 욕조 가에서 동시에 전신을 세정하고 입욕 명령이 떨어지면 차례대로 욕조에 들어가야 한다. 또 출욕(出浴) 명령이 있으면 앞쪽에 있던 자부터 차례로 나와서 욕조 옆에 정렬하고 문지르라는 명령을 받은 후 몸을 문질러서 씻어야 한다"(大分監獄, 「囚

---

97) 榎並·三橋 앞의 책 제2장 제5절에서는 이 점에 관한 선구적이자 상세한 분석이 가해졌다.

人及懲治人遵守事項」, 1899)[98] 등, 대단히 세부적이다.

위와 같은 규정들은 각 집단의 목적이나 작업상 효율을 기하기 위해 필요한 일정 형식을 기초로 하였는데, 특히 예식의 경우는 후술하는 '관계질서'의 체현이라고 하는 또 하나의 목적을 내포하고 있었다. 바로 이 점에서 표면적인 질서는 반드시 내면으로부터 발동되어야 한다는 관념이 드러난다.

우선 안으로 덕성(德義)을 기른 후에 밖으로 예의 바른 태도(儀容)를 갖춘다(陸軍禮式 중 大山巖 육군대신의 서문, 1887. 1).

경례가 허례허식으로 흘러서 마치 일종의 기예처럼 되는 것은 심중에 공경의 덕성을 기르는 정신교육이 어떠했느냐에 따른 것으로, 이것이 바로 교육의 옳고 그름을 대변하며 그 부대의 가치를 가늠케 한다(軍隊敎鍊ニツキ監軍訓令).

'심중에 공경의 덕성'이 충분한지 여부는 행위 주체인 본인이 아니라 상관 혹은 교사가 판정한다. 게다가 외부로 드러난 일정 형태만으로는 언제나 판단 거리가 불충분하기 때문에 끊임없이 보다 엄격한 규율화를 위해 감시와 제재가 강화된다. 표면적인 형식화가 합목적성을 뛰어넘어 '도덕화'되었다고 할 수 있을까? 일정한 형태를 전제한 다음 그것에 맞춰 내면을 정비하라는 명령이기 때

98) 重松, 앞의 책 『圖鑑日本の監獄史』, p.164 이하.

문에 마치 외부의 힘으로 자발성을 억지로 끌어내는 듯한 구조이다. 그러나 강요당했다는 의식이 남아 있는 한은 불충분하므로 지속적인 감시와 훈련을 통해 군기를 신체에 완전히 각인시켜야만 했다. "병사의 신체상에 대한 감시를 지속하여 오랫동안 습관을 들인 결과 나타나는 복종과 순종의 군기는 병사에게 제2의 천성이 된다"(軍隊敎鍊ニッキ監軍訓令). 따라서 상관 스스로가 부하의 "사소한 과실도 이를 간과"하지 않는 '감시'를 일상적으로 행함으로써 그 시선을 '기계화' 해야만 했다.[99]

신체질서를 실현하기 위해 자주 동원된 체벌도 이러한 내용과 연관지어 이해할 수 있다. 군대에서는 군법을 어긴 행위에 대하여 군법회의를 거쳐 부과되는 정규 제재 이외에 체벌을 가하는 것은 '사적 제재'로서 금지되었다. 또 학교의 경우도 1879년의 「교육령(敎育令)」을 통해 "모든 학교에서 학생을 때리거나 묶는 등의 체벌을 가해서는 안 된다"(제46조)라고 규정하였다. 그럼에도 불구하고 체벌은 여전히 존재하였으며 군대에서는 오히려 일상적으로 체벌이 가해졌다.[100] 에도시대의 교육이념에서도 체벌에 의존하는 훈육

99) 廣田照幸, 『陸軍將校の敎育社會史 —立身出世と天皇制』(世織書房, 1997), p.292 이하에 외형적인 획일성과 내면 교육의 모순점에 관한 자세한 분석이 보인다.
100) "내무교육으로서의 사적인 제재는 청일전쟁 후 메이지30년대(대개 1900년대)쯤부터 현저" 해졌다고 한다. 大濱徹也, 「鐵の軛に囚われしもの」(『近代民衆の記錄 8 兵士』, 新人物往來社, 1978). 또한 제재를 고통으로 느끼지 않게 되는 심리적 기제에 관해 어느 전직 군인은 다음과 같은 귀중한 증언

은 부적절한 방법(下策)으로 간주되었으며 위 교육령의 체벌금지 규정도 당시 서구세계에서는 유례를 찾기 힘들 정도로 이른 시기에 나온 것이다.[101] 그러나 메이지 이후 집단생활에 필요한 새로운 규율을 단기간에 실현하고자 했을 때 군대식 '덕성'의 강제는 체벌의 힘에 의존할 수밖에 없었다. 동시에 그 속에는 힘으로 정신을 각성시키거나 순화·강화시킬 수 있다고 하는 관념도 엿보인다. 이것은 계보적으로는 후술하는 선종 사찰(禪寺)의 규율에까지 소급할 수 있을 것이다. 인간의 본성 혹은 원망(願望)은 내버려두면 게으름·방자함·난폭함으로 빠져들기 십상이므로 외부로부터 이를 단련해야 한다, 체벌은 본인을 위해서라는 발상인 것이다.

신체의 표준화는 언어의 표준화를 그 기본으로 한다. 라프카디오 한(Hearn, Patrack, Lafcadio)[102]은 그가 1890년 9월 처음으로 마쓰에(松江: 현 島根縣松江市)사범학교 교사로서 교실에 들어섰을 때 반장의 구령소리와 함께 "전원이 마치 기계장치처럼 일제히" 기립

을 남겼다. "의무가 내면화되었다고나 할까. 주관적으로는 완전히 자발적인 행동이어서 외부의 규범에 따른 것이라고는 생각지 않는다. 그래서 질책이나 구타를 당하는 일도 별로 고통스럽게 느끼지 않는다. 오히려 자신이 담담하게 받아들이고 행동할 수 있다는 점에 기쁨을 느끼는, 요컨대 그런 식이다." 飯塚浩二, 『日本の軍隊』(同時代ライブラリー, 岩波書店, 1991), p.42.

101) 江森一郎, 『體罰の社會史』(新曜社, 1989), p.239.
102) 1850~1904. 메이지시대의 영어 교사이자 문학자. 그리스 출신으로 일본으로 귀화하여 小泉八雲로 개명함.

하여 머리를 숙이는 '군대식 절'을 받은 기억을 일기로 남겼다.[103] 기계적인 집단행동을 위해서는 먼저 구령 자체가 어휘와 발성면에서 정형화되어야만 했다. "기립! 경례! 차례! 쉬어! 포복! … 앞으로! 받들어 총! 엎드려! 앉아 쏴!" 등의 명령형이나 구두 또는 문서에 의한 보고·통보·연락에 필요한 발성법 및 문장 작성법은, 군대의 경우 각 병과의 『조전』, 『작전요령』 등에 의거한 정형을 병사가 반복적으로 훈련함으로써 암기하였다. 명령을 실행하려면 '포복' '앉아 쏴' 같은 어휘의 의미를 이해하며 정확히 읽고 쓰고 발음할 수 있어야 한다. 이리하여 주로 간결한 한자어를 매개 삼아 각지의 방언을 교정하는 표준어교육이 군대와 학교의 규율 훈련을 통해 전국으로 침투해 갔다.[104]

소위 '국어'란 "도쿄의 교육받은 사람들이 보통으로 사용하는" 말이라고 정의되었다. 군대 용어는 '국어'와는 계보를 달리하는 어휘·어법을 포함한 것으로 보인다. 하지만 양쪽 모두 단기간에 인위적으로 구성된 말이며, 지역·연령·직업에 따른 언동의 차이를 제거함으로써 마찬가지로 기능집단의 목적을 달성하는 역할을 수행하였다.

---

103) 小泉八雲, 「英語敎師の日記から」(平川祐弘 일역, 『明治日本の面影』, 講談社學術文庫, 1990), p.13.
104) "난 말이야 군대 덕분에 글자를 외웠고 편지까지 쓰게 되었어", "저기 있는 아저씨는 군대 가기 전에는 남 앞에서 변변히 말도 못했는데 다녀온 후로는 전혀 딴사람이 되었지"(大牟羅郞, 『ものいわぬ農民』, 岩波新書, 1958, p.109).

5. 인간관계

　메이지유신 이후 형성된 새로운 사회에서 인간관계의 질서를 관통하는 일반적 특징은 무엇일까? 이 문제를 해결하기 위해서는 가족·촌락·도시에서부터 군대·학교·공장·회사·각종 결사에 이르기까지 모든 집단을 망라하여 사회적, 경제적 관계의 원리를 다룰 필요가 있을 것이다. 그러나 그 전면적인 분석은 불가능하므로 여기서는 대상을 군대와 같은 몇몇 기능집단에 한정하여 살펴보기로 하자.

　첫째로는 상하관계의 질서를 들 수 있다. 신분에 입각한 계층질서가 부정되고 '사민(四民: 사농공상) 평등'이 원칙으로 자리잡은 이상, '윗사람'이란 상관·상사·직장(職長)·교관과 같은 직무권한상의 지시·명령권자든가 고참·선임 등 집단에 대한 가입 시기가 보다 빠른 자, 혹은 업적상의 권위를 가진 자여야만 했다. 하지만 유신 이후 일본에서는 조직과 기능 양면에서 '집단 내로 한정된 상하관계'가 성숙할 만한 시간적 여유가 충분치 못했다. 따라서 '향당(鄕黨: 전통 촌락)' 사회의 관습을 그대로 계승하여 직무를 벗어난 사적인 만남에서도 언제나 하위자의 상위자에 대한 전인격적인 '복종'이 강조되었다.

사적인 교제나 연회 등으로 특별히 관등(官等)의 차별을 요하지 않을 때도 장교와 하사, 병사가 뒤섞이지 말아야 하는 것은 물론이고, 가능하면 좌위장(佐尉長: 영관·위관급)과 부하의 등차를 어지럽히지 않는 것이 좋다. 향당에서 노소(老少)의 차별을 두는 것처럼 매사 상급자에게 양보함을 으뜸으로 친다(軍人訓誡).

즉, 전통적인 공동체사회에는 존재하지 않던 '직급' 제를 군대생활을 통해 민중에게 교육시키기 위해서, 원래 권한의 체계에 지나지 않는 군대의 '계급'적 인간관계를 전통적 신분관계와 근접한 내용으로 이해시키고자 한 것이다.[105] 군대 내의 권한 체계로서는 겨우 위병(衛兵)이 가지는 '직무 권한'에 대해서 상관도 이를 간섭하거나 범하지 못하도록 규정하고 있을 뿐이었다. "위병 또는 순찰(巡邏) 등의 근무중에는 사병이라 해도 직무 권한이 있으므로 장교 및 하사관이 그 권한을 침범할 수 없다"(군대내무서 제2장 제3조).

일단 내려진 명령에 대해서는 내용을 불문하고 무조건 실행하는 것도 '복종'하는 자의 기본자세로 간주되었다. "명령은 삼가 이를 받들어서 즉시 실행할 것. 결코 그 정당성, 부당성을 논하거나 이치에 맞느냐 아니냐를 따지는 일이 없도록 할 것. 대체로 명령이 가한지 여부는 명령하는 자의 책임일 뿐 그것을 수행하는 자의 책임이 아니다. 하급자는 상급자에 대해 그 명령의 이유와 목적하는 바를 힐문해서는 안 된다." 다만, 명령이 '불분명'하거나 앞뒤 명

---

105) 榊原 編, 앞의 책 『近代日本軍隊關係雜誌集成目錄(I)』, p.vi 참조.

령이 서로 모순될 때만 질문이 허용되었다. 또 "상급자의 처사가 설령 부조리하다고 생각되더라도 하급자가 결코 이를 따져서 논쟁하지 말고 천천히 틈을 봐서 고하되, 만일 근무중이라면 근무가 끝난 연후에 해야 한다"(상동 제5, 6조). 상급자의 잘못을 현장에서 지적하는 것은 금지되고 정해진 순서에 따라 사후에 하게끔 제한한 것이다. 명령을 수행한 결과에 대한 책임을 면제하는 조건으로 하급자에게는 부당하다고 판단되는 명령에 대해서도 '복종'이 강요되었다. 1878년의 「군인훈계」에서 "자신의 실책임을 깨달으면 부하한테라도 이를 사죄하고 결코 과호곡비(過護曲庇: 잘못된 일을 왜곡하여 자신을 비호함)하여 신뢰를 무너뜨리는 일이 없도록 할 것. 부하는 상급자에게 과오가 없어서라기보다 그 솔직한 자세를 보고 복종하는 법이다"라고 했던 '신복(信服)'의 논리도 1888년의 「군대내무서」에서는 사라졌다.

현실적으로 상급자의 과오를 피할 수 없는 이상, 개별적인 지시나 명령에 대해서는 그 하나하나에 대해 구체적인 문제 해결이 가능하도록 제도를 마련하는 것이 조직의 효율면에서도 좋고 외부에 대한 책임을 감당하기도 쉬워진다. 하지만 그냥 막연히 "상급자는 하급자를 아끼며 하급자는 상급자에게 순종하여 함께 마음을 공평하게 지녀서 매사가 부드럽도록 할 것이며, 결코 위압적이고 난폭한 거동을 해서는 안 된다"(군대내무서 제2장 제1조)라고만 해서는, 뒷날 가족주의를 도입한 때도 그러했듯이 상급자에 대한 '신복'이 무한히 확대될 것을 기대하면서 도리어 무한히 축소되는 결과를 낳을 뿐이었다. 이리하여 '위'로부터의 억압만 남았을 때, "일상생활에서 윗사람으로부터의 억압을 아랫사람에게 순차적으로 위양함으로써 전체의 정신적인 밸런스가 유지되는 체계" 즉, '억압 위양의 원리'가 성립한다.[106]

'복종'은 최종적으로는 천황에게서 근거를 찾는다. "하급자는 상관의 명을 받들 것. 실은 짐(朕)의 명령을 직접 받드는 것이라고 생각하라"(군인칙유). 그러나 눈앞에 서 있는 상관의 배후에 늘 '짐'이 계심을 상기한다는 것은 곤란한 일이었기에 어떻게든 자발성을 환기하기 위해서 내면 윤리가 강조될 수밖에 없었다. "법도와 규칙은 오로지 외부의 형태를 가다듬는 일이므로 비교적 쉽게 깨달을 수 있다. … 그러나 정신을 유지하는 방법이란 군인 각자의 마음을 통해야 하므로 그 형태를 눈으로 확인할 수 없고, 설령 군인정신에 반하는 경우라도 벌책을 내리지 못한다. 그렇지만 마음에 성(誠)이 있으면 반드시 겉으로 드러나는 이치로서…"(군인훈계), "마음에 성심만 있으면 이루지 못할 일이 없다"(군인칙유). 다시 말하면, 순수한 내심을 의미하는 '성(誠)'이야말로 '복종' 정신의 근본이자 상하간 질서를 지탱하는 기초로 간주된 것이다. 이러한 상하관계가 전통사회의 모든 인간관계를 관통하였던 점을 후쿠자와 유키치가 '권력 편중'이라 하여 비판한 사실은 주지하는 대로이다.

106) 丸山眞男,「超國家主義の論理と心理」, 동「軍國支配者の精神形態」(『現代政治の思想と行動』, 未來社, 1956). 이는『丸山眞男全集』(岩波書店, 1995) 제3, 4권에 재수록.

일본에서 권력의 편중은 인간관계(人間交際) 속에 빈틈없이 침투하여 미치지 않는 곳이 없을 정도이다. … 이 편중은 극히 큰 관계로부터 극히 작은 관계에 이르기까지 영향을 미치며 공과 사를 불문하고 인간관계가 있는 곳이면 반드시 권력 편중이 나타난다.

그 의미를 비유적으로 표현하면 … 삼각 사면으로 된 결정체를 천, 만 개로 부수어 마침내 미세한 가루를 낸다고 해도 그 하나하나의 분자는 여전히 삼각 사면의 본 모습을 잃지 않으며 또 이 가루를 모아서 하나의 작은 조각이나 덩어리를 이룬다 해도 여전히 삼각 사면의 형태를 유지하는 것과 같음이다. 권력 편중이 일반에 널리 파고들어 모든 관계의 미세하고 치밀한 부분에까지 통달한 모습이 바로 이와 같다(『文明論之槪略』제9장, 1875).

후쿠자와가 시각적으로 분석해서 보여 준 이 '미세하고 치밀한 권력'은 이전 시대부터 '인민의 기풍' 속에 뿌리 내리고 있었다. 앞서 논한 공간과 신체를 관통하는 '미시적 권력'이란 사람들의 마음속에 깊이 심어진 이러한 의식과 상보관계를 이루며 메이지 이후 발달한 것이라고 할 수 있다.

군대적 질서의식이 자발성 · 창조성의 추출과 함양을 목적으로 하는 학교에까지 침투한 사실에 관해서는 이미 언급하였다. 사범학교는 말할 필요도 없고 그 이외의 학교에서도 "구장(區長) · 호장(戶長) 및 교사의 지도를 어기지 말 것"(오사카부, 「小學生徒心得書」, 1872)이라 하여, 지역 · 가족 · 학교를 연동시킨 상하관계를 강조하는 일이 적지 않았다.

그래도 1890년대 일부 학교에서는 학생들의 평가가 교사의 진퇴를 좌우하는 경우도 있었던 모양이다. 고이즈미 야쿠모(小泉八雲: 앞 장의 라프카디오 한의 귀화명)는 "서양의 경우 규율은 필요하다고 생각하는 게 보통이지만 일본 학생들은 규율보다 자립을 요구하며 이를 향유한다. 서양에서는 교사가 학생을 내쫓는데 일본에서는 학생이 교사를 내쫓는다." 단지 이 경우, 학생의 평가는 교사의 지식 · 교수법 · 공평성 등에 관계된 이성적인 부분으로 한정된다고 한다.[107] 동시에 고이즈미는 자신이 교사로 근무한 마쓰에의 사범학교에 관해 "규율은 군대식으로 엄하다. …사범학교 학생은 졸업 시에는 벌써 한 사람 몫의 병사로 변한다"라고도 하였다. 또 중학교의 영작문 교육경험을 바탕으로 하여 학생에 대해 "개성적인 부분이 거의 없다"라고 혹평하고, 그 원인이 초등교육부터 교사가 발상의 '틀'을 주입시키는 전통적인 교육방법에 있다고 간파하였다. 이러한 견해는 "모든 것은 교사의 지시에 따라야 한다", "자신의 뜻을 앞세워 함부로 이견을 주장해서는 안 된다"(1879년 개정 『大阪師範學校規則』 제5장 「敎場規則」)라고 해서, 담론과 표현의 자유를 원천적으로 봉쇄하는 규칙이 존재했던 점으로도 뒷받침된다. 메이지 이후의 계몽교육도 상하질서라는 큰 틀 속에서 이루어졌던 것이다.

메이지 이후 나타난 새로운 인간관계의 질서에서 두 번째 특징으로는 동급자간의 질서를 들 수 있다. 자유와 권리를 인정받은 대

---

107) H. P. Lafcadio, 앞의 글 「英語教師の日記から」, p.29.

등한 사람들 사이의 교섭 · 협의 · 거래과정을 거친 합의에 의거한 질서 형성이 바로 그것이다. 촌락의 자치회의(寄合)로부터 의회제도에 이르는 회의질서, 그리고 계약관계를 기초로 한 경제질서 등이 그 구체적인 예가 될 것이다. 이 경우 보통은 명시적인 실정법 및 제반 수속규정에 따르는 것이 질서를 유지하는 요건이다.

1874년경 후쿠자와는 "서양의 여러 서적을 참고하여", '집회'의 수속과 규칙을 소개하는 『회의변』(會議弁)을 집필했다. 이 속에서 그는 대등한 자격을 갖춘 회원에 의해 구성되는 결사의 질서 있는 운영 및 그 의사결정방법에 관해 아래와 같이 논하고 있다.[108]

'역인(役人: 임원)'은 예컨대 '회두(會頭: 의장)' · '기사관(記事官: 서기)' · '응접관(應接官: 서무)' · '출납관(出納官: 회계)' 등과 같이 모두가 일정한 '직무'를 일정한 임기중에 담당하는 자로서, 회원의 '투표'로 선출된다. '역인'은 각자 직무 권한의 범위 내에서 회원에게 지시와 명령을 할 수 있지만, 역으로 회원에게는 '회두'에 대한 이의제기권, 직무 태만한 '역인'에 대한 파면권, 벌금 과징권 등이 인정된다. 회원의 언동에 대한 규제는 주로 벌금 제재의 방법으로 시행된다.

예를 들어 "지각, 회원으로서의 업무를 게을리 하는 행위, 지나치게 거친 언동, 이유 없이 남의 말을 가로막는 행위 등에는 5전(錢)을 부과한다. 결석에는 10전을 부과한다. 회두에게 인사도 없이

---

108) 『福澤諭吉全集』 제3권에 수록.

자리를 뜨는 자에게는 25전을 부과한다" 등. 의사진행 순서 · 발언 방법 · 의결 방법에 관해서도 세칙에 따르도록 요구하였으며, 한 예로서 "토의중의 말은 전부 명확해야 한다. 서양 문장을 해독하는 자라 해서 함부로 원어를 사용하는 것은 허용되지 않는다. 만일 부득이 이를 사용할 때는 풀어서 설명하여 배우지 않은 사람이라도 이해하기 쉽도록 해야 한다" 라고 하여 토론의 명쾌함을 담보로 한 회원 상호간의 공평성을 유지하고자 하였다.

　신분 차이 혹은 선임 순서에 따른 상하질서가 아닌, 대등한 자격을 지닌 회원 상호의 관계는 자유로운 결사의 발전과 함께 서서히 훈련되고 보급되어야만 하는 것이었다. 후쿠자와는 이를 "학자들의 토론, 상업적인 상담, 정부의 협의, 세간의 의논" 그 모든 것을 망라하여 실현되어야만 할 '집회와 담화형태' 즉, 언론에 의한 관계질서의 원형으로서 제시했던 것이다. 회원 각자는 상호 독립적이고 일정한 권리를 가지는 존재로서, 모임의 규칙 및 '회두' 의 직무상 지시에 따르는 것 이외에는 자유롭다. 일탈행위에 대한 제재는 주로 금전적으로 처리되므로 물리적 강제력을 발동할 필요가 없다. 토의의 결정은 '도리' 에 따른 설득에 의해서만 이루어진다.

　막번체제 하에서도 촌락(村) · 도시(町)의 자치회의에서는 어떤 식이든 토론의 예법이 있었겠지만 그것이 유신 후 기능집단의 언론 질서에 어떤 영향을 미쳤는지는 잘 알 수 없다. 다만 자유로운 개인 사이의 관계를 문자로 된 규칙에 의해 규율하는 일은 에도시대의 '나카마(仲間: 동업자 조합)' 규정에 선구적인 형태가 보인다고는 하나, '문명'의 제도로서 메이지 이후 새롭게 수입 보급된 것임에 분명하다. 정당 결사의 자유와 국회 개설을 요구한 자유민권운동의 와중에서 많은 정치결사의 사칙(社則)·의사록 등이 작성되었고, 상공업자의 조합규정도 1880년대 이후의 것이 다수 잔존한다. 이 새로운 '관계의 질서'가 어떻게 정착했는가에 대해서는 지금 언급할 여유가 없다.[109] 여기서는 단지 군대·학교와 같은 기능집단 내부에서 상하관계의 압도적 우위와 더불어, 새로운 결사에서는 자치적인 질서가 태동했던 사실을 원론적으로 제시하고 싶다.

기능집단이 속속 설립되는 가운데 대등한 신분의 사람 사이에 새로운 질서를 구상하고 육성할 여유가 없었던 저간의 사정에 관해서는 앞으로 보다 심도 있는 규명이 필요하다. 그러나 어차피 상하관계가 우선시되는 가운데 시간, 공간과 신체를 관통하는 새 사회질서가 급속히 보급됨에 따라서, 자발적인 질서로 교체하는 일은 더 더욱 어려워졌을 것이다. 이 밖에도 집단 내의 '총의(總意)' 형성을 위해 '이분자(異分子)'를 배제하는 '화(和)'의 질서를 강조하는 분위기가, 이질적인 존재를 필요조건으로 하는 동적인 질서에 대한 사회적 요구를 능가해 가는 과정에 대해서도 별도의 분석이 필요할 것이다.

109) 福澤諭吉『會議弁』의 사상적 의미와 국회개설운동의 실현에 관해서는 宮村治雄, 「'御誓文'と'會議弁'の間」(『開國經驗の思想史―兆民と時代精神』, 東京大學出版會, 1996), 참조.

6. 나오기

　이상과 같은 구조 분석의 결과 분명하게 드러나는 질서의 원형은 주로 메이지 2, 30년대(대개 1890∼1900년대)에 형성된 것이다. 그러나 물론 이러한 질서가 단기간에 전국의 모든 계층에 똑같은 형태로 침투한 것은 아니다. 여기서 그 보급과 저항, 타협과 조정의 전체상을 밝힐 여유는 없으므로 그중 두세 가지 예만 들기로 하자.

　첫째로는 엘리트(選良)층의 반질서적인 행동을 들 수 있다. 예를 들어 전교생 기숙제도인 구제(舊制) 고등학생들에게 '자치', '자유'의 정신을 명분으로 한 폐의(弊衣: 낡은 의복) · 파모(破帽: 찢어진 모자) · 봉두(蓬頭: 헝클어진 머리칼) 스타일, '자중(自重) · 사양(辭讓) · 정숙 · 청결'과 같은 행동윤리[110]의 무시, 자신들의 야만 · 불결에 대한 관용 내지는 긍지 등, 사회질서와 치안이 확립되면 될수록 그것으로부터 일탈할 수 있는 '자유'를 통해 학생들은 엘리트로서 자신의 존재를 증명해 보이고자 했다. "치안(治安)의 꿈에 젖은/영화로운 항간을 굽어보며/저편 언덕 위에 우뚝 선/다섯 기숙사(五寮) 건아들 의기가 드높구나"(一高寮歌, 1902). 그러나 그들이

---

110)「東京第一高寄宿寮綱領」(唐澤, 앞의 책『學生の歷史』, p.83).

누린 '자유'는 소년으로서 규율에 속박당하던 중학시절과 앞으로 '신사'로서 사회질서에 스스로 동화해 갈 대학시절 사이에 낀, 인생의 중간 시점에서만 잠시 맛볼 수 있는 것이었다.

둘째는 기계적 질서를 보완하는 심리 장치로써 '가족주의'를 제창한 점이다. 1908년 개정된 「군대내무서」는 "병영은 생사고락을 함께하는 군인의 가정"이므로 "상하가 서로 아끼고", "사이좋게 융화하는 속에서 전 부대의 일치단결을 공고히 하자"라고 강조하였다. 같은 시기에 형성된 가족국가관이나 노사관계의 협조를 위한 기업 일가주의 등과도 일맥상통하는 것으로 보인다.[111]

셋째로는 콜레라소동, 혈세(血稅: 징병제도를 뜻함)소동, 직공의 동맹 파업 등 '소동'이라 일컬어지는 집단적 저항과, 병사 · 여공 · 병자의 격리공간 탈출 같은 개인적인 일탈행위에 관해서이다. 반항은 결국 단속과 규제, '예방'적 감시의 강화라는 결과만을 남기고 종료되는 경우가 적지 않았다.

위와 같은 일탈과 저항은 자칫 질서에 대한 배반으로도 보이겠지만 실제로는 근대적 사회질서의 좌표축 안에 고스란히 수용되는 것들이었다. 그리고 질서의 원형 그 자체는 이것들을 포괄하면서 강고하고도 계속적으로 자기 논리를 관철해 왔다. 가족주의는 상하질서를 유지하기 위해 개개인의 자발적인 복종을 환기시키는 부차적 수단이었을 뿐, 질서의 근간에 영향을 미치는 것은 아니었다.

---

111) 藤原彰, 『天皇制と軍隊』(靑木書店, 1978), p.90 이하 .

때로 가족주의가 붕괴하고 규율이 이완되는 일도 있었으나 질서 원칙은 결코 변하지 않았다. 이 점에서 군기가 징벌·제재라는 억압 수단과 함께 '중대(中隊) 가정주의'에 의해 유지되었다고 보는 견해[112]는 타당치 않다. 오히려 시간·공간과 신체 속에 각인된 규율이야말로 질서를 유지하였던 것이다.

게다가 훗날 15년 전쟁[113]에 참여한 농민병이 후일담을 통해 "'군대 간 사람들끼리 잡담하며 길을 걷다보면 어느새 착착 보조가 맞아서 기분이 참 좋아져!', '황공스럽게도 대원수폐하(천황) … 라는 말을 듣자마자 양 다리를 착 붙여서 직립 부동자세를 취하는 그 기분! —그 기분은 잊을 수 없어!', … 또 요즘 젊은이들의 느슨한 마음가짐을 한탄하면서 어떤 노인은 '군대 밥을 일년 만 먹이면 나무 막대기처럼 꼿꼿해질 것'이라고 군대가 없어진 것을 못내 아쉬워하는 듯한 말투였다"[114]라 한 것처럼, 신체를 관통하는 질서를 긍정적으로 받아들인 사람도 적지 않았다. 질서를 따르는 일은 생리적 쾌감과 더불어 미의식의 차원에서도 만족감을 가져다준 것이다. 또 병사를 바라보는 일반의 시선도 "병사들의 군복이 너무

---

112) 위의 책, p.80 이하. 한편 大江志乃夫, 『國民教育と軍隊』(新日本出版社, 1974)는 「군대내무서」의 개정뿐만 아니라 1909년 이후 각 병과의 『조전(操典)』 개정, 1910년 『육군 예식』 개정에 공통되는 군대교육의 개혁 방향을 주로 '정신주의의 대두'라고 해석하였다(p.36 이하).

113) 1931~1945년의 만주사변·중일전쟁·태평양전쟁.

114) 大牟羅, 앞의 책 『ものいわぬ農民』, pp.110~111.

누추해서 보기에 좋지 않은 까닭에 사람들이 다소 기피하는 마음을 갖는 것이 현재 우리 나라의 정황"(京都滋賀新報, 1883년 5월 4일자)[115]이라 한탄하던 시대로부터, 동작·자세·군복의 형식미를 칭송하는 쪽으로 서서히 변화했다. '질서에의 충동', '질서를 지향하는 미적 감성' 이야말로 체제를 지탱하는 견고한 지반이었다고나 할까?

이리하여 '근대'에 있어서 시간·공간 그리고 신체를 둘러싼 질서는 자연성을 될 수 있는 한 배제하면서 인위성을 더하는 방향으로 나아갔다. 자연은 우연성을 내포하며 인간이 그 내용을 온전히 이해하고 억제하기 어렵다는 점에서 '혼돈' 그 자체였고, 인간은 힘자라는 대로 자연을 통제 가능한 '질서'로 바꿔놓고자 했다. 표준화를 통해 모든 것을 균질화시키고 질적인 차이를 없애는 대신 수량화하였으며, 결과적으로 사람과 사물에 대한 이해와 조작 가능성을 높여서 품질관리를 고도화시켰다. 비약적으로 확대된 공간 속에서 정보·사람·사물의 이동이 겉보기에 자유로워짐과 동시에 폐쇄적인 공간 내에서는 인간 행동의 조직화가 진전되었다. 이것이 바로 각 기능집단의 목적에 맞춘 '질서 만들기'의 결과이며, 합리화·공업화·시장경제화 나아가서는 소위 '근대화'의 추진도 이러한 질서의 효용이었다고 할 수 있다.

새로운 질서에 적응하거나 적응을 위해 노력하는 자에게는 '입

---

115) 京都府立總合資料館 편, 앞의 책 『京都府百年の資料』 4, p.74.

신출세'의 길이 열렸다. 1890년대 이후의 '질서적 사회', '질서 바른' 사회에서 필요한 것은 난세에 이름을 떨치는 영웅이 아니라 '정교하고 치밀한 사상'을 학습하는 노력가라고 청소년들을 열심히 설득한 것도 이 때문이었다.[116]

그러나 혼돈과 무질서에도 '질서'를 위한 나름의 존재이유가 있었다. 그 첫째는 질서의 중심에서 배제된 사람들 즉, 병자·장애인·피차별부락민(被差別部落民: 메이지 초기의 신분 해방 이후에도 사회적 차별에서 벗어나지 못한 에도시대 이래의 천민계층)·빈민·죄수·재류 외국인 등을 차별의 대상으로 삼은 점이다. 그들과의 대비에 의거해서 혹은 그들을 배제함으로써 질서는 성립할 수 있었다. 외부·주변이 있기에 내부·중심의 가치를 높일 수 있는 구조인 것이다. 끊임없는 '외부'의 재생산을 통해 질서를 유지해 가기 위해서는 권력이 필요한데, 거꾸로 권력은 질서의 유지에 의해서 스스로의 안정을 도모하였다.

둘째로는 자연 속에서 일정한 유용 부분만을 골라서 이용하고 나머지는 내버리든지 가치가 낮은 것으로 경시하는 부분 추출과 분류의 논리를 들 수 있다. 예를 들면 '잡초·잡목·잡곡' 등과 같은 '잡(雜)'류. 원래의 자연생태계에 '잡'이라는 카테고리가 있을

---

116) E. H. Kinmonth, 『立身出世の社會史』(廣田照幸 외 일역, 玉川大學出版部, 1995) 제4장 참조. 한편, 시험에 의한 경쟁이 학교관리를 용이하게 한 측면에 관해서는 齊藤利彦, 「學校·競爭·淘汰 ─明治期における試驗と進學の態樣」(『思想』831호, 1993년 9월)를 참고.

리 없다. 이것은 오로지 인간이 유용한 것을 골라내려고 할 때 비로소 의미를 갖게 되는 범주일 뿐이다. 그 외에 '표백·정제·정백(精白)' 함으로써 불순물을 제거하는 '순화(純化) 프로세스'도 있다. 그러나 '불순'으로 분류된 것들도 유용 성분을 포함하고 있음은 순화의 효용을 의심하는 자만이 발견할 수 있다. 자연은 본디 외부도 내부도 없는 하나의 전체일 뿐이며 인공적 질서는 한정된 공간·시간의 일부에서만 성립하는 것이기에, 부분질서에 완벽을 기할수록 인간은 전체성의 상실을 피할 수 없다. 동시에 통계학에서 말하는 "절대적인 균일이란 불가능하며 반드시 불균일을 내포한다"는, 그 불균일한 존재에 대한 관용이 점차 사라질 수밖에 없다.

물론 합목적성만으로 질서를 유지하기에는 종종 곤란한 경우도 있으므로 그 다음으로 동원된 것이 형률과 윤리였다. 니시 아마네는 '메커니즘'의 효용 다음으로 '덕행'을 주장하였고 야마가타 아리토모는 '법제 규칙'에 덧붙여 '정신'의 발달에 관해 훈계하였으며(군인훈계), 이윽고 『군인칙유』에서는 "마음에 성(誠)이 있으면 무슨 일이든 못 이룰 바가 없다"라고 하여 오로지 순수한 덕성을 강조하기에 이르렀다. 다시 말해 처음에는 '도덕'에 의해 규율화가 보완되어야 한다고 주장했지만, 결국은 '덕(德)'만 있으면 모든 일이 가능한 것처럼 단순화시켜 버린 것이다. 게다가 기능적 합리성에서 출발한 사회질서는 이 같은 윤리성을 띠면서 또한 미적 질서로 바뀌는 경향이 있었다. 밝고 청결하며 인위적으로 제어된 공간 속에서 다소나마 균질화한 사람들이 일정하게 표준화된 시간표에 맞추어 적절한 속도로 정형화된 행동을 질서정연하게 행한다. 집단의 목적과 기능에 부합하는 개개인의 움직임은 '미적' 이라는 평가를 받았다. 인공적 공간은 역사적으로는 흔히 '도시' 의 형태를 취하므로 미는 도시적 미로서 '세련' 되어야만 했다.

1880년부터 수년간 목사로서 도쿄에 체류한 독일인 칼 문칭거(C. Munzinger) '일본인의 정신' 에 내재하는 윤리성, 심미성에 관해 날카로운 관찰을 기록으로 남겼다. 입욕, 신발 벗는 습관, 나무 젓가락 소비 등을 예로 한 일본인의 신체 · 주거에 대한 청결벽, 예의범절 교육의 중시, 희로(喜怒)의 격정을 억제하는 습관, 또 이것들 모두에 통하는 '조화' 를 도모하는 취향 등, "이러한 미적인 면은 생애를 통해 깊이 침투한 힘이며 그것은 실제로 모든 외면적인 것과 그리고 일부 내면적인 생활형태를 구성하는 힘이기도 하다. 또한 주저 없이 말할 수 있는 점은 미적인 것이 논리보다 훨씬 높이 평가되며, 일반적인 사고로는 예의와 그 형식이 도덕보다 상위에 두어진다는 점이다. 이 같은 힘이 자기 생산적으로 작용하는 것은 당연한 일이다."[117] 그의 눈에 비친 것은 메이지시대에 갑작스레 형성된 일본인상이라기보다 아마도 전근대적인 습관에 뿌리를 둔 일본인의 모습이었을 것이다. 오히려 이러한 점에서는 오랜 전통의 토양 위에서 새로운 질서감각이 쉽게 자랄 수 있다는 하나의 예증이

---

117) 칼 문칭거(C. Munzinger), 『ドイツ宣教師の見た明治社會』(生熊文 일역, 新人物往來社, 1987), p.74 이하. 원저는 1898년 간행.

라고도 할 수 있다. 그러나 메이지 이후 사용된 '결벽', '결벽증', '결벽가' 라는 말이 불결과 함께 부정(不正)에 대한 혐오감을 내포하고 있듯이, '근대'의 질서감각이 미와 윤리의 새로운 결합을 잉태했다는 점에는 재론의 여지가 없다.

더욱이 윤리적, 미적 질서에는 한계점이 없고 쉴새없이 완성도를 높이는 방향으로 나아가야만 하는 까닭에 필연적으로 질서의 과잉 현상이 나타났다. 오물·악취·어두움·느린 것·들쭉날쭉한 것 등 질서의 부산물이나 애당초 질서로부터 배제된 것들에 대한 불관용의 정도가 거의 무의식적으로 고조되었다. 근대사회는 이리하여 일정한 질서를 창출함으로써 기능적인 목적을 달성한 반면, 동시에 과잉질서를 배태하는 구조를 지니고 있다. '잡스러운(雜然)' 자연을 가공하여 '정연'한 인공적 질서를 만들면 만들수록 자연과 인간의 거리는 멀어졌고, 인간은 인공적으로 구성된 시간·공간 속에 스스로를 무의식적으로 혹은 쾌적하게 가두어 버렸다.

제2부

역사적 기원

1. 서양 모델

　제1부에서는 1880년대 중반부터 1900년대 초(메이지 20, 30년대)에 형성된 코스모스의 구조를 밝히는 일에 주안점을 두었다. 따라서 외부로부터 수입된 질서나 국내적인 사회질서의 선구적 형태에 관해서는 부분적으로밖에 언급할 수 없었다. 이제부터는 우선 메이지 초기로 거슬러 올라가서 구미에서 수입된 질서상의 영향에 관해 검증해 보도록 하자.

　'근대적' 사회질서의 모델 중 하나가 '서양형'이란 사실은 부정할 수 없다. 그렇기 때문에 지금까지 문명개화기의 계몽사상가나 후대의 연구자들까지도 이 수입 모델의 획기성을 강조해 온 것이다. 그러나 수입 대상으로 선정된 모델의 특징과 일본으로 수입된 후의 변용 과정에 관해서는 아직 밝혀지지 않은 점도 많다. 본장에서는 군대·경찰·학교·공장 등의 예를 통하여 이러한 점을 힘자라는 한 규명하고 나아가서 모델 전체의 특징을 검토해 보고자 한다.

(1) 군기(軍紀)

막부 말기부터 메이지 초기에 걸쳐 에도막부와 각 번은 프로이센을 모델로 삼은 와카야마번(和歌山藩)을 제외하고는 모두가 네덜란드·프랑스의 병제를 수입하여 군대의 '서양화'를 위한 개혁을 실천해 갔다. 막부의 뒤를 이은 메이지정부는 프랑스·프로이센을 모델로 군대 '근대화'를 추진하였는데, 그 일환으로 병서(兵書)가 수입·번역되고 군사고문단이 초빙되었다. 이러한 과정을 거치며 일본 군대에 도입된 새로운 질서와 규율은 어떠한 것이었을까?

첫째로는 신분의 벽을 타파한 징병제에 의한 군대 편성이란 점을 생각해 볼 필요가 있다. 과거처럼 특정한 '이에(家)'의 일원으로서 공명을 다투는 것이 아니었으므로 비슷한 성원에 의해 구성된 집단으로서 행군과 전개를 자유자재로 행하기 위한 훈련이 우선 요구되었다. 또 명령 한마디로 정형화된 동작을 전원이 일시에 빈틈없이 취하게 하기 위해서는 각개 교련부터 소대·중대·대대 교련까지를 전부 활용하여 입대 전에 몸에 밴 습관을 개조해야만 하였다. 그 방법은 정렬 방식과 속보·구보 등의 보법(步法)에서 휴식 자세·부동 자세·경례의 일정한 형식에 이르기까지 그 일체를 구미인 군사고문이나 『조전』을 통해 배우는 것이었다. [그림 19]는 에도시대 신분제 하의 예법과 메이지 이후 서양식 입식 경례를 대비적으로 묘사한 내용이다.

Dai - Nippon.

Salut moderne et salut ancien

[그림 19] 에도 · 메이지 경례법의 대비

예컨대 육군은 『보병조전』(步兵操典)에 입각한 교육 훈련을 위해 먼저 그 전제가 되는 병식 체조를 도입하였다. 1867년 막부의 군사고문 자격으로 일본에 온 프랑스군 육군대위 샤느앙은 건의서에서, "일본인 병사에게는 연체법(練體法)을 가르치는 일이 긴요하다. 간혹 보이는 신체의 힘든 노역(勞役)을 달가워하지 않는 사람으로 하여금 몸을 자유롭게 굽히고 펴고 동작을 활발하게 하기 위함이다"라고 하였다.[1] 군대란, 신분과 직업에 따라 체형 · 습관 · 동작을 달리하는 것이 당연시되었던 전통적 세계를 해체하고 표준화된 신체에 의해 구성되는 새로운 세계를 창출하기 위한 일종의 학교였다. 하지만 일본의 군대는 체조를 단순한 신체 강화나 규율

1) 「シャノアン建白和解」(勝海舟, 『陸軍歷史』 전집 제17권), p.327.

화의 방법으로서만이 아니라 정신력 · 군기 단련까지도 그것에 포함시키고자 했다.

대체로 체조란 개개인의 인민을 군대 교육에 익숙하게 만드는 가장 유효한 보조 방법으로서, 단지 체력을 강화하여 동작을 원활하게 하고 인내력을 높이기 위함만이 아니다. 결단력 · 자신감 · 용기 · 저돌성의 증강과 더불어 군대로 하여금 서로 앞다투어 활발한 마음을 발휘하게 하는 것이다. 그 밖에도 체조는 병사에게 군기를 함양하는 목적을 지닌다(體操教範改正趣旨, 1889. 8).[2]

1870년대 초 이와쿠라사절단(岩倉使節團)[3]의 일원으로 구미를 시찰한 야마다 아키요시(山田顯義),[4] 모리 아리노리 등은 유럽에서의 견문을 통해 병식 체조를 초 · 중학교의 교육과정에 포함시켜 군대 훈련에 필요한 유연하고 민첩한 신체 및 순종적이고 용맹한 정신을 양성할 필요성을 깊이 체감하였다. 바로 이 시점부터 단순한 신체 훈련이어야 할 학교 체육이 군사적 색채를 강하게 띤 병식 체조로서 출발한 점은 주목할 만한 일이다(「(3). 학교제도」 참조).

다음으로는 「군대내무서」로 집약된 생활규율이 있다. 에도 말기에 창설된 막부 육군에서도 「진영(陣營) 중 규칙」, 「보병 벌칙」 등

2) 河邊正三, 『日本陸軍精神教育史考』(原書房, 1980), p.120.
3) 불평등조약의 개정을 위해 메이지 초기 구미를 순방한 대규모 사절단으로, 참가한 자들은 귀국 후 각 분야의 개혁을 주도함.
4) 1844~1892. 메이지 전기의 육군 고위층, 정치가.

이 보이는데 이는 항명·도당(徒黨)·상관 살해·절도 등 후일의 육군 형법범에 해당하는 범죄에 대한 처벌규정이 중심이었다. 일 상 행동에 관한 규정은 빠르게는 프랑스어 문헌을 번역한 1869, 70 년의 「육군 일전」(陸軍日典)과 「학료 일전」(學寮日典), 1873년의 「육군 경례식」 등에서부터 시작되었다. 해군의 경우는 1870년 「병 학료 내칙」(兵學寮內則)부터 영국 해군을 모델로 한 생활규율이 시 작되었다. 이것들을 통해 엿볼 수 있는 질서란 먼저 잘 '정리·정 돈'된 청결하고 밝은 공간질서이다. 일본에서는 그 이전까지 한코 (藩校)의 기숙사나 사원의 승방(僧坊)생활 체험자 같은 특별한 경우 를 제외하고는 폐쇄적인 공간에서 집단으로 생활한 경험이 거의 없었다. 따라서 대부분의 평범한 사람들에게 낯선 수입품이었을 이러한 공간질서를 단기간에 수용토록 하기 위해서는 특히 '정돈' 습관에 대한 상당히 혹독한 훈련이 가해졌다(제1부 3. 참조).

내무반의 생활규율은 유럽 각국의 군대에서도 절대왕정 치하의 상비군 편성 이후 서서히 그 필요성이 인식되었다. 후에 일본이 모 델로 삼은 독일 육군은 엄격한 규율로 잘 알려져 있지만, 거기에는 융커(Junker: 16세기 이후 동부 독일에 성립한 지주 귀족) 출신자가 장 교를 독점하는 등 신분적 우월의식이 크게 작용하였다. 이를테면 1885년 경관연습소의 교관으로 초빙된 독일 경찰대위 H·F· W·헨은 "조련 시간의 복장 검사가 특히 엄중해서 학생의 제복 을 손가락으로 털어 먼지가 나면 이를 질책하고, 또 구두 손질이 불철저하여 조금이라도 진흙이 묻은 것을 발견하면 독일에서는 그런 구두는 노동자가 신을 뿐이라고 나무랐다"라고 전해진다.[5] 분명히 그는 장교 신분으로서의 자부심을 일본 경찰들에게 토로했을 것이다.

하지만 일본에서는 사족(士族: 옛 무사신분)의 자제이므로 사관학교에 입학한다고 하는 신분적 계승의식은 물론 있었으나 상급 사족 출신자만이 장교가 될 수 있는 것은 아니었고, 행동규율에 대해서까지 사족으로서의 우월의식을 내세우는 일은 거의 없었다. 1906년 일본을 방문한 영국 귀족들도 사관학교 학생의 절반 정도가 '중류의 하층계급'이란 점에 강한 관심을 표한 바 있다.[6]

오히려 일본의 경우는 신분의식보다도 '후진국'으로서의 대외적 수치의식이 더 강했던 듯하다. 한 예로서 1887부터 1891년 사이에 사관학교 교장을 지낸 데라우치 마사타케(寺內正毅)[7]는 "대단히 근엄하고 사소한 일도 용서하지 않아"서 '주바코 요지(重箱楊子: 찬합 구석까지 이쑤시개로 청소하는 이)'란 평을 들었다고 하는데, 교장을 퇴임한 후 어느 날 사관학교를 방문하여 교정에 파인 물웅덩이와 학교명을 적은 편액에 녹이 쓸어 있는 것을 보고 "만일 이게 외국인 눈에 띄었다면 어찌할 건가? 실로 우리 제국 육군의 치

5) 高橋雄豹, 『明治年代の警察幹部教養』(明治警察史研究 제1권, 令文社, 1960), pp.72~73.

6) R. A. B. Freeman-Mitford, 『英國貴族の見た明治百年』(長岡祥三 일역, 新人物往來社, 1986), pp.123~125.

7) 1852~1919. 육군대장 출신으로 초대 조선총독.

욕이며 국치이다"라고 노했다 한다.[8] 또 해군도 영국에서 초빙한
해군무관 A. L. 더글러스의 건의에 따라 1873년 10월 「병학료 규
칙」을 제정하고 그 후 차츰 기숙사생활에 대한 세부적인 내규를
정비했는데,[9] 그중 한 예로서 "의복을 착용할 때는 먼지를 잘 턴
다음 금테를 걸치고 구두는 항상 광택이 나도록 하며 몸에 지닌 도
구는 한결같이 청결해야 한다"(1886년 「내칙」 제298조)라고 한 것은
분명히 '서양'의 눈을 의식한 때문이었다.

군대 규율의 두 번째 특징으로는 시간표에 따른 행동 규제를 들
수 있다. 육군 병학료(兵學寮)의 「일일 정칙」(日日定則, 1871.5)[10]에는,

· 매일 오전 4시 기상 나팔.
· 5시부터 7시 사이 실습. 단, 20분 전 집합, 5분 전 정렬.
· 7시부터 20분간 청소.
· 9시 식사 나팔.

등의 규정이 보인다. 분 단위로 행동을 규제하는 일은 당시 일본인
으로서는 생소한 습관이었다. 1872년 개업한 철도의 운행시각표를
보고 일반인들은 분 단위 행동의 필요성을 처음 느꼈을 것이다. 군

8) 黑田甲子郞 編,『元帥寺內伯爵傳』(1920), p.18.
9) 澤鑑之丞 진술, 一二三利高 編,『海軍兵學寮』(興亞日本社, 1942), p.218 이하.
10)『太政類典』의 衆規淵鑑. 또한 「海軍兵學寮規則」(1870년 윤 10월)에도 시간
   표 조항이 보인다(海軍敎育本部 編,『帝國海軍敎育史』제1권(1911). 이는 原
   書房의『明治百年史叢書』제334권에 복각판으로 수록).

대 · 철도 · 공장 등 서양으로부터 수입된 조직과 함께 기계 시계에 의거한 시간질서가 보급되었다. 같은 해의 태양력 채용에 즈음해서는 "목수를 비롯하여 하루벌이 가업을 영위하는 자들은 낮의 장단에 따라 근무 시간에 차이가 생기지 않도록 오전 몇 시부터 오후 몇 시까지로 약조하여 임금을 정하고, 일출 · 일몰에 관계없이 직무에 충실할 것"(京都府知事達)이라고 행정부서에서까지 민간을 대상으로 주의령을 내렸다. 이윽고 공장의 보급과 더불어 이전까지의 관행인 청부노동이 쇠퇴하고 임노동이 주류를 이루면서 단위시간당 노동효율이라는 발상이 사회 곳곳에 침투하여 군대에까지 관철되기에 이른 것이다.

세 번째로는 상하관계의 질서를 들 수 있다. 프랑스어 원전을 번역한 초기의 「육군 일전」에서는 우선 상관의 부하에 대한 의무 사항을 들고 그 다음으로 부하의 상관에 대한 복종 의무를 규정하였다. "제1조 윗사람은 … 부드러움과 자애로써 병사를 대하되 결코 부당한 처사를 취해서는 안 된다. 모름지기 윗사람의 교도(教導)는 모두가 친절에서 나온 것으로 생각하여 기꺼이 받아들여져야 하고, 병사 가운데 벌을 내려야 할 자가 있으면 그 벌이 법률에 벗어나지 않아야 한다", "제4조 아랫사람은 윗사람에 대해 매사에 참고 순종해야만 한다. 명령이 있을 때는 틀림없이 신속하게 이행해야 한다. 이와 같이 하급자가 순종하도록 하기 위해서는 모든 명령이 반드시 규정과 도리에 맞으며 정직해야 한다. 또한 직위 고하를 막론하고 윗사람이 아랫사람을 대할 때 조금이라도 거친 언사를 써서는 안 된다"(「육군 일전」의 內務之部, 1870). 주 부스케가 일어로 번역한 『서양 만국 육군 근무원칙』(西洋萬國陸軍取立之原則, 1872) 중 「프랑스 육군 근무 및 편성」(佛國陸軍取立及編成之事)[11])에 "프랑스군의 명령 시행원칙은 상하간의 존경과 상호의 권리를 엄중히 준수하는 데 바탕을 둔다. 독일, 러시아 및 다른 나라에서 행하는 체벌은 프랑스에서는 상대를 모독하는 행위로 간주하여 사용을 엄금한다"라 한 것처럼 「육군 일전」도 상하간의 권리 및 의무의식을 충실히 반영하였다.

그런데 이러한 상위자의 의무 규정은 1872년 간행된 병사에 대한 주의서인 「독법」(讀法)에는 이미 나타나지 않는다. 거기에는 단지 병사의 '충성ㆍ경례ㆍ복종' 의무만 규정되었을 뿐이다. 1878년 야마가타 아리토모의 「군인훈계」에 "자신의 실책임을 깨달으면 부하라 해도 이를 사과" 하라는 구절이 있지만 뒤이은 『군인칙유』에서는 상급자의 '자애로움'을 촉구하는 데 그쳤다. 1888년 「군대내무서」에서는 "윗사람은 아랫사람을 사랑하고 아랫사람은 윗사람에게 순종하며 함께 마음을 공평하게 가지고 매사에 화목하여 결코 위협적이거나 험악한 언동을 사용하지 말아야 한다"라고 하는 한편, 앞서 인용한 바와 같이 부하에 대해서는 "명령은 삼가 이를 받들어서 즉각 시행할 것. 결코 그 정당성, 부당성을 논하거나 이치에 맞느냐 아니냐를 따지는 일이 없을 것.⋯ 아랫사람은 윗사

11) 國立公文書館, 內閣文庫 소장.

람에 대해 그 명령의 이유와 목적하는 바를 힐문해서는 안 된다"라 하여 복종 규율을 강화하였다. 이듬해 1889년의 「장교단 교육훈령」(將校團敎育訓令)은 중대장에 대해, '솔선수범' 하고 "스스로 몸가짐을 바르게 가져 엄정히 의무를 수행하며" 라는 식으로 추상적인 요구를 하는 데 그쳤다. 1885년 시행된 프로이센식 군제로의 전환이 이 같은 복종규율 강화에 영향을 끼쳤다는 견해도 있으나, 실은 보다 이른 시기부터 프랑스식 군사규율을 일본화하는 정책이 취해지는 가운데 규율도 점차 강화되었던 것으로 보인다. 육군 유년학교의 교육 내용이 "프랑스의 초등학교 교육 그대로"에서 일본어·일본역사를 포함하는 쪽으로 바뀜과 동시에, 교칙이 엄격해지고 처벌도 외출금지에 더하여 영창금고형이 신설된 것은 1875년의 일이다.[12]

이 1886년부터 1889년 사이의 병제개혁 과정에 관하여 "봉건적 신분이데올로기의 부활 강화"로 보는 견해도 있다.[13] 하지만 군대 내의 상관 우위는 신분제에 기인한 것이 아니다. "봉건적인 윰커의 전통을 군대 내에 그대로 도입하고 공고한 계급적 긍지와 신분관념을 특색으로 하는 프로이센 장교단의 이데올로기를 모방하였다. 1889년 「장교단 교육훈령」을 제정하고 장교의 특권의식 강화를 꾀

---

12) 石光眞人 編著, 『ある明治人の記錄 ―會津人柴五郞の遺書』(中公新書, 1971), p.111.; 柳生, 앞의 책 『史話まぼろしの陸軍兵學寮』, pp.68~70.
13) 藤原彰, 『日本軍事史』 上(日本評論社, 1987), p.71.

한 것이 바로 그러하다"라는 설도 있다. 그러나 이「훈령」은 징병
당한 하사관과 병사를 상대로 한 직업군인으로서 장교의 책임과
의무를 명시한 것이지 신분적 특권을 강조한 내용은 아니었다.[14]
장교 양성학교의 입학 자격은 화족·사족에 국한되지 않았다. 또
한 메이지유신을 주도하고 새로운 군제를 창설한 하급 사족들은
애당초 계급적인 특권의식이 약했고, 따라서 그들에게는 신분적
우월감에 의존하여 하사관의 복종을 이끌어 낸다는 발상도 보이지
않았다. 상급 장교에 영주층인 융커 출신자가 압도적 다수이었던
프로이센군과는 결정적으로 달랐던 것이다. 오히려 일본은 프로이
센군을 모델로 삼았음에도 불구하고 구 체제의 신분적 특권의식만
은 일찍부터 이를 배제했다.

예를 들어 최초의 체계적인 군 형법이라 할 수 있는「육해군 형
률」(1872)은 이전의「신율강령」((新律綱領, 1870)과 마찬가지로 장
교에게는 자기 규제·추방, 하사관과 병사에게는 총살·도형(徒
刑)·장형(杖刑)·태형(笞刑) 등과 같이 계급별로 차등을 둔 형벌을
규정했다. 그러나 1881년의 육군·해군 형법에서는 이 구별이 없
어졌다. 신분제 시대를 모델로 한 특권의식은 이른 시기에 불식된
것이다. 게다가 독일 육군과의 차이도 명확히 인식되고 있었다.
1876년 한 장교는 다음과 같이 말했다. "육군 사관의 지위를 다른
관민보다 위에 둠으로써 상하귀천 모두를 하나로 묶는 것이 좋겠

14) 河邊, 앞의 책, p.106 이하.

다. 어느 외국에서는 사관으로서의 자질 유무에 따라 사람을 두 부류로 나누며 혹은 귀족이 아니면 사관으로 임용하지 않는다고 하는데 이는 우리와 비할 바가 아니다. 그런 고로 무릇 사관은 국민 가운데 중등 이상의 기량을 지닌 자를 임용해야만 한다.[15]

이처럼 프랑스 국민군의 상급자 의무규정을 포기하고 더구나 프로이센군처럼 구 체제의 신분의식에 의존하지도 않으면서, 단지 '중등 이상'의 국민이라는 추상적인 구분만으로 사관의 자기규율 의식을 이끌어 낸다는 것은 극히 곤란한 일이었다. 그렇기 때문에 권위의 원천을 천황에게서 구하여 일방적으로 하급자의 복종을 강요하든지, 또는 "군기는 어린이의 가정교육같이 덕의심(德義心)을 발육시키는 일"이며 "군대에서 가정교육은 바로 중대(中隊) 교육"[16]이라 하여 중대=가정의 덕의심 함양에 기대는 외에는 달리 방법이 없었던 게 아닐까? 1908년 개정된 「군대내무서」를 통해 '중대 일가주의(一家主義)'의 존재가 명확해지는데, 그렇게 갈 수밖에 없었던 구조적 요인이 바로 여기에 있었을 것이다. 그러나 군대에서 가족주의란 어디까지나 하나의 외부적인 명분에 지나지 않았으므로, 체벌과 같은 폭력적 제어수단을 병행하면서 규율을 과도하게 주입하는 일이 질서 유지를 위해서는 불가피했다.

---

15) 淺井道博, 「陸軍士官心得」(『內外兵事新聞』, 1872년 5월 29일자. 이는 由井正臣 편, 앞의 책『日本近代思想大系4 軍隊 兵士』에 수록).
16) 군대 교련에 관한 「監軍訓令」(1889. 河邊, 앞의 책, p.116).

(2) 행정경찰

메이지 전기에 창설된 일본 경찰의 특징은 이미 발생한 범죄를 사후에 단속하기보다 범죄를 미연에 방지하는 데 주력한 점이었다. 즉, 사법경찰보다는 행정경찰 중심으로 구성되어 실제의 범죄 '예방' 효과도 컸다고 하는데, 왜 이런 현상이 빚어졌을까? 애초에 프랑스 경찰을 모델로 했기 때문일까? 아니면 에도시대의 범죄단속제도를 계승한 때문일까?

경찰이 관심을 가진 '서양' 모델에는 당시 두 가지 부류가 있었다. 하나는 1873년 사법성(司法省)이 고용한 주 부스케로부터 정보를 얻어서 사법성 직원 한 사람이 1872년부터 이듬해에 걸쳐 시찰한 프랑스 모델이며, 또 하나는 가나가와현(神奈川縣)의 나졸총장(邏卒總長)이 1872년 조사한 당시 영국의 식민지 겸 거류지였던 홍콩·상하이 모델이었다.

후자가 작성한 조사보고서[17]의 취지는, '경찰'의 "본디 업무란 평민이 그 몸과 사유 재산을 보호받는 데 있다"라 하여 경찰 경비의 주민 부담, "평민과 경찰의 권리·의무" 규정, 경범죄 즉결재판소 설치를 건의하는 내용이었다. 여기서는 인민의 신체와 재산 보호를 목적으로 인민의 권리와 경찰권의 한계를 규정한 영미형 경찰의 특징이 잘 드러난다. 또한 이 보고서는 범죄를 "사전에 예방

---

17) 內閣記錄局 編, 『法規分類大全 警察門』, p.66 이하.

하는 일은 법을 범한 자를 사후에 적발하여 처벌하는 것보다 훨씬 공이 크다"라고 하여 '예방'의 효용에 관해서도 언급하였고, 나졸이 담당 지역 내 주민 한 사람 한 사람의 동정을 파악하며 가옥의 이상 여부를 점검하는 순찰에 힘써야 한다는 내용의 상하이 나졸 규칙도 소개하였다. 그 밖에 풍기 문란·폐기물 투기 등 경범죄 단속에 관해서도 모델이 될 만한 세부 규정을 보고하고, 덧붙여서 "중인(衆人)에 대해 무례를 범하거나 예의를 소홀히 하는 일이 없어야 한다", "용의자를 체포할 때 가혹 행위를 삼가야 한다"는 등 직무상 윤리규정에 입각하여 직권 남용을 경계하였다. 이 보고서를 참고로 하여 1873년 6월 제정된 「도쿄 경찰규칙세목」(東京番人規則細目)은 주민 본위의 경찰제도로 평가되기도 하였다.[18] "인민의 자유와 권리를 보호하고 그 장해 제거"를 근본 목적으로 하는 영미형 경찰제도의 이념에 관해서는 이미 후쿠자와 유키치가 1870년 '단속법'이란 제목으로 정부에 소개한 바 있다.[19] 위에 든 보고서의 특징은 보다 자세하게 규칙의 모델을 소개한 점이라 하겠다.

한편으로, 전자인 사법성이 제안한 경찰 규칙[20]에서는 "경찰의 업무는 국가를 안정(安靜)시키는 데 있다", "행정경찰이란 인민의

---

18) 鷹見安二郎,「明治初年の自治体警察 —番人制度」(『東京都史紀要』5, 1950), 大日方純夫,『天皇制警察と民衆』(日本評論社, 1987), p.19.

19) 『福澤諭吉全集』제20권에 수록.

20) 大日方純夫,『日本近代國家の成立と警察』(校倉書房, 1992), p.64 이하 참조.

건강을 보호하고 국가의 안정을 방해하는 자를 예방하기 위한 것이다"라고 하였으며, 시찰자의 건의문[21] 서두는 "경찰이란 평상시 국가를 위한 치료제이다"라는 말로 시작되었다. 국가 치안·군주권 강화·강국화가 경찰의 지상 목적으로 인식된 것이다. 행정경찰을 사법경찰과 분리하여 내무성 직속으로 한다, 사법경찰은 '정부의 의무'이므로 나졸을 민간 비용으로 고용해선 안 된다, 경찰을 내란 진압에 활용한다, 등의 건의 내용은 모두 이 목적에 부합하는 것들이었다. 그 결과 1875년 3월의 「행정경찰규칙」과 이듬해 10월의 「주의보 규칙」(注意報規則, 警視廳 達) 등에 의해, 정치활동·집회·언론과 같은 '국사(國事)', 호적·혼인·동산/부동산·각종 영업과 같은 '권리', 음식물·폐기물·병자·의사·변사체·어린이 유기와 같은 '위생', 가정 불화·제례·연극·도박과 같은 '풍속' 등에 관한 일체의 사항이 호구별·개인별로 철저히 조사 대상에 포함되었다. 오직 '국가'를 위한 범죄 예방망이 민중 생활의 구석구석에까지 물샐틈없이 펼쳐졌다고 할 수 있겠다. 이 과정에서 프로이센 경찰대위 헨 등의 건의로 "경찰의 눈이 미치지 않는 곳이 없고 경찰의 귀에 들리지 않는 일이 없도록"[22] 모든 제도가 구비되어 갔다.

요컨대 이는 『내무성사』(內務省史)도 인정한 대로 영미계열과는

---

21) 由井正臣 외 編, 『日本近代思想大系3 官僚制 警察』(岩波書店, 1990)에 수록.
22) 「淸浦奎吾氏警察事項ニ關スル演說」(1890. 위의 책에 수록).

다른 대륙계 경찰제도를 취하면서, 한 걸음 더 나아가 프랑스나 독일 경찰제도의 말단을 구성했던 자치체 경찰 부분을 완전히 도려낸 '철저한 국가경찰'이었다.[23] 그러나 국가 중심의 중앙집권형이라는 것만으로 초창기 행정경찰의 성격을 온전히 드러냈다고 보기는 힘들다. 전자의 건의문 배후에 자리잡은 사고방식의 특징을 규명해 볼 필요가 있는 것이다.

그중 하나는 건의문 서두에 보이는 "경찰이란 평상시 국가를 위한 치료제다. 사람이 평소에 섭생을 행하는 것과 같다"라는 내용의 '건강·질병'에 대한 비유이다. 1874년 1월의 「경시청 장정 및 순사규칙」(警視廳章呈及巡査規則)은 행정경찰의 직무 중 하나로 국민의 "건강을 지키며 생명을 보전케 하는 일"을 들었다. 덧붙여서 병자 보호에 관한 임무도 규정했는데, 이러한 것들을 광의로 해석하면 국가라는 신체가 범죄로 인해 '질병'에 걸린다는 관념을 전제하고 있는 셈이다.

그러나 위 규칙의 전신이라 할 수 있는 「단속조 법칙대강」(取締組大體法則, 東京府 達, 1871. 11)에서는 "단속조는 민의 안전과 자유를 지키기 위해 둔다"[24]라고만 하였으니, 이 사이 1873년 9월에 제출된 전자의 건의문에 따른 유럽 모델이 '예방·치료'라는 비유를 초래한 것은 아닐까 싶다. 만일 그렇다고 한다면 배경에는 당시의

---

23) 大霞會 編, 『內務省史』, 제2권(地方財務協會), p.548.
24) 앞의 책 『法規分類大全 警察門』, p.54 이하.

예방의학 발달과 그에 따른 사회상의 변화가 있었을 것이다.

외부로부터 침입한 특정 세균이 특정한 질병의 주원인이라고 하는 소위 감염증의 발견은 그 메커니즘을 해명한 연구자의 이름을 따서 이미 1860년대부터 '파스퇴르혁명'이라 불리고 있었다. 감염증에 관련된 용어들이 하나의 사회적 비유로서 널리 보급된 것은 바로 사법성 직원이 프랑스를 시찰한 1870년대부터의 일이었을 것이다. 파스퇴르 자신도 파리코뮌(1871년 파리에 성립한 민중적 혁명정권)과 보불전쟁을 목도하면서 '박테리아 같은 군중'이 건강한 국가의 질서를 좀먹는 '민주정(民主政)'에 공포를 느끼고 극단적인 반동 정치가로 활동했다.[25] 그러나 이러한 메타포는 아직 프랑스 현지에서도 충분히 전파되지 않았을 터인즉 그것이 일본으로 수입되었다고 보기에는 시기가 너무 이르다. 오히려 근대 이전의 일본사회에 이미 비슷한 관념이 존재했던 것은 아닐까? 혹은 초기 메이지정부의 공중위생정책이 '예방' 관념을 식자층에 이식했고, 그것과 짝을 이루어 '예방' 경찰제도가 수입·보급된 것은 아니었을까? 하지만 공중위생관념이라 해도 일본으로의 수입이 지나치게 빨라서 쉽사리 납득하기 어렵다. 역시 이 점에서도 에도 말기에 형성된 질병 예방관념의 새싹을 더듬어 볼 필요가 있을 것이다.

그러면 왜 이다지도 범죄 예방을 서둘러야만 했던가? 당시 메이지정부로서는 서구 제국과의 불평등조약을 개정하기 위해 국내의

---

25) David Bodanis, *Web of Words*, London, Macmillan, 1988, p.15 이하.

사회질서 안정이 무엇보다도 급선무였다고 생각할 수 있다. 따라서 막부체제가 붕괴한 후 인적·물적·정보의 흐름이 활발해지면서 덩달아 대거 발생한 새로운 형태의 각종 분쟁을 처리하기 위해 제도 마련이 시급했을 것이다. 앞서 언급한 나졸총장의 해외 파견에 즈음하여, 가나가와현은 당면한 사회상황을 다음과 같이 진단하고 있었다.

근래 내외 인민이 많이 모여들어 날이 갈수록 혼잡을 더함에 따라 무뢰한과 흉악한 무리들도 그 수가 크게 늘었다. 더욱이 외국인과의 관계에서 대소 여러 가지 분쟁이 적지 않다.[26]

개국에 의해 내·외국인의 접촉이 급증한 시점에서, 새로운 질서의 틀을 공표하고 그것을 유지할 필요성이 단속을 '예방' 중심으로 전환하는 계기가 되었을 것이다.

예컨대 최초의 포괄적인 경범죄 단속법령인 『위식쾌위조례』(違式詿違條例, 1872~)에 열거된 조항 가운데 1876년 「도쿄부 통계표」에서 가장 처벌 사례가 많았던 범죄는 "변소가 아닌 곳에다 소변을 본 자"이었고, 그 다음이 "나체 또는 윗몸을 드러내어 추한 꼴을 보인 자", "싸움과 언쟁으로 소동을 일으킨 자" 순이다. 처벌자가 가장 많았던 점으로 보아 도로에서 소변을 보거나 한쪽 어깨를 드러낸 채로 일하고 보행하는 일은 에도시대까지는 범죄행위가 아

26) 앞의 책 『法規分類大全 警察門』, p.225.

니었음을 알 수 있다.[27] 외국인의 시선을 기준으로 한 '추태'와 불결·오염·악취·음탕함·비정상 등을 반질서적 행동으로 간주함으로써, 새로운 서구적 미적 기준에 의한 신체·공간질서 및 '수치의 문화'를 주입시켜 나간다. 행정경찰도 당당히 교육자로서의 역할을 수행했던 것이다. "담당 구역 내의 호구(戶口)에 대해서는 남녀노소와 그 직종을 불문하고 주의를 게을리 하지 않으며, 만약 거지꼴을 한 자들이 무리를 이루거나 수상하게 보이는 자가 눈에 띄면 항시 주목하여 거동을 예의 관찰할 것", 다만 "당사자가 알아채지 않도록 은밀히 탐색하는 것을 경찰의 본분으로 삼는다" (行政警察規則 제2장 제5·6조, 1875). 언론·집회·출판의 자유에 대한 예방적 규제의 근거도 이와 같은 경찰의 교육적 역할에서 비롯되었을 것이다.

(3) 학교제도

학교의 경우 학생 및 교원에 대한 행동 규제와 생활관리는 '일제교수법(一齊敎授法)' 같은 교육방법론, '학교청결법'을 포함한 공간 관리, 시간표에 따라 학습내용을 분할하는 시간 관리, 제복·

27) 大日方純夫, 앞의 책 제II편 제1장 참조. 한편, 한스 페터 듈, 『裸體とはじらい の文化史』(藤代幸一 외 일역, 法政大學出版局, 1990), p.120 이하에서는 에도 시대와 메이지 전기의 나체 의식에 관한 비교문명사적 고찰을 행하고 있다.

두발 · 예의 · 집단 행동을 규정한 신체 관리 등을 중심으로 이루어졌다. 이러한 것들이 군사 훈련과 밀접히 연관되면서 개인보다는 집단 전체의 목표 달성을 중시하게 되는 기원은 어디에 있을까?

우선 1872, 1873년 미국인 교육가 M. M. 스콧트, D. 머레이를 초빙하여 그들의 직접 교시를 받아서 도입한 '일제교수법'에 관해 살펴보면, 거기에는 몇 가지 특징이 드러난다. 읽기 · 쓰기, 산술 · 기하학 · 화학 등 자연과학 교과, 역사 · 지리 등 인문 교과를 망라한 다수의 교과목을 많은 학생을 대상으로 일정한 시간 내에 '문명화' 촉진을 위해 가급적 짧은 시간에 교육한다. 이를 위해서 데라코야(寺子屋)에서와 같은 '개별교수법'은 배제되고 학급 단위로 동일한 교과목을 특정 교과서에 따라서 가르쳤다. 또 에도시대까지는 각 번의 주로 사족들을 위한 한코(藩校)와 농촌 · 도시의 서민층을 위한 데라코야가 각기 독자적인 교육을 행하였다. 그러나 메이지가 되자 '일반 인민'의 '남녀 차등 없이', '벽지 영세민'에 이르기까지(태정관 포고, 「學制につき被仰出書」, 1872) 통일적인 기초교육을 받게 하는 일이 가부장의 의무로 간주되었다. 학제로서는 빈민 초등학교 · 촌락 초등학교의 구분이 있었지만 정부 교육령에서는 전부를 일체화했던 것이다. 당시 유럽 제국에는 아직도 신분 · 계층을 구별하는 학교제도가 남아 있었는데, 일본은 그것을 받아들이지 않고 초등학교제도를 하나로 통일한 미국형을 도입했다고 할 수 있다.[28]

28) 文部省 教育史編纂會 編, 『明治以降教育制度發達史』 제1권(1938), pp.359~360.

일반 대중을 상대로 한 기초교육은 이 시대의 선진 각국에서도 널리 시도되었는데 1870년대에 이르러서는 비용에 대비한 교육의 효율성 문제가 제기되곤 하였다. 더구나 일본의 경우는 교사도 처음 접하는 교과목을 극히 단기간에 지역의 실상을 무시한 채 통일적으로 가르치게 된 까닭에, 아무래도 국가 주도로 통제된 지식 내용을 주입하는 식의 교육이 이루어질 수밖에 없었다. 학문은 국가를 위해서가 아니라 개인의 입신을 위한 것이라고 공언하면서도 한편으로는 "마을마다 불학지호(不學之戶)가 없고 집집마다 불학지인(不學之人)이 없어야 한다"(앞의 포고령)라 하여 학교 교육을 강제하였다. 이 시대는 정부의 적극적인 의지가 벽지 마을에까지 "경찰관을 동원하여 학령 아동의 가정을 순회하게 하고 수학(修學)을 강요하는 것이 다반사"[29] 라고 하는, 그야말로 '계몽 전제(專制)'의 시대였다. 가계에 보탬이 되는 자식의 노동시간을 빼앗기고 수업료 부담까지 안게 된 서민의 입장에서 보면, 학교란 개인의

---

29) 千葉壽夫,『明治の小學校』(津輕書房, 1969), p.90의 弘前市立 和德小學校 사례. 또한 경관이 취학 독촉을 위해 중요한 역할을 담당한 점에 관해서는 國立敎育硏究所 編,『日本近代敎育百年史』제3권, p.601 이하 참고. 岩倉使節團의 일원으로 구미의 교육 시찰을 담당한 田中不二麻呂 문부이사관의 귀국 보고서『理事功程』(1873~1875)에는 미국 매사추세츠주의 교육규칙 가운데 취학 강제에 관해 언급하고 있는데, 이를 담당한 것은 각 도시마다 공식적으로 선출된 감찰위원과 그 외 '교육에 관여하는 관리'이며 경찰의 개입은 없었다고 한다. 복각판(臨川書店 간행), p.22.

'입신'을 명목으로 국가가 필요로 하는 지식과 규율을 강제하는 공간에 지나지 않았다.

'일제교수법'을 실현하기 위해서는 먼저 그에 합당한 교실 설계와 학생·교사에 대한 행동 관리가 필요했다. 학교 설계의 방법에 관해서는 1874년 미쓰쿠리 린쇼(箕作麟祥)[30]가 번역하고 문부성이 간행한 위캘스햄 『학교통론』(學校通論)이 많은 점을 시사해 준다. 학교는 널찍하게 열린 장소로 통풍과 햇볕이 좋고 풍경이 아름다우며 시가지의 소란함에서 벗어난 장소에다 세운다. 교실은 직사각형으로 밝고 청결하고 적당한 온도가 유지되어야 한다. 교사는 '도판(塗板: 나중의 칠판)'을 등지고 '사자대(寫字臺: 이 경우에는 교탁)' 앞에 선다. 학생은 전원이 교사와 대면할 수 있도록 학생 각자의 '사자대(책상)'를 모두 정면을 향해 정연히 배열한다. 1876년 이후 거의 이 설계법의 영향을 받은 「학교건축법」이 부현(府縣) 교육의회를 통해 결정되었고,[31] 아동들은 이곳에서 '근대'의 코스몰로지(cosmology)를 체득하였다.

이러한 공간질서를 실현하기 위해 학생·교사의 행동을 관리하는 규칙도 수입되었다. 초기에는 방울·딱딱이 등을 이용하여 수업 시작이나 종료 시각을 알리고, 학생들은 이열종대로 교실에 들어서서 자리에 앉을 때도 세 차례 명령을 기다려야 하는 등 엄격한

---

30) 1846~1897. 막말 메이지기의 서양학자, 계몽 관료.
31) 앞의 책 『日本近代教育百年史』 제3권, p.1088 이하.

「교실지령규칙」(教場指令規則)이 있었다.[32] 물론 이것이 그대로 실행되었으리라고는 생각지 않지만 후에 차례로 정비된 「학생수칙」(生徒心得)·「교원수칙」(教員心得)에 규정된 행동규칙은 '일제교수법'을 전제로 한 것이었다.

예를 들면 '주 29'의 『이사공정』(理事功程)은, 「워싱턴공학(公學)규칙」 제29조 「학생수칙」으로 "모든 학생은 교내에서는 물론 학교 출입 시에 거동을 바르게 한다. 몸과 의복은 청결히 하고 서적을 소중히 하며 학용품은 깨끗이 정리한다. 교정을 출입할 때는 위엄을 갖추어 난잡하지 않도록 유의하고, 방과 후는 속히 학교 주변을 떠난다", 또는 「코펜하겐공학교(公學校) 학생규칙」 중 「등교 규칙」으로 "학생은 종이 울리면 각 학급별로 한 무리(一隊)를 이루어 교사의 명령에 따라서 각기 교실로 향할 것. 단, 대열의 혼란이나 큰소리를 내는 것은 허용치 않는다" 등의 규칙을 소개하고 있다.[33]

또한 「초등학교 교원수칙」(1881)에서는, "교칙은 교내 질서를 정숙히 할 뿐만 아니라 학생의 도덕성 함양을 위해 중요한 도구이다. 그러므로 교원은 반드시 이런 취지를 깊이 인식하여 교칙을 집행하여야 한다", "신체 교육은 비단 체조에만 의하지 않는다. 항상 교사(校舍)를 청결히 하고 광선과 온도를 적절히 유지하며 통풍에 유

---

32) 佐藤秀夫, 「近代教育の發足」(『岩波講座 現代教育學 5』, 1962), pp.51~52; 앞의 책 『日本近代教育百年史』 제3권, pp.1104~1105.

33) 앞의 책 『理事功程』 복각판, p.36, p.478.

의하고, 또 학생이 건강을 해칠 만한 악습에 오염되는 일을 막아야 한다'라고 하였다. 원래 이 「교원수칙」의 서두는 충효를 비롯하여 유교적 '인륜대도(人倫之大道)'를 가르치는 전통적인 도덕교육을 강조한 내용인데, 전체적으로 보면 오히려 새 질서 실현을 위한 '학교 관리자'로서 교원에 대한 주의사항이 중심 내용이었다. 메이지정부는 '일제교수법' 도입과 더불어 전국 통일적인 기초교육을 '속성'시키고자 교원의 관리업무를 강화했던 것이다.[34] 단, 취학률이 아직 저조했던 단계에서는 1학급 1교사에 의한 일제수업 실시는 극소수의 학교로 제한될 수밖에 없었다. 학급 단위의 수업 형태가 확립되는 것은 취학률이 급증한 1890년대 이후의 일이다.

그런데 미국인 교육고문 등이 전한 사상·제도 가운데는 학생이 실물 관찰을 통해 자주적으로 지적 능력을 개발하는 '개발주의 교육'이나, 각 지역의 실정에 맞추어 지역 주민이 교육방침을 결정하고 학교를 운영하는 자치교육적인 사고도 포함되어 있었다. 한 예로 "전국 초등학교 교육의 전범(典範)"이라고 평가된 쇼카쓰 노부즈미(諸葛信澄, 사범학교 초대 교장)의 『초등학교사 필휴』(小學教師必携, 1873)는 "어린 아동에게 교육을 통해 학술을 전수한다고는 하지만 처음에는 가능한 한 아동의 감각을 자극함으로써 지식과 견문을 배양하는 것이 제일"이라 하여 아동 중심의 교육을 강조하

---

34) 1884년부터 초등학교에는 「職員勤仕錄」을 비치하여 교사의 출근상황을 기록하게 했다.

였다. 그러나 이 경우에도 당면한 '일제교수법'에 대해서는, "아동 중심 교육은 시간 낭비나 교실이 번잡스러워질 우려가 있다. 그러므로 많은 학생을 똑같이 교육하기 위해서는 앉고 일어서며 앞으로 나가고 뒤로 물러서는 동작은 물론 서적·석반(石盤: 노트 대용품)을 다루는 일에 이르기까지 낱낱이 (1)(2)(3)(4) 등의 지시법을 이용해야 한다. 아래에 서적에 관한 일례를 들어 보자. '무슨 책을 꺼내라'라고 지시하면 (1)왼손으로 책상 뚜껑을 연다, (2)오른손으로 책을 집는다, (3)책을 책상 위로 끄집어내고 뚜껑을 닫는다…"라는 식으로 모범 행동이 세밀하게 예시되었다. 심지어는 아동의 관찰력 발달을 기대하는 교과인 '문답에 의한 물건 가리키기(庶物指敎, Object Lessons)'도 미리 단어표를 보여 주고, "우물은 땅을 깊이 파서 물을 얻는 구멍이다"라는 식으로 교사의 유도대로 똑같은 답을 끌어내는 방법으로서만 수용되었다.[35]

1879년 9월 포고된 「교육령」속에는 "학무위원은 정·촌민(町村民)이 선거로 선출한다"와 같이 자치사상의 영향을 받은 부분도 일부 보인다. 하지만 공립학교 설치 수와 취학률 저하에 위기감을 느낀 정부는 이듬해 바로 이를 개정하여 프로이센식 교육행정을 모델로 한 '간섭주의'에 입각해서, 학무위원 임명제와 취학 독촉 등 중앙통제방식을 강화하였다. 부모가 아이를 학교에 보내는 데 소극적인 점에 대해, "정부는 이들 사인(私人)의 이해(利害)를 추정

---

35) 앞의 책 『日本近代敎育百年史』 제3권, p.577 이하 참조.

하여 간섭하고 어린이의 권리를 보호"할 필요가 있었다. 다시 말하면 개인의 이익, 어린이의 '권리'를 위해 국가가 간섭하고 개입한다는 논리가 전개된 것이다. 신지식 습득을 무엇보다도 우선시켰기에 학생의 자주성 개발은 당연히 뒷전으로 내밀렸고, 일상생활로부터 유리된 지식을 억지로 주입하는 형태의 교육이 주류가 되면서 교실 관리가 정밀해지는 결과를 초래하였다. 이에 따라 1880년대 후반부터는 교직원·학생의 감독자로서 '학교장(學校長)'을 두는 일이 제도화되었다.

게다가 열강에 대항하여 '국가 부강'의 기초를 다지기 위해서 학교 교육과 군사 훈련을 연계시키는 사업도 추진되었다. 1886년 모리 아리노리 문부대신의 지시로 새롭게 편성된 사범학교에서는 기숙사의 병영식 생활규제와 병식 체조·훈련이 도입되었고, 졸업생들은 그들이 경험한 대로 각지의 초등학교에 준군사적인 집단행동훈련을 보급하였다. "체조는 유년기 아동에게는 유희, 좀더 자란 아동에게는 가벼운 체조, 사내아이에게는 대열 운동을 덧붙인다"(小學校ノ學科及其程度, 1886)라고 규정하였으며, 한편으로 "체조는 신체 성장을 균일하게 함으로써 건강한 몸을 만들고 마음을 쾌활하게 함으로써 강건한 정신을 갖게 하며, 아울러 규율을 지키는 습관을 배양한다"(小學校則大綱, 1891)라 하기도 했다. 그 사이 1889년 개정된 징병령에 의해 사범학교 졸업생으로 관공립 초등학교의 교직에 몸담은 자는 6주간의 육군 현역복무를 마친 후 각지의 초등학교로 돌아가서 '군인정신'을 국민교육에 이식시키도록 의무화하는 제도가 도입되었다.

이 체조 교육의 경우에도 구미 모델을 수입하는 과정에서 특별한 취사선택이 행해졌다. 1879년 모리 아리노리는 도쿄학사회(東京學士會)에서 「교육론—신체의 능력」이란 제목으로 강연했는데,[36] 그 속에서 모리는 '지식·덕의(德義)·신체' 세 능력 가운데 당시 일본인에게 가장 부족한 점은 체력이라 하여 그 원인을 풍토·의식주 습관·종교 등에서 구했다. 예를 들어 비옥한 토양과 온난한 기후는 근력 소비의 필요성이나 신체 운동이 가져다주는 쾌락을 느끼지 못하게 하며, 채식 편중, 다다미 위의 좌식 생활, 화복(和服: 전통 일본식 의상)은 "신체 운동이 자유롭지 못하고", "나태한 악습을 불러온다"라고 하였다. 이러한 제 요소에 대항하여 체력을 키우려면 스위스나 그 밖의 나라가 운영하고 있는 '군대식(兵式) 학교' 제도를 참고삼아 "강력한 군대식 체조를 도입해서 널리 이를 행하게 하는 것이 가장 바람직하다"라고 주장했다. 모리는 이때 '군대식'을 취하는 이유는 '군무(軍務)를 위해서'가 아니라 오직 신체 교육을 위함이라고 했는데, 당시 학사회 회원 중에는 보다 적극적으로 교련을 학교 체육과 결합시켜야 한다는 자와 '군대식'에 반대하는 자로 의견이 나뉘기도 했다. 그 후 '개인'의 체력을 함

36) 大久保利謙 編, 『森有禮全集』(宣文堂書店) 제1권, pp.325~329. 또한 園田英弘, 『西洋化の構造』(思文閣出版, 1993), p.213 이하에 모리 아리노리의 서양화 논리에 관한 면밀한 분석이 보인다.

양해야 한다는 사고는 모리 자신에게서도 후퇴하였고, '국가'를 위한 단련 중심으로 여론이 기울어졌다. "기질을 단련함은 오로지 착실한 인심과 순후한 풍속을 위한 일"이며, "개개인의 체구를 강건히 유지하는 것은 바로 나라 전체의 부강을 위한 큰 기초로서 대체로 사람의 행복은 이로부터 시작된다. 신체가 강건하면 정신 또한 저절로 발달하여 태만하지 않는다. 신체 단련은 기질 단련을 위해서 불가결하다"(學政片言, 1882). 이것이 후일 집단 내의 충성 및 복종정신 함양을 목적으로 군대식 체조를 학교 교육에 도입하게 되는 논리인 것이다.

위의 문제와 관련하여 'discipline' 혹은 'Zucht'의 번역어로서 '훈육' '훈련'이란 용어가 1890년대부터 학교 교육의 이념으로 대두한 점도 주목된다. 그 내용은 학교생활 전반에 걸친 규율 교육, 의식에의 참가 등을 통하여 애국·애교심, 의무·인내·근면 등 덕성을 함양하는 것이며, '학교 관리'의 일환으로서 실천적인 도덕교육을 행하는 일이었다.[37]

규율 교육의 실효성을 향상시키기 위해 '체벌'의 유효성도 제기되었다. 체벌은 1879년 「교육령」 제46조 이래 법령상으로는 금지되었지만 실제로는 뿌리 깊게 지속되었다. 금지 규정의 기원에 관해 이를 메이지 이전의 교육사상에서 구하는 견해가 있다.[38] 하지

---

37) 앞의 책 『日本近代敎育百年史』 제4권, p.215 이하, p.982 이하 참조.
38) 江森, 앞의 책 『體罰の社會史』, p.238 이하.

만 그뿐만은 아니다. 앞서 든『이사공정』에서는「워싱턴공학 규칙」제19조 "각 교관은 학생을 온화하게 교도하고 가능한 한 구타와 같은 엄벌을 가하지 않으면서 학생을 유순하게 만드는 것이 좋다", 또는 1855년 프랑스「공립 유치학교 내규(公立幼稚學校內ノ規則)」중「소아(小兒) 주의사항」제7장의 "결코 소아를 구타하지 말고 늘 온화함으로 대해야 한다"라는 내용을 소개하였는데,[39] 이것들이 참고가 되었을 가능성이 높다. 원로원(元老院)이「교육령」을 축조 심의할 때『이사공정』의 저자 다나카 후지마로(田中不二麻呂, 1845~1909)가 출석하여 "원어 'corporeal punishment'를 '체벌'로 번역했다"[40] 라고 답변한 점으로 보아서도 이를 충분히 짐작할 수 있다.

한편 학교의 위생제도는 독일에서 수입된 것으로, 독일의 경우는 학교 교육이 아동 건강에 미치는 피해를 정부가 보상하기 위해 교의(校醫)를 중심으로 한 위생제도가 실시되고 있었다. 그래서 일본에서도 1887년「학교청결법」을 제정하고 이듬해부터는 공립학교에 교의를 두었다. 그러나 당시 일본으로서는 실제로 학교가 비

---

39) 앞의 책『理事功程』, 복각판 p.35, p.185.

40) 明治法制經濟史研究所 編,『元老院會議筆記』(元老院會議筆記刊行會, 1963) 前期 제6권, p.160.; 寺崎弘昭・金子淑子,「日本における學校體罰禁止法制の歷史」(牧柾名 외 編,『懲罰・體罰の法制と實態』, 學陽書房, 1992); 中內敏夫,「「愛の鞭」の心性史―教育文化史序說」(中內 외 編著,『社會規範―タブーと褒賞』,『叢書 産む・育てる・教える―匿名の教育史』5, 藤原書店, 1955), 참조.

위생적인 환경이라는 사실을 인식해서 세운 대책이 아니었으며, 그저 예방적인 위생관리 정책에 불과했다. 게다가 교의제도를 보건교육과 연계시키지도 않았으므로 말하자면 외부로부터 반 강제된 위생질서에 지나지 않았다.[41]

(4) 노무관리

R. P. 도어(Dore)는 1970년대 초 영국과 일본의 노사관계에 대한 차이점을 분석하여 다음과 같은 특징을 들었다.[42]

(1) 영국의 경우 공장의 간부직원과 일반 노동자 사이에는 급여 · 식당 · 의복 · 가정환경 등이 명확히 구분된 '계급제도'가 있는데 일본의 공장은 계층간 격차가 상대적으로 적고 세분화 · 다원화되어 차이가 별로 두드러지지 않는다.

(2) 영국의 노사관계는 '계급' 차이를 전제로 한 대립 · 대항 관계가 일반적인데 일본의 경우는 회사의 일원으로서 상호 일체감이

---

41) 小倉學,「學校經營と子どもの身體」(앞의 책『岩波講座 現代教育學 5』), pp.124~126.

42) R. P. Dore,『イギリスの工場 · 日本の工場—勞使關係の比較社會學』上(山之內靖 · 永易浩一 일역, ちくま學藝文庫, 1993) 제9장. 원저는 1973년 발간. 문고판에는 저자 후기(一九九0年版へのあとがき)로 최근 영일 양국의 노사관계 변화에 대해 서술하고 있다.

강하고 협조 · 합의 관계가 기본을 이룬다.

(3) 일본 공장의 관리조직은 반(班) · 과(課) · 부(部)라는 피라미드형 구조를 취하는데 이는 관청조직이나 소대 · 중대 · 대대로 분할된 군대조직과 비슷하다. 세부적인 규칙과 기록을 토대로 작업을 진척시키는 관료적 방식이 철저히 적용되며 신규 임용자에 대한 훈련도 지식이 편중되기 쉽다. 이에 반해 영국은 규칙과 수속이 그다지 자세하지 않으며 지시도 구두로 끝나는 경우가 많고 작업조직은 직능별로 나뉜다.

(4) 영국의 작업반장(職長)은 작업 순서를 미리 정해서 진척 상황을 감독하고 직무 명령을 내리며 필요할 때는 처벌을 가하는 등의 제한된 역할만 수행한다. 그런데 일본의 작업반장은 군대 하사관과 비슷한 역할을 담당하여 안전하고 규율적인 직장의 유지 · 관리에 힘써서 무한정의 일을 수행할 뿐 아니라, 종업원의 사생활에 대해서도 신경을 곤두세워 집단적인 일체감을 유지하고자 한다. 또한 영국의 경우 규율 위반은 벌칙으로 처리되지만 일본에서는 정도(正道)로 돌아가라는 설교만으로 처벌을 대신하는 일이 적지 않다.

(5) 영국의 공장은 노동자 개인과 회사의 계약관계가 기본이므로 사복을 착용하고 개인 소유의 도구로 작업에 임하는 경우가 잦다. 이에 비해 일본은 노사가 가치관과 목표를 공유하는 유기적 공동체의 일원이라는 의식이 강하며 회사의 제복 · 공구를 사용하는 것이 당연시된다.

도어는 위와 같은 차이가 장차 양국의 산업구조 변화에도 불구하고 근본적으로는 바뀌지 않을 것이라고 하면서 그 원인을 역사적·문화적 측면에서 추구하였다. 특히 일본에 관해서는 자본주의가 뒤늦게 발달한 지역에서 나타나는 '후발 효과(late development effect)'를 중시했는데, 예컨대 메이지시대 일본에서는 경제와 기술의 후진성을 단기간에 극복하기 위해 국가가 지배적인 역할을 수행했다고 하였다. 그 구체적인 내용은 다음과 같다.

우선 국가가 앞장서서 선진국으로부터 기술자와 최신 기계를 수입하고 관영 공장을 창설하였다. 그 후 일정 기간 직공에 대한 기술 훈련을 사내에서 행한 후에 이를 유력한 민간기업에 불하했다. 처음부터 장기고용정책에 바탕을 둔 안정된 관료적 기구가 경영을 지배하였기에 연공서열·종신 고용·기업 내 복지라는 특수한 노사관계가 정착하기 쉬웠다. 이는 특히 기술 수입을 서구에 전면적으로 의존한 섬유·기계·조선·병기(兵器) 등의 공장에서 현저히 나타났다. 영국처럼 노동자가 직능별로 조합을 조직하여 지역 시장의 임금 동향에 따라 자유롭게 고용관계를 갱신하는 '시장지향형'과는 달리 '조직지향형'으로 불리는 이 후발국형은 유럽에서도 독일 같은 곳에서 찾아볼 수 있다. 그러나 일본의 경우는 전통 조직이나 유교적인 가치관의 영향이 강한 까닭에 독일에 비해서도 '집단 지향'과 '도덕주의'적 경향이 현저했다. 한 예로서 요코스카(橫須賀)조선소의 경우, 애당초 프랑스인 기사에게서 서양식 관리 모델을 수입했으나 초기의 고용 외국인들이 하나 둘 귀국한 뒤에는 노무관리가 오히려 강화되었다. 문서화된 대단히 자세한 규칙 · 기록에 의거한 군대식 행동 규제, 작업반장(職長)을 중심으로 조직된 작업반 단위로 일하고 반원의 규칙 위반에 따른 책임을 반 단위로 지는 집단책임체제가 그 좋은 예이다.

그런데 도어는 이와 같은 '집단지향'의 기원이 "메이지 이전까지의 2세기 반 동안 형성되어 극도로 세련된 봉건적 관료주의의 전통"에 기인한다고 보았다.[43] 하지만 메이지시대 일본에서 소위 '후발 효과'를 촉진한 요인이 정부에 의한 생산과정의 군대적 편성에 있다 하더라도 그 기원을 과연 에도시대의 '봉건적 관료주의'로부터 찾는 것이 타당할까? 가령 에도시대에 형성된 '전통 모델'이라 해도 그중 어떤 점이 '봉건적'인 것일까? '장유유서(長幼有序)'와 같은 유교적 가치관이 도어가 생각하는 만큼 큰 영향을 미쳤을까? 또한 도어가 "일본이 독특한 점은 대개의 서구 각국에서 군대나 관청에만 어울리는 것으로 인식되던 조직 형태를 산업에도 적용했다는 점이다"[44]라고 언급하며 들었던 특징들 즉, 중앙집권적인 인사 관리, 조직간 이동의 어려움, 연공서열, 가족주의, 조직에 대한 절대적 복종과 헌신 등을 비롯하여 이 밖에 도어가 '관료제'적이라고 평가한 형식주의 · 문서주의 등은 어떠한 기원에서 발생한 것일까?

이 책의 「제1부 2.시간」에서 논한 대로 메이지 초기 각종 공장의

43) 앞의 책 下, p.136.
44) 앞의 책 上, p.458.

작업규칙은 조선·제철·포병 공작창 등 수입기술에 기반을 둔 관영 기계제 대공장으로부터 보급되기 시작했다. 그 모델은 길게 보아도 막부 말기에 네덜란드인과 프랑스인 기사들이 남긴 것들에서 유래를 찾을 수 있다.[45] 특히 임금 시불제(時拂制)에 바탕을 둔 취업시간 엄수, 지각·무단 퇴근·결근의 금지와 처벌규정 같은 노동 시간에 대한 규율은 에도시대 일본인에게는 거의 생소한 것들이었다. 에도시대의 경우를 청부받은 작업의 순서나 도구 사용법 등은 직인 개개인의 솜씨와 재량에 맡겨졌기 때문이다. 물론 근세사회에서도 희미하게나마 그 맹아가 싹트고 있었던 점은 다음 장 이하에서 보는 대로이다. 또한 기계제 공장의 경우 공장 내 무단 출입금지·기계 및 장내의 청결·금연 등과 같은 공간 관리규칙이나 기계 기구 및 제품의 훼손·싸움·언쟁·잡담을 금지하는 등의 직공 행동에 대한 규제는 생산 효율을 높일 필요성 때문에 서양인 기사에게서 습득한 것이겠지만,[46] 이 또한 국내에 전혀 기원이 없는 것은 아니었다.

도어도 언급한 바와 같이 외국인 고문이 귀국한 후에 강화된 노

---

45) 中西洋, 『日本近代化の基礎過程』上(東京大學出版會, 1983), p.137 이하.

46) 間宏, 『日本勞務管理史研究』(ダイヤモンド社, 1964)는 이러한 공간 규율 등을 내포한 1875년의 「抄紙會社職工取締規則」(pp.131~132)과 「製紙造器械場規則」(p.135)을 소개하였는데 그 모델에 관해서는 전혀 언급하지 않았다. 그러나 일요일 휴가규정을 비롯하여 서양 기원이 분명한 조항도 보이므로 규칙의 대부분은 수입된 것으로 보인다.

무관리는 어떤 형태로든 전통 모델을 거의 무의식적으로 원용한 것이었다. 결국은 그 모델이 무엇에서 유래했느냐가 문제인 것이다.

(5) 전망

이렇게 군대 · 경찰 · 학교 · 공장에 관한 검토를 종합해 볼 때, 메이지시대 사회질서의 새로운 틀로서 선택된 것이 전체적으로 국가통제형의 '서양' 모델이란 점은 부정하기 어렵다. 자치적이며 내발적(內發的)인 질서 형성을 기다릴 시간적인 여유 없이 관료가 질서의 교사로서 모든 공공의 공간을 학교로 삼지 않을 수 없었고, 한편으로는 예상되는 질서파괴 행위에 대해 예방적 조치를 취하는 보호자의 자격으로 민중을 싸안은 것이다. 따라서 처음부터 내재적으로 가꿔 온 것이 아니었기에 행동의 규율화 · 표준화는 본래의 모델 이상으로 강화될 수밖에 없었다.

프랑스에서 17, 8세기에 전개된 '문명화 과정'은 특권계급에서부터 일반 대중을 향해 서서히 확산되었으나 결과적으로 습속(習俗)의 균질화가 진행된 것은 아니라고 말할 수 있다. 상층 계급이 자신들을 하층 계급과 구별짓기 위한 새로운 '문화적 세련'을 끊임없이 추구했기 때문에 도리어 계급의식이 고조되고, 그 결과 야기된 엄청난 상하의 단층이 대혁명을 불러왔다는 것이다. 그러므로 "습속의 문명화는 차별화를 지향할 뿐 균질화를 도모하는 것이 아니다"라고들 말한다.[47] 이에 따르면 근대인이란 '문명화의 과정'을 통해 형성된 "복수(複數)의 사회로 구성된 복합체"이지 '균질한 덩어리'가 아니다. 서구가 '문명화'를 받아들 후 이 같은 역동적인 사회적 차별화가 야기된 것은 일본과 비교하면 대조적인 일이다. 일본의 경우는 새로이 제시된 사회질서를 따르는 사람들이 '중등사회(中等社會)'를 구성하고 그 후 '개화'를 담당하는 중핵 계층이 되었다. 문명개화는 이전의 사농공상에 관계없이 진행되었으며 차별의 경계선은 주로 새롭게 구성된 '중등사회'와 '하등사회' 사이에 그어졌음에 불과하다. 전통 모델은 이러한 특징적인 새 질서 형성의 역사적 전제로서 어느 정도 기능할 수 있었을까?

마지막으로 본고에서는 주로 기능집단에 나타난 사회질서상의 형성과정을 집단별로 검토하는 데 역점을 두었으므로 '서양' 모델의 배경을 이루는 계몽사상 그 자체의 영향에 관해서는 직접적인 언급을 피하였다. 일본에서도 『자서전』, 『자조론(自助論)』 같은 벤자민 프랭클린과 사무엘 스마일스의 저술이 신속히 번역되어 통속적 공리주의를 비롯한 자주·독립·근면·절약 등의 덕목이 보급되었다. 이러한 것들이 '근대적' 사회질서의 수용과 어떻게 연관되는가에 관해서는 따로 논할 필요가 있다.[48]

---

47) R. Muchembled, 『近代人の誕生—フランス民衆社會と習俗の文明化』(石井洋二郎 일역, 筑摩書房, 1992).

48) 松澤弘陽, 『近代日本の形成と西洋經驗』 제IV장(岩波書店, 1993), 平川祐弘.

2. 무가사회의 범절과 규율

'근대문명' 모델을 수용하기 위한 전제 조건으로서 전(前)근대
에 성립한 행동규범에 주목할 필요가 있다. 17, 8세기 유럽 각국에
서는 절대왕정 치하에 성립한 '궁정사회(宮廷社會)'의 예의범절이
사람들의 행동양식과 사고 패턴을 '문명화' 쪽으로 유도했다고 한
다.[49] 그렇다면 같은 시대 극동에서 성립한 막번체제 하 무가(武家)
의 '궁정사회'는 어떠한 예의 범절과 규율로써 무사들을 이끈 것
일까? 전투 기술에 의한 승부를 최고의 가치로 삼던 무사가 평상시
관료나 조정 신하 내지는 고위 신분으로서 체득한 혹은 체득이 기
대된 행동규범에는 어떠한 코스모스의 이미지가 숨겨져 있는 것일
까? 무가 의례서(儀禮書)·가훈·교훈서·규칙류 등을 주 자료로
삼아 검토해 보도록 하자.

『進步がまだ希望であった頃 —フランクリンと福澤諭吉』(講談社學術文庫,
    1990) 참고.
49) N. Elias, 『宮廷社會』(波田節夫 외 일역, 法政大學出版部, 1981).

(1) 치세(治世)의 무사와 예의범절

'난세(亂世)의 무사'와는 확연히 구분되는 '치세(治世)의 무사'
가 지녀야 할 행동규범에 관해 논한 에도시대의 교훈서 가운데 가
장 널리 보급된 것은 다이도지 유잔(大道寺友山, 1639~1730. 유학
자)의 『무도초심집』(武道初心集)이다. 이 속에서 저자는 '무사도'를
이법사단(二法四段)으로 분류하고 있다. 이법이란 평시의 '상법(常
法)'과 전시의 '변법(變法)'을 말하는데, '상법'은 또다시 일상 행
동거지(行往坐臥)에 관한 '사법(士法)'과 궁마(弓馬) 등의 무예에 관
한 '병법'으로 구분되었다.[50] 유잔은 주로 전자인 '사법'에 비중을
두었으며, 그 내용은 무사의 일거수일투족에 대한 세밀한 규범이
아니라 효행 · 의와 불의(義不義) · 염치 · 검약과 같은 기초적인 윤
리 수칙과, 친구의 선택 · 상담 방법 · 욕설 금지 같은 교제법, 주군
에 대한 예경(禮敬)과 나태함에 대한 경계 등을 다룬 봉공법(奉公
法), 그리고 가학(歌學: 歌는 시가) · 다도 같은 학문 기예의 소양이
중심이었다.

이것들을 통해 유잔이 지향한 바는 같은 책 서두의 너무나 유명

---

50) 『武道初心集』(岩波文庫), p.40 이하. 이 책은 에도시대 당대에는 원본(의 사
   본)에서 일부를 삭제 편집한 松代版(1834년 간행된 목판본)이 보급되었으
   며, 메이지 이후에도 군인 교육을 위한 참고서로 자주 간행되었다. 『國書總
   目錄』에 따르면 武士道全集 · 叢書 등에 수록되었고 「偕行社記事」의 부록
   으로 나온 외에도 1943, 1944년에는 단행본으로 3책이 출판되었다.

한 구절로 잘 알려져 있다. "모름지기 무사는 정월 초하룻날 아침에 설을 축하하며 조니(雜煮)[51]의 수저를 들 때부터 그 해 섣달 그믐날 한밤에 이르기까지 날이면 날마다 주야로 늘 죽음을 심중에 새기는 것을 가장 중요한 마음가짐으로 삼는다." 그러나 유잔이 "항상 죽음을 기억하라"고 한 것은 승려처럼 세속을 초월한 생활이나 죽음을 각오하고 오직 충효의 길에만 전념한다는 의미가 아니었다. "죽음을 늘 마음에 아로새기면 충효 두 가지 길이 저절로 열리고 오만가지 나쁜 일과 재난을 피할 수 있으며, 그 몸이 무병무탈하여 장수를 누리게 된다. 또 성품이 좋아져서 덕을 많이 쌓는다." 즉, 무사로서의 신분윤리이자 직업윤리인 죽음을 통한 '충효'의 실천 그 자체보다는, 그러한 마음이 가져다주는 '무병·무탈' '수명 장구' 등 일상적인 이익에 그의 주된 관심사가 있었던 것이다. "죽음을 늘 마음에 새기면 … 탐욕스러운 마음이 저절로 엷어지고 욕망이나 집착 같은 더러운 마음도 없어지는 이치"이다. 항상 이미 죽은 몸처럼 욕망과 집착을 없애는 일은 승려의 수행과도 비슷하지만 그 목적은 심신을 내던져서 대오(大悟)를 얻자는 게 아니라 결국은 주군을 모시는 시간을 보다 길게 늘리기 위한 현세적인 무사(無事)와 장명(長命)이다.

전란 이후 도래한 오랜 태평시대에 영주의 성(城)과 에도 저택(藩邸)에서 주로 근무하고 성 아래 쪽에 형성된 성하정(城下町)이란

---

51) 설날 먹는 일본식 떡국.

도시에서 일상생활을 영위한 무사들의 행동 규율은 점차 도시적 세련을 지향하게 되었다. "조석으로 손발을 씻고 더운 물로 목욕하여 몸을 청결히 한다. 매일 이른 아침에 두발을 묶고 때로 앞머리를 밀며 절기에 맞추어 예복을 갈아입는다." 근무 시간에 늦지 않도록 하고 고함·욕설·험담·불평불만 또는 "쓸모없는 말을 삼가며", '싸움과 논쟁'을 피한다. 전장(戰場)에서 요구되는 힘과 전술보다는 읽기·쓰기는 물론이고 고전에 관한 지식이나 근무에 필요한 선례 같은 지력(知力)의 함양을 중시하였다.

하지만 '문명화'의 진전 속에서 도시 소비자로서의 욕망이 지나치게 고조되는 일을 막기 위해서는 '무사의 고풍(古風)'을 끊임없이 참조해야만 했다. 평범한 일상 가운데에서도 "하루 종일 승부의 정신을 잊지 않도록" 병장기 손질을 게을리 하지 않으며 가옥과 가구는 늘 검소해야만 했다. 그리고 그런 것들을 통해 도시 공간을 공유하는 서민 대중과 신분차가 있다는 의식을 높이고자 하였다.

이와 같은 무사의 자기 규율은 『무도초심집』의 저자에게만 국한된 것이 아니며 에도시대 무가사회의 일반적인 경향이었다. 에도시대 이전까지 거슬러 올라가서 그 계보를 탐색하고 보다 면밀히 검토해 보면 서유럽과는 이질적인 일본적 '궁정사회'의 특색이 드러날 것이다.

(2) 공가(公家) 의례와 무가(武家) 의례

무사의 일상생활을 지배한 규범은 대체로 고대부터 공가(公家: 조정 귀족)가 전승해 온 예법을 이어받은 것이다. 성인식(元服)·결혼식 등의 통과의례, 빈객에 대한 향응 방식, 궁마 의례, 서장(書狀) 작성법, 가도(歌道) 등이 특히 그러했다. 공가사회의 기준에 맞추어 처신하지 못하는 자는 '무골(無骨)'이라고 멸시 당했기 때문에 정권을 획득한 연후에는 공가 의례의 요체를 체득하는 일이 급선무였다.

공가 의례는 분명히 『예기』(禮記)·『주례』(周禮)·『의례』(儀禮) 등 중국 예법서의 영향을 받았다. 중국의 예법은 원래 법률·정치·도덕·제사·의례·역술 등을 포괄하는 종합적인 규범이며, 그 기본 원리로부터 일상생활의 세부적인 규칙에 이르기까지 극히 체계적인 내용으로 구축되어 있다. 예컨대 정치 및 도덕의 이념에 관해 고도로 추상적인 논의를 전개한 『대학』·『중용』이 송대에 주자에 의해 분리되기 전까지는 『예기』의 일부에 지나지 않았던 사실을 상기하는 일만으로도 이를 쉽게 이해할 수 있다.

하지만 일본의 귀족들이 주로 관심을 가진 것은 오로지 연중행사와 임시로 행하는 제사의 범절, 의복·제기(祭器) 등 실생활에 관련된 세칙과 전례(前例) 따위였다. 예악(禮樂)의 이론과 체계 등에 대해서는 후일 유학의 일환으로서 본격적인 연구가 이루어지기까지 관심을 두지 않았고, 제사와 각종 행사 이외에 일상적인 귀족의 행동규범에 관해서도 이를테면 『예기』곡례편(曲禮篇)과 같은 상세한 규정은 없었다.

옛 법령·의식·복장 등을 기록한 문헌 가운데 미나모토노 다카아키라(源高明)[52]의 『사이큐키』(西宮記), 후지와라노 긴토(藤原公任)[53]의 『호쿠잔쇼』(北山抄) 등은 의례의 시간·공간에 대한 세부적인 전례를 모은 것으로 귀족의 일상 범절에 관해서는 전혀 다루지 않았다. 10세기 중엽 후지와라노 모로스케(藤原師輔)[54]의 「구조도노유이카이(九條殿遺誡)」[55]에서는 하루 중 "아침과 저녁은 평소처럼 많이 먹지 마라. … 또 시각이 되기 전에 먹어서는 안 된다", "불가피한 일이 아니면 공무가 아닌 사적으로는 다른 곳에 가지 말아야 한다. 또 함부로 여러 사람과 언약을 맺지 마라", "내 몸이 부유하거나 가난하다는 것을 다른 이에게 말하지 마라. 대개 자신이나 집안 일에 관해서는 쉽사리 말하는 법이 아니다", "크게 노하지 않아야 한다. 남에게 화가 날 때는 마음으로 분노하더라도 입밖에 내어선 안 된다"와 같은 훈계가 보인다. 이것들은 『논어』·『시경』 등의 문헌이나 전해 내려온 구전 가운데서 단편적으로 수집한 것일 뿐 체계적으로 정리된 규범집이라고는 할 수 없다.

『예기』 곡례편에 기록된 궁정 범절의 세칙은 공가사회보다도

---

52) 914~983. 헤이안시대 중기의 조정 공경.

53) 966~1041. 같은 시대의 학자, 조정 공경

54) 908~960. 같은 시대의 조정 공경.

55) 이하 본문의 인용은 岩波 『日本思想史大系 8 古代政治社會思想』에 수록된 「九條右丞相遺誡」에 의거함.

에도시대 무가사회에 보다 널리 수용되었다. 일상적인 사회질서가 우선하는 시대로 바뀌면서 무가가 공가화(公家化)했다고 말할 수도 있겠으나, 전국시대 무사들의 야성적인 행동을 교정할 필요성으로 인해 '궁정사회'의 행동양식을 인위적으로 철저히 확산시켰다고 보는 편이 타당할 것이다. 무로마치(室町)시대의 무가사회에서도 의례·예법이 어느 정도 발달하지 않은 것은 아니었다. 당시 막부는 '예치(禮治)'를 이상으로 삼아 공가의 오랜 의례 전범을 존중하고 거기에 새로운 내용을 첨가함으로써 무가적인 예법을 형성했다고 평가되기도 한다.[56] 그러나 내용은 주로 성인식 같은 통과의례나 천황 행차와 사찰·신사 참배에 관한 의례, 서장 형식 등을 규정한 서찰례(書札禮) 따위에 국한되었다.

공가와 무가의 규범을 결정적으로 구분 지은 점은 바로 시간의식이다. 예를 들어 공가 의례에 관한 텍스트의 전형이라 할 수 있는 「구조도노유이카이」에 의하면 귀족의 하루는 다음과 같이 규정되었다. "일어나면 먼저 속성(屬星: 자신의 생년에 해당하는 별)의 이름을 일곱 번 읊조린다. 이어서 거울로 얼굴을 비춰보고 역(曆)을 따져서 그날의 길흉을 판단한다. 양치질을 하고 서쪽을 향해 손을 씻는다. 다음으로 부처의 이름을 읊고 평소 존중하는 신사를 마음에 새긴 후에 어제 일을 기록하라". 그날 무엇을 할 수 있고 무엇을 피해야 할지는 음양도(陰陽道: 음양오행설에 기초한 고대 이후 일본의

---

56) 藤直幹, 『中世文化硏究』(1949), p.83이하 참조.

역술)에 따라 결정하며 행동 기록은 빠짐없이 일기로 작성하여 선례로서 축적되었다. 머리를 감고 손톱을 자르며 목욕하는 일에서부터 하루 · 한 달 · 일년 행사를 모두 구쮸레키(具注曆: 고대 이후 사용된 역본 겸 일기)에 맞추어 행하였다. 이는 농어민 · 산사람(山人) 같은 생산자가 생활을 영위하는 시간이나 자연의 운행에 따라 순환하는 시간이 아니라 귀족사회라는 곳에서 인위적으로 운행되는 시간이다. 말하자면 일상적인 시간과 질적으로 다른 시간이 서로 병렬한 채로 천천히 영원토록 순환하는 셈이었다. 그러나 아직 후대의 도시사회처럼 기계 시계가 새기는 양적인 시간만이 의미를 갖는 균질화된 시간 감각은 존재하지 않았다.

한편으로 무가의 일상은 아무리 태평시대라 해도 "내일을 알 수 없는 운명"이었기에 '방심 없이' 항상 긴장감을 잃지 않는 각오로 지내야만 했다. 물론 무사안일한 생활이 일상화하면서 대부분의 무사들에게는 삶의 종말로부터 시간을 의식하는 마음이 엷어졌다. 오규 소라이(荻生徂來, 1666~1728: 에도시대 중기의 대표적인 유학자)의 말처럼 "어느 때부터인지 성하정에 모여 산 까닭에 무사가 모두 공가와 같이 되어"버린 것이다(徂來先生問答書 中). "주군 앞으로 나아가 명령을 받들 때나 부모의 존안을 우러를 때나 늘 지금이 마지막이라는 자세로 주군과 부모에게 진실한 마음을 다해야만 한다"(무도초심집), "바로 지금 갖는 일념밖에는 없다. 그 일념 일념이 겹쳐져서 일생이 된다"(葉隱 2의 7)와 같이 특정인에 대한 충효로 집약된 일상을 규율하는 것은 '그 때'와 '그 날'만으로 응축된 시간감각밖에는 없었다. 그리고 이 점에 관한 한 무가의 생활 규율은 나중에 다룰 선가(禪家)의 생활 규율과 공통의 기반 위에 있었다.

무가사회에 전래하는 규범서·교훈서의 작자나 전승자가 선종의 행동 규율에 얼마 만큼 친화감을 느끼고 있었는지는 분명치 않다. 유잔은 단 한 차례 무가와 선가를 비교한 적이 있는데, 선승(禪僧)은 평승(平僧) 때부터 여러 산을 편력하며 참선을 쌓아서 본산주지가 될 때를 대비한다, 그런데 태평시대의 무사는 아직 관직에 나가지 않는 동안에 학문을 수행하여 장차 공무를 돌볼 준비를 전혀 하지 않으니 불문에 비해 훨씬 뒤진다라고 하였다. 그는 이 경우 오직 학문에 관해 언급하였을 뿐 일상 생활규범에 관해서는 아무 말도 하지 않았다. 하지만 무가와 선가 두 사회를 비교한 점으로 보아 분명히 선가를 하나의 모델로 인식한 듯하다.

(3) 사도(士道)와 무사도

무가에는 종종 가훈서 같은 것이 남아 있고 그중에는 '봉공궁사(奉公宮仕: 주군을 위한 복무)'를 중심으로 무사의 일상 규범에 관해 자세히 서술한 것도 있다. 한 예로서 가마쿠라시대 중기의 무장 호조 시게토키(北條重時, 1198~1261)가 남긴 가훈에는[57] 과민하다고

57) 岩波『日本思想大系 21 中世政治社會思想 上』에 수록.

여겨질 정도로 '남의 눈(人目)', '남의 귀(人聞)', '신분 지위'를 의식한 문구가 가득하다.

"아무리 이득이 클지라도 세간의 소문을 나쁘게 할 만한 일은 천백(千百)의 이윤을 버려서도 소문이 좋은 쪽을 택해야 한다"(六波羅殿御家訓). 가훈은 이 원칙에 입각해서 남 앞에서의 몸가짐·말투·착석 방법·식사 범절 등에 관해 규정하였다. 만년에 그가 출가한 후에 쓴 또 다른 가훈(極樂寺殿消息)에서는 "사람의 가슴에는 연꽃이 있고 그 위에 부처가 계신다. 따라서 아침에는 손발을 씻고 마음을 깨끗이 하여 부처를 염불해야 한다"라는 식으로 불교 수행자로서의 규율을 강조하였지만 일평생 그는 신분제사회를 살아가기에 알맞은 겸양과 타인에 대한 배려, 또 감정의 억제를 주장한 사람이었다. "모든 이를 부드럽게 대하여 좋은 사람으로 인정받고 언제나 웃는 얼굴로 화낸 표정을 보이지 말아야 한다"(六波羅殿御家訓).

그러나 전국시대에 전투자로서의 합리성을 관철하기 위해서는 때로 공가적인 의례의 세계를 부정하지 않을 수 없었다. "전투의 승리나 성책(城柵)을 취하기 위해서는 길일(吉日)과 방향을 가림으로써 시기를 놓치는 일이 없어야 한다. 아무리 길일이라 해도 대풍(大風) 속에 배를 출범시키거나 적의 기세가 맹렬한데 열세로 대항해서는 아니 된다. 또 악일(惡日)·악방(惡方)이라 해도 이를 잘 헤아려 여러 신(神) 중에서 특히 하치만(八幡: 활과 화살을 관장하는 신)·마리시텐(摩利支天: 무사의 호신과 승리를 관장하는 본존불)에게 지성껏 제사 올리고 군사를 잘 격려하면 승리를 거둘 수 있다"(朝倉英林壁書).[58] 전장에서는 날짜와 방향의 길흉보다는 당일 날씨나 피아의 병력 분석을 중시하지 않을 수 없었다. 또 한편으로는 인지(人智)를 넘어선 초월적인 힘에 의존하지 않을 수 없었으므로 특정한 신에게 귀의함으로써 전사로서 판단의 자유와 합리적 행위를 이끌어내고자 했다.

호조 소운(北條早雲)[59]의 가훈에도 "신을 경배하는 일은 평소의 심신 수행과 다르지 않다. 오로지 마음을 바르고 부드럽게 가지고 매사에 정직·공정하여 … 비록 기도하지 않아도 이런 마음을 지니면 천지신명의 가호가 있을 것이다"(早雲寺殿二十一箇條)[60]라 하여 불신(佛神)에 대한 신심을 권유하였다. 그러한 바탕 위에서 일상생활범절에 관해서는 '어지러운 두발', '잡담과 헛웃음', '고함소리', '거짓말' 등을 금하고, 일찍 자고 일찍 일어나는 것은 열심히 출사(出仕)하기 위함이라 하여 주군의 명을 받들 때의 예절에 대해 논하였다. 또 "조금이라도 틈이 있으면 책을 읽고 늘 글을 품에 지녔다가 남의 눈이 없는 곳에서 읽도록 해야 한다. 잠자리에 들든 깨어 있든 간에 이에 익숙하지 않으면 글과 책을 잊게 된다"라 하여 학문이라기보다 식자(識字)의 필요성을 강조하였고, "저녁에는

---

58) 岩波, 앞의 책.
59) 1432~1519. 무로마치·전국시대의 무장으로 後北條氏의 시조.
60) 위의 책.

부엌·실내를 몸소 돌아보거나 아랫 것들에 명하여 불조심을 엄중히 하며,… 아랫사람에게 시키더라도 매사를 전부 맡기지 말고 스스로 일이 돌아가는 형편을 알아두어야 한다"라고 훈계하기도 했다. 일개 토호(土豪)에서 출발하여 고호조씨(後北條氏)라는 유력한 무사 가문을 일으킨 소운의 이러한 가훈 속에는 창설기의 소박하고 거칠면서도 섬세한 무가의 모습이 그대로 드러난다.

센고쿠다이묘(戰國大名)[61]의 세계에서는 공가의 범절을 가르치는 입장인 영주 자신도 스스로 그 범절의 지배를 받았고 영주의 거동에 이견이 있을 때는 아래로부터 이의를 제기하는 규정이 있었다(信玄家法 上).[62] 그렇게 하지 않으면 부하들의 충성을 지속적으로 이끌어낼 수 없는, 이른바 무가의 실력이 경합하던 시대였던 것이다.

이리하여 전국시대의 무가가 고대로부터 전승된 공가 의례에 더하여 새로이 '궁정사회'의 범절을 익히게 된 것은 에도시대 이후의 일이다. 성하정에 집단으로 거주한 무사들이 농공상 삼민(三民) 위에 군림하여 인륜의 모범과 인격적 권위에 의한 지배를 원활히 수행하기 위해서는 문인적 교양 특히, 유교의 예악을 중시하지 않을 수 없었다. 신분·가격(家格)이 점차 고정되면서 선례(先例)와

---

61) 무로마치막부의 영향에서 완전히 벗어나 직속 군단과 법률 제정 등을 통해 영국에 대한 독자적인 지배권을 행사한 전국시대의 영주.

62) 藤直幹, 앞의 책, p.199.

의례에 따라서 신분질서 그 자체를 유지하는 일이 무가의 목표가 된 것이다.

에도시대 무가사회의 규범을 가장 체계적으로 전개한 것은 야마가 소코(山鹿素行)[63]의 『야마가어류 사도』(山鹿語類 士道)[64]였다. 그는 "하나의 동작(一動)·한 순간의 정숙(一靜)·한마디 말(一語)·한때의 침묵(一默)에 모두 각각의 예절이 있다. 예절의 근본은 무불경(毋不敬) 석 자에 다 들어 있다"라고 하여 불교적인 '선(禪)' 대신에 '경(敬)'을 중시하였다. "바깥으로 드러나는 위엄을 바르게 갖추면 안의 덕도 바르게 된다"라 하여 사람의 외형을 규율함으로써 내덕(內德)을 쌓는 방법을 중시한 소코는, '보고 들음·말·용모', '음식·의복·집에 대한 욕심과 억제'에 관해 『예기』·『의례』·『논어』 등에서 세부 항목을 인용하며 동작의 형태와 계율을 미세한 부분까지 규정하였다. 신하·자식이 임금·어버이를 알현할 때는 상대의 얼굴보다 위쪽이나 허리띠보다 아래쪽으로 눈길을 보내서는 안 되고, 보고 들음에 있어서도 '엿듣기(側聽)'와 '음란한 눈길(淫視)'을 금하였다. 또 때와 장소, 상대에 따라서도 '말의 계율(言語之戒)'이 있었다. 평상시 말할 때는 낮은 목소리로 천천히 조용하게 이야기하며, "음식을 먹거나 잠자리에 들 때는 말을 삼가고", "남녀간의 정욕, 이해(利害) 다툼, 사치스럽고 분에 넘친 기

63) 1622~1685. 에도 전기의 유학자·병학자.
64) 岩波 『日本思想大系 32 山鹿素行』에 수록.

물·유흥에 대해서는 말하지 않는다" 등.

특히 '용모'에 대해서는 세부에 걸쳐 많은 것을 규정하였다. "먼저 얼굴을 반듯이 세워 몸가짐이 기울지 않아야 한다. 눈으로 보며 귀로 듣고 입으로 말하는 일이 모두 머리와 목의 바른 자세에서 나오는 법이다." 다리는 조용히 움직이되 임금·어버이·귀인 앞에서는 무릎을 꿇고 조심스럽게 나아가는 '슬행(膝行)'과 의관을 정제하여 공손히 앉는 '위자(危坐)'를 취하며 손발을 내보여서는 안 된다. '표정과 말투'는 때와 장소에 맞도록 바르게 해야 한다. 앉고 일어섬에도 원칙이 있다. "앉을 때에 키(곡식을 까부는 도구)가 벌어지듯이 손발을 드러내어 거두지 않으면 태만스럽게 보인다. 앉는 듯하다가 바로 일어서거나 서는 듯하다가 앉는 조급한 자세는 마음이 안정되지 않은 탓으로 대장부가 취할 자세가 아니다". "모든 행동거지는 우선 자세를 바르고 차분히 가지며 아랫배에 힘을 주고 어깨와 허리를 쭉 펴서 바르게 취해야 한다".

걷는 범절로는 "일어서서 좌석 주위를 걸을 때 반드시 앞을 주의 깊게 살펴서 다른 사람을 밟아 다치게 하는 일이 없어야 한다." "길을 갈 때는 … 먼저 다른 이에게 길을 양보하여 불편을 주지 말아야 한다". 또한 취침 및 기상법으로는 "일어나고 누움은 사지와 온몸의 마디마디를 굴신(屈伸)하는 일이다. 천지만물의 때를 깨닫고 일과 휴식으로써 그 법을 지켜야 한다. 그렇지 않으면 욕정이 이끄는 대로 필히 방만하고 나태함에 빠져 들며, 밤에 잠자는 법도가 쇠하여 밤으로 낮을 삼고 낮으로 밤을 삼는다. 이로써 정사(政

事)는 쇠퇴하고 몸도 건강을 잃게 된다." 소코는 이어서 문무의 기예(禮樂射御書數)에 관해서도 언급하였으나 여기서는 생략한다.

또 음식에 대한 범절로는, "그저 굶주림과 갈증을 면할 정도로만 먹는 것을 법도로 삼는다"를 대전제로 하여, 신분·연령·계절·지역·제사 및 향응의 장소에 따른 원칙과 조리법, 그리고 식탁 예절 등에 관해 논하였다. 예컨대 "진기한 음식이라 해서 함부로 먹지 말아야 한다. 진기한 것이란 제 철보다 이르게 나거나 이 나라의 물건이 아닌 것을 말한다. … 대체로 진기한 음식을 귀히 여김은 이 맛을 탐하는 까닭이다. 혹은 비위에 좋은 약이라거나 신수(腎水: 정액)를 늘린다거나 하여 이를 즐김은 대장부의 도리가 아니다. 평소 먹는 음식과 맛으로 몸을 건사하며 날것을 탐하지 않아야 한다"라고 하여 지나친 식욕이나 심지어는 육욕까지도 억제하고자 했다. 그리고 일상적인 식사에 대해서는 계절과 재료에 맞는 조리법을 알아야 한다고 강조했다.

『헤이케모노가타리』(平家物語)[65]에는 기소 요시나카(木曾義仲)[66]가 처음 만난 조정 고관에게 갑작스레 식사를 대접하는 장면이 나온다(제8권 「猫間」) "엄청나게 크고 깊은 시골 밥그릇에 밥을 고봉으로 담아서 반찬 세 가지에 버섯국과 함께 올렸다." 고관이 밥그릇의 '누추함'을 보고 먹기를 주저하자 요시나카는 '어서 들라'고

---

65) 불교적 무상관에 입각한 13세기 전반의 전쟁 소설.
66) 본명 源義仲. 1154~1184. 헤이안시대 후기의 무장.

자꾸 권했다고 한다. 공가(公家)의 입장에서 보면 궁마 실력만으로 높은 지위를 얻은 거칠고 천한 무사들의 이러한 식사 풍경은 아마도 전국시대 내내 거의 변하지 않은 듯이 비쳤을 것이다. 물론 이미 공가화한 무로마치막부의 일부 무가들은 예외로 치고 무장으로서의 힘과 기량만으로 벼락출세를 한 대부분의 무사들이 분명히 그러했다.

야마가 소코가 아래와 같이 식사 범절을 논했을 때 염두에 둔 것은 바로 그런 세련되지 못한 무사들의 존재였을 것이다.

　　음식 먹는 자리에서는 우선 자세를 바로 갖추고 좌우를 살펴보아서 윗사람(長者)이 젓가락을 들고 예를 행한 다음에 자신도 이에 따른다. 먹을 때는 입을 크게 벌리지 말고 사방을 두리번거리지 않는다. 젓가락을 드는 동작이나 어깨·등의 모습에 주의하며 맛난 음식이라 하여 그것 하나만을 탐해서는 안 된다. 혹은 많은 반찬을 전부 집적거려 어지럽히거나 또 생선·고기를 씹으면서 국물을 흘리고 뼈를 떨어뜨려 밥상을 더럽히는 것은 참으로 무례한 짓이다. 큰소리로 입맛을 다시거나 국을 들이키는 소리가 주위에까지 들림은 모두 소인배가 하는 소행이다. 예부터 젓가락 끝을 두 치(寸) 이상 적시면 천한 사람이라 했다. 또 음식 먹는 동안 잡담하거나 입을 벌려 웃는 일도 예의에 어긋난다.

의복의 범절에 대해서도, 이는 "덕을 바로 잡고 몸가짐을 똑바로 하며 그 위엄을 갖추기" 위함이다. 그러므로 '일신의 편리함', '몸의 안일', '풍류' 따위를 위해서 신분·상하·남녀노소의 구별이나 공과 사 · 관혼상제 · 접객 · 향응과 같은 특별한 날(晴)과 일상적인 날(藝)의 구분을 무너뜨리지 않아야 한다. 그리고 일신상의 편의를 떠나서 때와 장소에 따라 알맞은 의복을 몸에 걸쳐야 한다고 하였다.

가옥은 귀천의 차이를 분명히 하고 안으로는 남녀를 준별하였다. 거실 · 침소 · 부엌 · 쓰레기장을 구분하는 일은 단칸집에서부터 궁전 · 누각에 이르기까지 불변의 이치이며, 이에 따라 "자연히 분수를 지키고 위엄을 바로잡을" 수 있다고 했다. 기물 사용에 대해서도 귀천 · 상하를 구분했다. 예를 들어 귀인의 식기는 높은 곳에 두어서 노복들의 손이 입 닿는 부분을 더럽히지 않도록 한다 등.

이러한 행동 규율은 전국시대 무사들의 정감 · 논리 · 가치관을 '예(禮)의 질서' 속에 억지로 가두려는 의도에서 비롯된 것이었다. 앞뒤를 분간 못하는 '무골(無骨)'적인 언행뿐만 아니라 언쟁 · 사적인 싸움 · 순사(殉死)는 금지 되거나 제한되었다. 하지만 그럼에도 불구하고 무사가 '이름'과 '치욕'을 목숨보다 중시하는 전투자인 한 규제하기 어려운 부분도 있었다. 즉, '극기(克己)를 통해 적을 이기는', '승부의 마음'을 잊지 않고 오로지 충절을 지키며 '늘 죽음을 각오하고 사는' 봉공의 자세가 바로 그것이다. 따라서 "적을 쳐부수기보다는 주군을 위해 죽는 것이 더욱 큰 공적이다"(葉隱 1의 172)라고 순사를 긍정하기도 하였다. 또 "예부터 용사는 대체로 기행을 즐기는 자가 많다. … 기력이 드센 탓에 평소 행동이 거칠고 기이한 행동을 하고 다닌다"라고 하여(위의 책, 2의22), 고집스럽고 기행이 잦은 '기인·변인(變人)' 또는 '별난 자'(曲者·癖者)를 '믿음직한 사람'이라고 높이 평가하였다. 질서 속에 잘 융화하여 '품성'이 좋기보다는 거친 '용기'나 '힘'을 중시하는 자세도 한편에서 엿보이는 것이다. 미적으로 세련된 도시사회에서 '기행자(奇行者)'는 '세련되지 못한 거친 사람'(好色一代男 7)을 의미할 뿐이었으나, '궁정사회'가 계속 확산되는 와중에 만일 무사가 위와 같은 측면을 완전히 저버린다면 무사로서의 존재 이유 또한 사라질 수밖에 없었다.

야마가 소코가 주장하는 범절 중심의 도를 '사도(士道)'라고 한다면, 전투자로서의 힘과 극렬한 감정에 지배되는 충(忠)을 강조하는 도는 '무사도(武士道)'라고 할 수 있을 것이다. 에도시대 무사의 행동 규범에는 이 두 가지 도가 함께 내재함으로써 공가 규범이나 선종의 청규(淸規)와는 이질적인 코스모스와 미학이 성립할 수 있었다. 거기에는 근대적인 군대의 일상 예법이나 규범과 상통하는 점도 보인다. 하지만 어디까지나 가명(家名)을 대표하는 개개인을 규율하는 논리이자 미학이었다는 점에서 개별성을 부정당한 인간 집단으로서 군대의 정제된 미학과는 성격이 달랐다.

(4) 궁정사회의 현실

가훈이나 교훈서를 벗어나 현실 속에서 무가사회의 '문명화' 실태를 살피는 일은 쉽지 않다. 에도성(江戶城)과 각 번의 번저(藩邸: 장군에게서 하사 받은 번의 에도 저택)에서 실제로 어떠한 예법이 통용되었는지 체계적인 연구가 아직 없기 때문이다.[67]

성내와 번저 공간의 질서가 기본적으로 직위·가격에 따라서 엄격히 신분별로 규정되었음은 말할 필요도 없다. 의복 및 소지품에 대한 격식은 애초부터 세밀히 규정되었고 등성(登城)하는 다이묘(大名)와 당번 근무 관인에게는 신분별로 각각의 출입문에 대한 통과 자격이 부여되었다. 번저 출입도 통행증을 이용한 폐문 시간이 정해져 있었으며 번에 소속한 무사(藩士)들의 사적인 외출은 횟수가 엄격히 제한되었다.[68] 에도성에는 대광간(大廣間)·백서원(白書院)·흑서원(黑書院) 등 공무용 넓은 방과 신분 서열에 따른 다이묘·관리들의 대기소, 로주(老中: 막부의 최고위 관료) 이하 막부 관

---

67) 渡辺浩, 「御 '威光' と象徵」(『思想』 740호, 1986. 2)은 에도성 내의 의례와 격식이 정치적 권위의 지속과 갱신을 위해 대단히 큰 의미를 지닌 상징적 행위이었음을 명석하게 분석하고 있다.

68) 山本博文, 『江戶お留守居役の日記』(讀賣新聞社, 1991), p.126 이하. 또한 「內曲輪御門御定書」(德川黎明會, 『德川禮典錄』 24권, 原書房 복각판), p.671 에 의하면 성문 개폐는 卯時(오전 6시)와 酉時(오후 6시)로 규정되었다. 각각의 출입문에 대한 경비나 등성, 장군 알현의 범절에 관해서는 小野清, 『德川制度史料』(六合館, 1927)를 참고.

료의 집무실이 있고, 각각의 방에서는 착석 위치와 순번이 엄수되었다.[69] 근무 시간도 직무 내용에 따라 차이가 났고, 무단 결근·지각 등에는 파면에서 벌칙까지 여러 종류의 처분이 가해졌다. 번저에 근무하는 번사나 보졸들에 대해서도 시간 엄수가 주요한 규범이었다.[70]

상대방에게 경의를 표하는 경례(敬禮)와 인사·응대에 관한 규율도 대단히 번거로웠다. 이세 사다타케(伊勢貞丈)[71]가 저술한 『사다타케 잡기』(貞丈雜記)에는 상대에 따라 그리고 때와 장소에 따라 나뉘는 경례의 형태로 귀인 앞을 지날 때 한 손과 한 무릎을 바닥에 붙이는 '준거(蹲踞)', 귀인 앞에서 두 무릎을 꿇고 기어서 다가가고 물러서는 '슬행', 머리를 바닥에 붙이는 '평복(平伏)', 귀인 앞을 물러날 때는 일어서기 전에 좌나 우로 무릎을 돌려서 상대에게 등을 보이지 않도록 하는 '힐개(詰開)' 등의 사례가 보인다. 실제로 '준거'나 '평복'을 해야 할 자리에 허리를 반쯤 편 자세를 취했다 하여 처벌당한 사무라이(侍)도 있었다.[72]

---

69) 山本博文, 『江戶城の宮廷政治』(讀賣新聞社, 1993), p.113에는 德川家光(에도막부 3대 장군)이 大廣間에서 친히 재판에 임하여 심문한 때의 좌석 배치도가 보인다. 또 교토의 궁정에 관해서는 下橋敬長, 『幕末の宮廷』(平凡社, 東洋文庫 7 宮殿の制), 참조.

70) 氏家幹人, 『江戶藩邸物語 -戰場から街角へ』(中公新書, 1988), p.27 이하.

71) 1718~1784. 고사전범에 정통한 에도 중기의 학자.

72) 위의 책, pp.39~41.

중세에서 근세에 걸쳐 전수되거나 필사된 오가사하라류(小笠原流) 예법전서(禮法傳書)의 집대성인 『대제례집』(大諸禮集)[73]에는 진상서(進上書)·서약서(起請文) 등 공식 서장의 규범을 다룬 '서례(書禮)'를 비롯하여, 여러 가지 공식 의례의 순서와 연회를 시중들 때의 범절, 하인의 일상 수칙 등이 상세하게 서술되었다. 한 예로서 식사 범절을 소개하면, "평상시 밥을 먹을 때는 먼저 밥공기를 들고 두 젓가락, 세 젓가락 조금씩 떠서 먹는다. 그런 다음에는 국을 마시는 것이 좋다. 그리고 밥을 두 번쯤 먹고 나서 반찬을 들기 시작한다", "반찬을 먹을 때는 두세 가지를 한꺼번에 먹는 일이 없어야 한다. 젓가락을 옮기며 반찬을 집는 것은 정말 피해야 한다"(6권)라는 식이다.

이런 '궁정사회'의 예법은 비궁정적이자 비도시적인 거칠고 야만적인 세계와 대비되었다. "남들 앞에 나갈 때는 우선 공손해야 한다. 좌석에 앉을 때는 먼저 입구 쪽에서 모두에게 예를 올리고 자신이 원래 앉을 자리보다 조금 아래쪽에 앉는다는 마음가짐이 긴요하다. 남이 청한다고 해서 분수를 잊어버림은 천박한 짓이다. 높은 자리를 탐하는 것은 촌사람이나 하는 짓이다"(8권). "밥에 국을 부어서 먹는 것은 천하다"(13권). "주인 가까이 앉아서 크게 잡담하거나 큰 소리로 코를 풀고 문을 거칠게 여닫으며 걸음소리가

---

73) 東洋文庫(平凡社)판. 한편 『小笠原諸禮大全』(1809)에는 각 예식에 관한 삽화와 해설이 첨부되어 있다.

요란스러운 것은 모두 무례한 일이다"(15권).

「명군가훈」(明君家訓)[74]에도 "요즈음 무사들이 모인 자리에 대해 든건대 대개는 주객이 모두 예의를 갖추지 않고 아무런 일이나 함부로 말하며, 소리 높여 떠들고 욕설하고, 또 남의 소문이나 음담을 주고받으며, 혹은 만취하여 행패를 부리거나 스스로 샤미센(三味線)을 켜대는 족속도 있다고 한다"라 하여 이를 '설익은 자들의 연회'라 비판하였다.

'불경(不敬)', '부주의' 등 예법에 무지한 자, 따르지 않는 자는 처벌의 대상이 되었다.[75] 상사의 명령이 이치에 맞지 않는 경우 두 번까지는 반론하지 말고 예법대로 응하며 세 번 이상이 되면 비로소 메쓰케(目付: 에도막부의 감찰관)에게 제소해야 하는데 이를 위반한 자도 처벌당했다.[76]

번저 내에서는 입욕(入浴)에 관한 신분별 시간 규정, 입욕 중의 노래·고성 금지, 연회시의 식단 및 주량 규제, 금품수수 제한, 번주(藩主) 외출시 수행자의 보행법 및 대기 중 행동에 관한 범절 등, 갖가지 세부 규정이 있었다.[77] 대대로 전해 내려온 세습 하인이 감소하고 단기 계약에 의한 하인을 다수 고용해야만 하였기에 범절

---

74) 岩波『日本思想大系 27 近世武家思想』에 수록. 원본은 17세기 전반에 간행되었으며 室鳩巣 저술이라는 책도 있다.

75) 氏家, 앞의 책, p.39 이하 .

76) 위의 책, pp.45~47.

77) 山本, 앞의 책『江戸お留守居役の日記』, p.132 이하.

교육 또한 계속하지 않을 수 없었다. 한편으로 농촌에서 도시로 끊임없이 유입자가 증가한 이 시대 성하정(城下町)의 현실을 반영하여 이 같은 규제는 더욱 강화되었다. 식사 예절에 관해 『사다타케 잡기』는 다음과 같이 말한다. "객은 접대로 나오는 음식을 맛있게 잘 먹는 것이 주인에 대한 예의다. 주인은 접대 음식이 별로 귀할 것 없고 찬도 많지 않으니 입에 맞지 않으시겠다고 스스로 비하해서 객에게 무리하게 권하지 않는 것이 예의다. 요즘은 그 예법을 모르는 자가 많아서 객은 안 먹겠다고 하고 주인은 억지로 권하니 이는 촌사람의 풍속이다", "밥을 먹을 때 보기 흉한 일로, … 첫 상, 두셋 째 상의 국을 번갈아 마시고 반찬을 이것저것 계속하여 집어 먹는 일은 … 젓가락 끝은 한치만 적시는 법이다"(6권).

에도의 경우 각지로부터 쉴새없이 유입된 '시골 사무라이'들은 위와 같은 수많은 범절을 습득함으로써 비로소 '궁정사회'의 일원으로 인정받을 수 있었다. 그 반면에 각 번의 에도 번저에 근무하는 관리들이 규범·전례에 관한 지식을 이용하여 신참자를 우롱하는 일도 있었음직하다. "시골구석 아이가 예의를 모르는구나"[78]라고 에도성 안에서 바보 취급을 당한 아사노 나가노리(淺野長矩)[79]가 막부의 의식 전례를 관장하는 기라 요시나카(吉良義央)[80]를 베

---

78) 室鳩巣, 『赤穗義人錄』 상권(앞의 책 『近世武家思想』에 수록).
79) 1667~1701. 에도 중기의 大名, 에도성 안에서 칼을 뽑은 죄로 할복을 명령받음.
80) 1641~1703. 에도 중기의 막부 신하로 淺野長矩의 가신들에게 살해당함.

려고 든 사건도 그만한 곡절이 있기에 일어난 것이다.

무가의 범절은 저택 내부에서만 통용되는 것이 아니었고 또한 남성만의 전유물도 아니었다. 여성에 대해서도 이미 무로마치시대부터 상류의 공가·무가 여성을 대상으로 한 전범서나 교훈서 등이 보급되어 의식·복식·예능·말투·행동거지 등에 관한 '가정교육'이 행해졌다.[81] 에도시대에 들자 출산이나 바느질로까지 내용이 확대되어 보다 일상적인 훈육에도 강한 관심을 보였다.[82] 또한 중·상류 도시민들은 어린 딸을 무가에 하녀로 들여보내 예절을 배우게 하는 관습이 있었으므로 이러한 범절은 '무가식 말투'와 함께 도시민들에게 널리 전파하였다.

　　하녀로 들여보내는 것은 참 고마운 일입니다. 가정교육 없이도 예절이 좋아집니다. 집에서는 아무리 시끄럽도록 말해도 행동범절이 바뀌지 않습니다. 저택에 보내 두면 행동이 어딘가 달라집니다 (式亭三馬, 『浮世風呂』 2편 상권, 1810).

　　남자도 가업을 잇지 않는 농가의 차·삼남이나 중·하류 상가

---

81) 「身のかため」(『群書類從』), 「女房故實」(『續群書類從』) 등. 또 坂本貞, 『日本禮法史話』(日本電報通信社出版部, 1944), p.199 이하 참조.

82) 『女諸禮集』, 『女中十冊』 등. 또 山川菊榮, 『武家の女性』(岩波文庫)은 막부말기 水戶藩 번사 집안의 여성 교육에 관해서, 6세부터 글자를 배우고 12, 13세 이후의 '재봉 연습'을 거쳐 14, 15세에 시집갈 때까지의 가정교육 실태를 생생하게 그려내고 있다.

(商家)의 자제는 성하정의 무가나 상류층 상가로 들어가서 일과 함께 예절 훈련을 받는 경우가 적지 않았으니, 도시는 범절이 위에서 아래로 전달되는 회로를 갖추고 있었다고 하겠다.

한편으로 오규 소라이는 이미 18세기 전반 무렵에 "유녀(遊女)나 천민이 평민과 뒤섞여 살게 되면서 유녀·가부키(歌舞伎) 배우의 풍속이 평민에게 옮았고 지금은 다이묘와 고위층까지 그들의 말투를 아무렇지도 않게 쓴다. 무가의 여자들도 유녀나 가부키 배우를 흉내 내면서 도무지 수치라는 것을 모르고 도리어 '이는 당대의 유행이니 괜찮다. 흉내 내지 않는 것이 촌놈이다'라고 큰소리친다. 이다지도 풍속이 문란한 것이 모두 혈통(種姓)의 혼란에서 비롯되었다"(政談 1권)라는 의견을 에도막부에 밝힌 바 있다. 거꾸로 무가나 상류층 상가에 들어간 하인·하녀를 통해서 아래로부터 위로도 풍속·언어가 전파되어 변화를 재촉했음에 틀림없다.

도시사회 내부에서는 신분의 벽을 넘어서서 유행에 맞추어 세련된 풍속을 체득하는 일에 모든 이의 관심이 쏠렸기 때문에 행동양식이나 문화를 평준화시키는 힘이 강하게 작용하였다.[83] 이리하여 '유행'과 '멋'은 모든 전통적인 규범을 해체하는 잠재력을 갖추게 되었다. 오히려 그러한 경향에 제동을 걸기 위해 하인·하녀

---

83) 18세기 후반 이후 무가 저택에 하인으로 들어간 도시민의 여식을 통해 샤미센이나 춤 같은 예능문화가 무가사회로 전해지고 신분을 초월한 '도시문화'가 형성된 경위에 관해서는 氏家幹人,『江戸の少年』(平凡社ライブラリー, 1994), p.161 이하를 참조.

로서의 훈련이 필요했을 것이며 또한 중·상류층 도시민들로서는 바로 이 상류사회의 경험이 하층민과의 차이를 확인시켜 주는 수단이 되기도 했다.

그러나 이 시대 농촌·어촌·산촌에서 삶을 영위한 대부분의 평민들에게는 일상의 예의 범절을 필요로 하는 생활 공간과 시간이 거의 존재하지 않았다. 야외 노동이 많고 각지를 떠도는 상인·직인도 적지 않았다. 도시에 그럴듯한 점포를 보유한, 평민 가운데 소수의 상류층 상가에서만이 예의범절이 의미를 지녔음에 불과하다. 상류층 상가의 가훈이나 상층부 도시민을 대상으로 한 교훈서는 일반적인 유교 도덕 이외에도 정직·검소·검약 등을 강조하고, 싸움·논쟁·음주·도박·유흥 등을 경계하였다.[84] "상인의 도(商人之道)라고 해서 사농공(士農工)의 도와 다를 바 있겠는가"(石田梅岩, 『都鄙問答』)라고 할 만큼 공통된 윤리관에 기초한 일상 범절을 무가와 공유할 수 있었던 것은 이러한 계층에 한정되었다. 그러나 신분제는 당시 사회의 대전제였기에 "분수에 맞지 않은 예법은 모두 비례(非禮)"로 간주되었고, "공가·무가의 예법을 흉내 내어 사치를 일삼는" 행위는 응징의 대상이 되기도 했다(西川如見, 『町人囊』 2권).

---

84) 重松一義, 『少年懲戒教育史』(第一法規出版, 1976)는 店法·家法 등을 소재로 하여 어린 하인에 대한 훈계와 처벌의 예를 소개하였다(pp.47~53). 이 밖에 岩波 『日本思想大系 59 近世町人思想』.

(5) 무예·무술·무도와 신체 범절

에도시대 무가사회의 예법 가운데는 일상적인 생활규범과 더불어 무도(武道)와 관련된 범절이 상당히 큰 비중을 차지했다. 신체의 규율이란 관점에서 볼 때 에도시대 무도의 특징은 어떠한 것이었을까?

이미 공가사회에서는 중국으로부터 전래된 '사례(射禮)'를 예의 체계의 일부로 수용하여 궁중의례로서 세련시켜 왔다. 공가 의례의 하나인 궁마 예법에서는 무술로서의 기능적인 합리성보다도 심신을 정결히 가다듬는 '자태의 아름다움'을 통해 내면적인 선(善)과 외면적인 미(美)의 일치가 강조되었다. 무가사회는 무로마치시대의 오가사하라류 예법에서 보듯이 공가의 것을 받아들여 '궁마의 예(藝)'라는 하나의 예법으로 발전시켰으며, '유겐(幽玄)' 85), '조하큐(序破急)' 86)와 같은 독자적인 미적 논리가 정교하게 발달하였다.

검·창·유술(柔術)·총 등을 이용한 각종 기술이 궁마술에 더하여 실천적인 무술이 된 것은 오닌의 난(應仁亂) 87)부터 전국시대에 걸친 시기였다. 그 후 야규 무네노리(柳生宗矩) 88)의 『효호카덴

---

85) 내용이 오묘하여 쉬 이해할 수 없으면서도 깊은 맛을 지닌다는 미의식.
86) 음악·무용의 박자를 서·파·급으로 구분하는 것으로 能·人形淨瑠璃 등 전통예능에 파급됨.
87) 1467~1477년 교토에서 발생한 내란.
88) 1571~1646. 에도 초기의 검술가로 막부 장군의 병법 사범을 역임.

쇼』(兵法家傳書, 1632), 미야모토 무사시(宮本武藏)[89]의 『고린쇼』(五輪書, 1643)에서 보듯이 에도 초기까지의 무술은 실전에 바로 응용할 수 있는 격투 자세와 마음가짐을 배우는 것이 핵심이었다.

예를 들어 『효호카덴쇼』의 "마음으로 보는 것을 근본으로 삼는다. 마음으로 볼 수 있어야 눈도 이에 따르는 법이다", "마음이 가면 몸도 따라간다. 몸은 마음을 따르는 것이다"라는 표현은 결코 단순한 정신주의가 아니며 '몸(身)'에 대한 '마음(心)'의 우위를 논한 것도 아니다. "매사에 마음이 한쪽으로만 향하는 것이 바로 병이다." 즉, 대상에 대한 집착을 피하는 '무심(無心)' 또는 '평상심(平常心)'이야말로 승기(勝機)를 이끌어낸다는 실천론에 입각한 것이었다.[90]

또 『고린쇼』에서 "자세는 얼굴을 숙이거나 위로 향하지 않으며 몸을 한쪽으로 기울이거나 뒤틀지 않는다. 눈을 어지럽게 돌리지 않으며 이마를 찌푸리지 않고 미간에 살짝 주름을 지어서 눈동자가 움직이지 않도록 한다. 눈을 깜박이지 않도록 주의하며 조금 가늘게 떠서 그윽하게 앞을 향한다. 코는 똑바로 세우고 아래턱을 조금 내밀듯이 한다"로 시작되는 '몸가짐'에 관한 세세한 지침(水の卷)도 일상 범절에 속하는 자세는 아니었다. 전장에서 주로 단독으

---

89) 1584～1645. 에도 초기의 검술가.
90) 岩波文庫판, p.51, p.79, p.80. 저자가 "병법은 불법에 부합하고 선(禪)과 통하는 경우가 많다"(p.111)라고 한 바와 같이 집착을 피하고 무심을 주장함은 선사상의 영향인데, 이것을 柳生宗矩는 병법 이론으로 전환한 것이다.

로 전투에 임하여 칼을 효과적으로 휘두르기 위한 자세이며, 무사시(武藏)가 병법과 목수(木手)의 도의 공통성을 강조한 대로 그야말로 직인적(職人的)인 기예를 논한 내용이었다.[91]

나아가서 에도 초기까지의 무사들은 늘 죽음을 목전에 둔 전투자로서의 몸가짐에 관한 미학을 후세에 남기기도 했다. "50~60년 이전까지 무사는 매일 아침 몸에 냉수를 끼얹고 앞머리를 밀며 머리칼에 향이 배게 하고 손발톱을 자른 다음은 경석(輕石)으로 문질러서 몸가짐을 단정하게 하였다. 또 무구(武具)는 녹이 쓸지 않도록 늘 먼지를 털고 잘 닦아 두었다. 신변을 조심스럽게 정리하는 일은 멋을 부리는 같지만 이는 풍류를 위한 것이 아니다. 오늘 싸우다 죽는다라는 필사의 각오를 늘 마음에 새기기 위함이다. 만약 몸가짐을 아무렇게나 해서 죽으면 평소의 부족한 마음가짐이 여실히 드러나서 적에게도 멸시당하고 추접스럽게 보이는 까닭에 노소 가릴 것 없이 모두가 신변을 정하게 가꾼 것이다"(葉隱 1의 63).

그러나 에도 중기 이후의 무술은 선(禪)·유학과의 관계를 심화함으로써 깨달음과 덕을 함양하기 위한 '무도(武道)'로 성격이 변화하였으며, 검술을 중심으로 한 평상시 무가 교육의 일환으로 자리잡게 되었다. 『무도초심집』에서도 병법은 실전적인 전투기술로서가 아니라 무사들의 생활규범인 '사법(士法)'과 유사한 '일상법(常法)'의 하나로서 "남의 눈에 아주 그럴싸한 무사"로 보이기 위

91) 岩波文庫판, p.28 이하.

한 수단으로 간주되었다.

유잔은 무사도에서 가장 중요한 점이 '충의용(忠義勇)'이라 했는데, 그 가운데 '용'이란 전장에서 승부를 다툴 때에만 발휘되는 자질을 의미하는 것이 아니었다. "평소 다다미 위에서 생활할 때도 용자(勇者)·불용자(不勇者)를 쉽게 가려낼 수 있으니 이는 마치 얼굴을 거울에 비춤과 같은 이치이다. 타고난 용자란 온갖 선한 일에 용감하게 앞장서고 만 가지 나쁜 일에서는 단호히 물러선다. 주군과 부모를 섬김에도 남달리 충효에 힘쓰고 조금이라도 몸에 여유가 있으면 학문의 길에 열중한다. 무예 연습을 게을리 하지 않고 언제나 몸에 사치를 삼가니, … 매사에 잘 인내하는 마음이 있는 이는 모두 용자가 될 수 있다"(무도초심집 27). 무사의 '용'이란 나날이 덕을 쌓으려는 마음가짐이었던 것이다.

유잔은 무사가 "단지 강하기만 하여 지나치게 촌부(村夫)나 야인(野人) 형색을 하고 다녀서는 농사꾼 출신 무사를 보는 것 같아서 좋지 않다"라고 하며 무사들도 '학문·가학(歌學)·다도'를 익히도록 권했다. 그러나 한편으로는 당시 무사들이 '분에 맞는' 무구를 지니지 않고 "사람을 벨 일이 없다 하여 나무나 대나무로 가타나(刀: 긴 칼)·와키자시(脇指: 짧은 칼)의 칼날을 만들어 차는" 행위에 대해서는 "항상 무비(武備)에 주의하여 방심해서는 안 된다"라고 훈계했다.

에도 중기 이후 일반적인 무예의 세계에서는 다른 문파와의 정식 대결을 기피하고 진검 대신 죽도에 철제 얼굴가리개와 대나무로 엮은 장갑 같은 보호장구를 착용하는 기본형 연습이 중심이었고, 이와 동시에 '무도'로서의 범절화가 진전되었다. 예컨대 쇼헤이자카 가쿠몬조(昌平坂學問所: 막부 직영의 무사 교육시설)에서도 기숙생의 '창검 연습'은 "같은 문파 출신자끼리 형태로만 조용히 치고받는" 경우에 한하여 선생의 허락을 받아서 가능했지만 상대와 신체를 밀착해서 싸우는 '입신(入身)', 급소를 찌르는 '돌신(突身)'은 다른 문파와는 물론이고 같은 문파라 해도 엄중히 규제되었다.[92]

이러한 무도화의 결과 첫째로는, 무사 본연의 공격적인 충동성이 억제됨으로써 전투 기술로서의 합리성·한계성을 자각하기 어렵게 되었다.[93] 심지어 도장(道場)을 중심으로 성행한 시합 연습에서는 단지 '경기'의 승부를 가리기 위한 무술 습득에 머무르는 경향이 조장됨으로써 메이지 이후 '스포츠화'에 이르는 단서를 제공하였다. 단, 『무도초심집』의 저자도 '전국(戰國) 무사의 길'을 완전히 도외시한 것은 아니었다. 남의 물건을 훔치는 행위에 대해 "그 몸이 오늘 생계를 잇기도 곤란하여 어찌할 도리가 없을 때는 비록 남의 물건을 훔쳐서라도 당분간 굶주림과 추위를 견뎌내야 한다. 만일 발각되어 목이 날아간다 해도 도리 없다고 각오해서 도둑질

---

92) 文部省 編, 앞의 책 『日本敎育史資料』 7, p.170.

93) 고무술(古武術) 연구가 甲野善紀는 『表の體育·裏の體育』(壯神社, 1986), 『劍の精神史』(新曜社, 1991) 등의 저서를 통해 에도시대 이래 무도의 경직성을 비판하고, 심신의 합리적인 작용인 본래의 무술체계를 재발견하고자 했다.

을 했다면 불법이긴 하나 조금은 납득할 만한 일이다"(위의 책, 41)
라고 하였다.

물론 이것이 정통 '무도'일 리는 없다. 그러나 훗날 군대 내무반
의 분실된 비품을 다른 내무반에서 훔쳐내어 '숫자를 채우는' 정
당성의 논리와 동일한 맥락이라고 할 수 있을 것이다. 또 에도시대
중기 이후에 쓰인 대부분의 무가 교훈서에는 유소년기에 가신이나
시중드는 이를 폭행하는 풍습에 대해 경계하는 내용이 담겨 있다고
한다.[94] 전국시대 무사들의 전투자 육성을 위한 풍습이 전쟁이 사
라진 시대에까지 잔존한 것이라고 한다면 이 또한 메이지 이후의
군대에 성행했던 '사적인 제재'의 한 기원으로 볼 수 있지 않을까?

둘째로는, 무술이 격투술로서의 실용성을 상실하고 인격 도야의
방법으로만 인식된 까닭에 신체 훈련이 바로 정신수양의 수단으로
간주되기 일쑤였다는 점이다. 예부터 정신의 선악은 몸으로 나타
난다라는 예(禮)사상이 있긴 하지만, '평화로운 시대'의 무사는 기
본형을 익히는 무예로써 정신수양의 정도를 증명하고자 했다. "무
사도에서는 제아무리 심중으로 충효의 도를 지킨다 해도 형태로써
예의를 갖추지 않으면 충효의 도를 다했다고는 하지 않는다"(위의
책, 8). "형태로써 법도를 지킴에 있어 이법사단(二法四段)의 자세한
규정이 있다". 즉, 일상규범을 다룬 '사법' 외에 병법·군법·전법
을 "수련하여 이를 온전히 성취한 무사를 상품(上品)의 사무라이

---

94) 江森, 앞의 책『體罰の社會史』, p.57.

(侍)라 하는 법이다"(위의 책, 6). 이러한 점에서 표면으로 드러나는 형태의 규격성과 미가 정신적 가치와 동일시되기까지는 거의 시간이 걸리지 않았다. "저 잘 정돈된 자세에 한가롭고 우아한 진퇴를 두고 누가 미적인 취미가 없다고 하겠는가." 이는·무술에 실천적인 효용이 없다는 점을 인정하면서 단지 '정신적 치료법'으로서 무술의 효용을 주장한 메이지시대 어느 궁술가(弓術家)의 말이다.[95]

(6) 학교와 기숙사의 생활 규율

에도시대 서민교육기관인 데라코야가 학생의 행동을 규율하는 세부적인 규칙을 정하는 일이 드물었음에 반해,[96] 무사의 집단교육을 위한 막부·번의 학문소(學問所)나 기숙사 혹은 개인이 운영하는 사숙(私塾) 등에서는 생도의 일상생활을 관리하기 위한 세목 규정을 두는 경우가 많았다. 쇼헤이코(昌平黌, 昌平坂學問所의 전신)의 「학문소 규칙서」(學問所規則覺書)를 비롯한 각종 교칙 및 학칙류, 「서생료 학규」(書生寮學規)와 같은 기숙사 규칙 등이 바로 그러하다.[97] 쇼헤이코는 원래 막부 장군의 직속 가신인 하타모토(旗本)의

---

95) 東京弓術講習會 編,『諸流弓術極意教授圖解 全』(魁眞書樓, 1901), p.3.
96) 겐로쿠시대(元祿, 1688～1704) 土佐지방의「寺子屋制訓」에 관해 분석한 太田素子,『江戸の親子』(中公新書, 1994), pp.157～161 참조.
97) 앞의 책『日本教育史資料』7에 수록. 일반적으로 기숙은 사서오경을 대충이

자제를 위한 학교인데 하층 가신이나 소속이 없는 로닌(浪人)도 입학이 가능했고 에도 말기에는 각 번의 번사로부터 서민에까지 문호를 개방했다. 이 같은 규칙들에는 온갖 배경을 가진 학생의 집단생활에 질서를 부여하고자 하는 의도가 엿보인다.

보통은 자습과 개인지도가 중심이지만 매월 정해진 날, 정해진 시간에는 집단을 대상으로 한 강의가 있었다. "매 4 · 7 · 9일 실내 강의는 아침은 4시(오전 10시)부터, 낮은 8시(오후 2시)부터"(規則覺書)이며, 또 매월 시험을 치르는 외에 매년 몇 차례 특별 시험이 있었다. "귀천에 상관없이", "승려 · 슈겐[98]을 제외한 농공상까지도 마음대로 공부" 할 수 있도록 허용하긴 했으나, 무사가 아니라도 하카마(袴: 무사의 정식 하의)는 착용해야만 했고[99] 신분별로 좌석이 지정되었다. "오메미(御目見: 장군을 알현할 수 있는 권리와 지위) 이상과 이하의 거소는 강당 · 기숙사 공히 뒤섞이는 일이 없도록 자리를 나눠야 한다."[100]

입문부터 습자(習字) 수료까지의 초보과정을 교육하는 사숙의

라도 훑어본 자에게만 허가되었다. 학문소에 관해서는 『舊事諮問錄』(岩波文庫판) 하권 제8회에 학문소에 근무한 조장(勤番組頭)의 증언이 수록되어 있으므로 내부질서의 실태를 자세히 알 수 있다. 이 밖에 R. P. Dore 앞의 책 『江戶時代の敎育』, 重松 앞의 책에는 번교(藩校)의 갖가지 규율에 관한 분석이 보인다.
98) 修驗. 산악 수행을 통해 주술적인 힘을 기르는 종교인.
99) 앞의 책 『日本敎育史資料』 7, p.107.
100) 위의 책 p.114 이하.

경우는 교실 내 질서가 비교적 느슨했던 것 같다.[101] 그러나 막부 학문소나 번교의 교실질서는 대단히 엄격했다. 평소는 개개인의 진도에 맞춘 개별지도가 중심이었지만 특정한 날 공통 텍스트로 하는 강의의 경우, 선생을 마주보며 생도들이 정연히 자리잡은 모습은 메이지 이후 서구식 교실의 학습 풍경을 방불케 한다.

일상생활에서는 "여태껏 아무런 범절 없이 자란 자"가 적지 않으므로 "차츰 법식에 맞추도록 교도"해야 한다고 하여[102] 갖가지 행동 규율을 부과하였다. 특히 차남 이하 미혼자를 중심으로 14, 5세부터 30세 정도까지의 청년들이 기거하는 기숙사 내부는 규칙이 세부에까지 미쳤다. 이를테면 "매일 아침 6시에 딱딱이 소리와 함께 일제히 일어나 바로 교실로 나간다. 대표(頭取)를 상좌로 하여 차례대로 열을 지어 앉고 사환이 전원 착석하였음을 위에 보고한 다음에 한 번 절을 하고 물러난다. 손을 씻고 입을 행군 후 각자 공부를 시작한다", "저녁 5시(오후 8시) 딱딱이 소리를 듣고 강당을 나온 다음의 법도는 아침과 동일하다"라는 식이었다.[103] '조례(朝禮)' 또는 '조석지례(朝夕之禮)'라 불린 이 인원점검은 일제 기상을 강제하지 않은 선사(禪寺) 같은 곳에서는 볼 수 없었던 것으로, 훗날 군대 내무반에서 행한 일석점호(日夕點呼)의 기원이 되었다. 단지

---

101) 山川, 앞의 책 p.11 이하에 저자의 조부 靑山延壽(水戶藩의 유학자)가 겪은 '사숙의 하루'가 잘 나타나 있다
102) 앞의 책『日本敎育史資料』7의 p.114.
103) 위의 책 p.116.

에도시대의 경우는 점호하는 자가 상관이 아니라 사환이었기에 점호로 기합을 불어넣는 교육이나 체벌 따위는 없었을 것이다. 또 석례(夕禮) 이후의 자습이나 취침 시간은 자유로웠다.

"방 안에서는 늘 조용히 독서에 힘써야 한다", "다른 방에 오래 머무르는 일을 금한다", "방 안에서 몇 사람이 모여 술을 마시거나 음식을 먹는 일은 엄금한다", "여자나 배우 그림이 그려진 부채를 사용해서는 안 된다", "바둑 · 장기는 절대로 금한다"와 같은 규칙들은[104] 선사에서와 마찬가지로 수행에 집중토록 하기 위한 것이었다. 이러한 세칙은 금지 행위가 일상적이었음을 말해 준다. 담당자(頭取世話役)는 '순찰'을 통해 태만한 점이 있는지를 점검하였고 그 결과 '퇴학', '퇴사' 처분도 드물지 않았던 듯하다.

나아가서 "옴(疥) · 열병 등 모든 전염되기 쉬운 병증에 대해서는 즉각 귀가 조치한다", "기숙사 앞에 쓰레기를 버리지 말 것", "기숙사 안에서 풍로를 사용해서는 안 된다. 부엌에서도 저녁 5시(오후 8시) 이후는 동일하다"와 같은 규칙은[105] 위생 · 방화 등 공간 관리에 관련된 것들이다. 전염병자 배제 조항은 1844년의 「기숙사 내 규정」(寮中內規定)에서 비롯되었는데, 이 규정 이후로 다수가 공동 생활을 영위하는 공간의 관리를 위하여 질병 '예방'의 필요성과 그 가능성이 의식되기 시작한 점은 주목할 만하다. 이미 1822년 콜

104) 위의 책 pp.168~169, p.200, p.207.
105) 위의 책 p.196, pp.200~201.

레라가 처음으로 유행했고 1849년에는 제너종두법이 전래하여 예방 접종이 시작되었다. 다시 말하면 '예방'이 사회적 질서유지의 요체로 대두한 최초의 시기였던 것이다.

한편으로 "외출시 소리 높여 시를 읊조리지 말 것", "기숙사 내에서 품행을 단정히 함은 물론이고 외출시 맑은 날씨에도 나막신(足駄)을 신거나 손수건 같은 것을 허리춤에 차는 등 대체로 이풍(異風)을 따르는 행위는 일절 금한다"[106] 등은 질서 관리에 대한 반항 형태로서, 후일 구제(舊制) 고등학생들이 취한 '반카라' 풍(하이칼라의 상대어로, 풍채·언행이 거친 모습)의 원형이 이미 '이풍'으로서 존재하였음을 의미한다.

기숙 연한은 12개월이 원칙이었고 그 사이 외출은 허가제로 날수에 제한이 있었다. 기숙사 방문은 부형(父兄)만으로 제한되고 그밖에 방문객은 '응대소(應待所)'에 한하여 면회가 허용되었다. 단, '오메미' 이상의 지위에 있는 자는 기숙 중에도 '시중'을 한 사람 거느릴 수 있는 등, 선사와 비교하면 외부 신분사회와의 차단성이 그다지 강하지는 않았다.[107]

106) 위의 책, p.200, p.208. 또한 「廣瀨建(談窓)私塾規約」에도 마찬가지 규칙이 보인다. 『日本教育史資料』 9의 p.415.
107) 또한 동일 신분 내에는 '입학순'의 서열이 있었다. 입욕 순서에 관한 규정을 포함하여 앞의 책 『日本教育史資料』 7의 p.178, p.186 참조.

(7) 전망

  에도시대 무가사회의 '문명화' 란 전국(戰國)무사의 거칠고 투박함을 씻어내고 '궁정사회' 의 '예법' 을 익히는 일이었다. 무사는 노골적인 욕망과 정감을 극력 억제하며 조용하고 여유 있는 태도로 주군을 섬기는 일 즉, 봉공에 집중해야 했다. 정시에 정해진 행동규범이 있었고 몸의 청결과 잘 정돈된 몸가짐이 요구되었다.

  무가 예법의 세부적인 부분에는 뒤에 상술할 선사의 '청규(淸規)' 와도 공통되는 점이 많이 보인다. 하지만 무사에게는 언제라도 본래의 거칠고 난폭한 전투자로 돌아설 각오가 요구되었다. 게다가 사찰의 코스모스와는 달리 기본적으로는 신분·가격에 의해 역할이 고정된 세계이기도 했다. 그러나 단순히 신분질서라는 코스모스만으로 시종한 것은 아니었다. 성하정이란 특수 공간에 모여 살았기 때문에 한편으로는 도시사회의 세련된 '당대 유행(當代風)' 에 물들지 않은 질박함과 고풍스러움을 스스로 끊임없이 지켜 가야만 했다. 무가사회란 그 때문에 더 더욱 예의와 범절이 강조된 세계였던 것이다.

3. 근세 도시의 질서

(1) 도시 주민관리의 기본구조

에도시대 전국의 성하정은 각 다이묘의 도시 계획에 대한 의지를 토대로 하여 무사가 주거하는 부케치(武家地)와 일반 도시민이 점유하는 조닌치(町人地), 그리고 사찰·신사가 점유하는 지샤치(寺社地)로 정연하게 구획이 나뉘는 것이 보통이었다. 메이지 초년인 1869년의 조사에 따르면 예컨대 에도(지금의 도쿄)의 총면적 약 1,700만 평 가운데 부케치는 전체의 약 60%, 조닌치가 약 20%, 지샤치가 약 20% 정도의 비율이었다고 한다. 인구는 극히 불충분한 통계 자료로 추정할 수밖에 없는데, 무가가 하타모토·고케닌(御家人)[108] 및 각 번에 속한 자와 그 식솔을 포함하여 합계 60만에서 80만 명, 일반 도시민은 50만 내지 60만 명, 신관(神官)·승려와 그 밖에 인구가 약 5만 명 정도였던 것으로 보인다. 따라서 일반 도시민이 거주하는 조닌치의 인구 밀도는 1km² 당 5만 천 명 남짓 되는 셈이다. 각 신분 공히 단신으로 거주하는 남성이 많았고 여성 인구

---

108) 장군 알현의 자격이 없는 막부의 하급 가신.

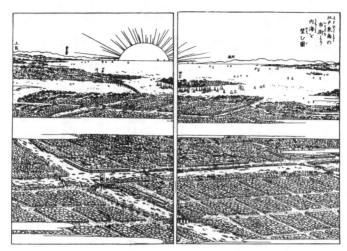

[그림 20] 에도 동남부 시가지에서 바라본 내해(內海)(江戶名所圖繪 1권)

는 에도 초기에 20% 이하, 중기는 30%, 에도 말기에 비로소 50%에 도달한 것으로 추정된다.[109]

물론 시기에 따른 변동도 적지 않았고 다른 도시의 경우는 위의 수치가 전혀 다르게 나타나기도 한다. 그러나 여기에서는 도시사회의 중심을 이루는 조닌치의 인구 밀도가 상당히 높다는 점에 유의해 두고 싶다[그림 20]. 이하에서 살펴볼 막부의 주민관리가 지나치게 예방적이고 규제 내용이 미세한 부분에까지 미친 것은 무

---

109) 南和男, 『幕末江戶社會の硏究』(吉川弘文館), 大石愼三郎, 『江戶時代』(中公新書, 1977), pp.117~123, 內藤昌, 『江戶と江戶城』(SD選書, 鹿島出版會, 1966) 등 참조.

엇보다도 이러한 과밀성에 기인한 문제가 아니었을까? 즉, 과밀한 인구분포가 어떤 혼란을 야기할지 예측하기 어려웠던 점이 막부로 하여금 도를 넘은 반응을 불러왔다는 생각이 드는 것이다. 한편으로 에도 초기는 아직 막부 권력이 확립되지 않았다는 불안감에서, 또 중·후기는 상업 발전에 따른 도시 상인의 경제력 증대와 소비사회 개화로 인해 무가지배체제가 동요하는 데 대한 두려움에서 과잉 반응이 촉진되기도 했을 것이다. 바꿔 말하면 무력과 신분제에 의해 지탱되는 질서와 시장원리에 기반을 둔 질서 사이의 모순이 잠재하는 한, 막부와 각 번은 당장의 시련을 극복하기 위한 일시적인 '개혁' 정치를 제외하면 '규제 강화' 밖에는 달리 취할 길이 없었던 게 아닐까?

부케치의 가옥은 막부로부터 토지 사용권을 위임받은 각 '이에(家)'의 지배 하에 있으면서 에도는 야시키아라타메(屋敷改), 각 번의 경우는 야시키부교(屋敷奉行)와 같은 관료에 의해 관리되었다. 가옥의 규모나 수리, 상속 등에 대해서도 신분·가격에 따른 규제가 가해졌다. 또 에도에는 화재 진압이나 범죄 수사를 위해 막부 직할의 소방 인력(火消衆)과 담당 관리들이 번저로 진입하는 것을 거부할 수 없었다. 조닌치에서는 각 마치(町: 도시의 최소 행정구역)마다 조닌(町人: 지주·가옥주 등 정규 도시민)으로 구성된 마치의 대표들이 인구동태 파악 등의 행정실무를 집행하면서 토지나 가옥을 차용하여 생활하는 하층민들을 지배하였다. 우선 보기에는 조닌에 의한 자치의 형태를 취했으나 화재 및 도적 진압, 치안 유지 등에 필요한 본질적인 자치권은 인정되지 않았고, 마치의 권한은 막부 및 각 번의 마치부교(町奉行) 지배 하에 말단 민사행정에 대한 자치권을 행사하는 정도로 제한되었다. 한편 사찰과 신사는 지샤부교(寺社奉行) 관할 하에 입구 부근에 형성된 상가(門前町)와 경내를 관리했다.

각각의 저택이나 사찰·신사의 문을 통해 출입을 관리하는 부케치·지샤치와는 달리 조닌치는 도로 양쪽 가장자리에 세운 '기도(木戶)'로써 주민의 왕래를 통제하였다. 성하정 전체의 안과 밖을 구분하는 대형 '기도' 이외에 각 마치의 경계 지점에는 파수꾼이 조석으로 개폐를 담당하는 '기도'가 설치되었고, 야간이나 비상시는 원칙적으로 통행이 금지되었다. 또한 마치의 대표자들은 조닌을 5명 한 조(五人組)로 조직하여 상호감시의무 및 연대책임을 부여함으로써 그들을 통해 마치 내 주민 한 사람 한 사람의 출생에서부터 죽음까지를 관리했다. 즉, 종문(宗門: 이에가 소속된 불교의 종파·사찰)에서 혼인·이혼·의절 등에 이르기까지 정확한 정보를 입수하여 인적 사항을 기록하는 외에 여행자와 같은 일시 체류자나 외부로부터 돈벌이 온 사람을 감시하고, 나아가서 주민 상호간의 온갖 분쟁과 사고에 대해 그 내용을 상세히 장악했던 것이다.

성하정 주민을 규제하는 법령으로는 로쥬(老中)가 반포하는 '소부레(惣觸)'[110] 및 그 시행을 위한 세칙과, 마치부교가 반포하는

110) 주민 전체를 대상으로 한 법령.

'마치부레(町觸)'[111]가 있었다. 이것들은 마치부교로부터 마치의 대표자를 거쳐 하층 주민에까지 전달되었다. 이 밖에 에도·교토·오사카와 같은 삼도(三都)에는 주민이 자주적으로 만든 자치법(町法)이 있었는데 주로 마치 내의 축의금에 관련된 규정 등으로 내용이 극히 한정적이었다. 다만, 이러한 법령과 규칙에 의거한 여러 가지 규제[112]로 인해 에도시대의 도시를 정태적인 '규제사회'로 단정짓는 것은 사실과 맞지 않다. 현실적으로는 규제를 무너뜨리려는 힘도 아래에서 보는 것처럼 강하게 작용하였다.

그 첫째로 농촌에서 도시로 돈벌이 나온 사람의 유입이 끊이지 않아 하층민이 증가함과 동시에 성하정의 외연도 점차 확장됨으로써, '기도'나 '세키(關)'[113]로 구분되는 '도농(都鄙)의 경계'가 애매해졌다. 둘째로 대대로 내려온 세습하인의 수가 줄고 일정 기간을 근무하는 계약제 고용인이 늘면서 무가 저택 내의 행동 관리가 불

---

111) 조닌치의 주민을 대상으로 한 법령.
112) 町觸을 모은 간행본으로는, 近世史料硏究會 編, 『正寶事錄』 전3권(日本學術振興會, 1964~1966. 증보판 『江戶町觸集成』이 1994년부터 塙書房에서 간행 중), 京都町觸硏究會 編, 『京都町觸集成』 전13권·별권1권(岩波書店, 1983~1988), 大阪市立中央圖書館 編, 『大阪編年史』 전27권(1967~1979) 등이 있다. 또 高柳眞三·石井良助 編, 『御觸書集成』 전5권(岩波書店, 1958년 재발간), 『享保撰要類集』(石井良助 編, 『近世法制史料叢書』 별권, 創文社, 1959), 石井良助·服藤弘司 編, 『幕末御觸書集成』 전6권 별권 1권(岩波書店, 1992) 등에도 도시주민규제에 관한 법령이 실려 있다.
113) 경계 지점에 설치된 막부·번의 검문소.

철저해졌다. 셋째로는 화폐경제의 침투에 따라 범죄도 참형과 같이 무단적으로 해결하기보다 벌금형으로 부드럽게 처리하는 경우가 일반화했다. 넷째로 성하정은 소비도시인 까닭에 소비자의 미의식에 따라서 신분차를 넘어선 도시적 풍속이 끊임없이 생성·변화했고, 그 때문에 무가적 가치관에 입각한 규범이 관철되지 않는 상황도 적지 않았다.[114)]

오규 소라이가 도쿠가와 요시무네(德川吉宗)[115)]에게 제출한 도시사회개혁론을 골자로 한 『정담』(政談: 1720년대 성립)은 바로 이같은 상황을 배경으로 한 것이었다. 그는 호적과 통행증제도 확립, '로닌(郎人)·유녀·걸인' 단속, 무사의 재지토착론(在地土着論)[116)] 등을 제안했는데, 그 모두가 새로이 '제도'를 만들어서 '바둑판의 눈금'처럼 도시의 주민관리를 강화하자는 내용이었다. 이 헌책(獻策)의 현실적인 효과는 당장은 한정적이었으나 이후 몇 차례에 걸친 막부의 개혁정치를 통하여 '규제'와 '자유'의 줄다리기는 계속되었다.

---

114) 成澤, 앞의 논문, 「都市社會の成立」 참조.
115) 1684~1751. 에도막부 8대 장군.
116) 도시의 화폐경제로 인한 무사의 부패를 막기 위해 각자 영지가 있는 농촌에 토착시키자는 주장.

(2) 도시사회화와 규제

　무가가 성하(城下, 이 경우는 에도)에 거주하면 의식주를 비롯하여 젓가락 하나까지도 돈을 내고 사야만 하는 까닭에 여행지에 머무는 것과 같다. 다이묘의 가신들이 그 성하에 거주하는 것도 에도에 대해서는 향리라 하겠지만 이 또한 자신의 영지가 아니므로 위와 같은 이치이다. 무가를 성하에 그냥 두면 일년치 봉록미를 다 팔아서 물품을 사들일 수밖에 없다. 따라서 정성을 다해 주군을 섬겨야 할 일이 모두 성하의 장사치(町人)를 위한 것이 되어 버린다. 이리하여 장사치들은 더욱더 부유하게 되고 세상은 점점 나빠지니 …
(政談 제1권)

　소라이의 탄식은 영지를 떠나 일개 소비자로서 각 성하정에 모여 살며 또 자신들의 생활에 필요한 물품을 공급받기 위해 직인·상인을 가까이 불러들인 근세 무가의 존재형태 그 자체로부터 기인한 것이었다. 막부의 다이묘 지배, 다이묘의 가신 지배를 위한 기초로서 출발한 이 성하집주제(城下集住制)가 실은 거꾸로 무가의 신분지배를 뒤엎는 요인을 내포하고 있었던 셈이다.

　에도의 경우는 특히 이런 경향이 현저했다. 다이묘가 산킨코타이(參勤交代)[117]로 인해 영지에서의 생활과 에도 체류를 일년씩 반복하며 또 대대로 내려온 하인 대신에 계약제 노동력을 고용해야

---

117) 다이묘의 반란을 막기 위해 그 가족을 에도에 억류한 일종의 인질제도.

만 했던 에도의 무가는 원래 서로가 아무 인연이 없던 집안들끼리 처마를 맞대고 살았을 뿐, 공동체로서의 일체감은 애당초 존재하지 않았다. 조닌치에서도 "객지에서 모여든 까닭에 에도에는 친척도 없으며 아무도 근본과 내력을 모르는" 불특정 다수의 주민이 가게와 나가야(長屋)[118]에 혼재하였고 게다가 주변 각지로부터 이농자가 계속 유입되었다.

소라이는 청년기를 사쿠라(佐倉)[119]에서 지냈기 때문에 성하정과 농촌을 비교하는 시각을 가질 수 있었다. '향리'라면 "마을 사람들이 서로의 조상에 대해서도 알고 어린 시절부터 잘 알고 지낸다." 그러므로 "친척이나 친구를 생각해서 자연히 나쁜 짓은 하지 못한다" 하지만 성하정의 경우는 "닌베쓰초(人別帳)[120]도 있고 나누시(名主)[121]와 고닌구미(五人組)도 있지만 점포를 자유롭게 옮기고 타지로도 자유롭게 오가며 또 타지에서 들어와 사는 것도 자유이니 일본 도처의 사람들이 뒤섞여서 혼잡하고, 그 어디이든 잠시 머무는 곳에 지나지 않기에 사람들에게 오래 눌러 사는 곳이란 마음이 아예 없다. 이웃을 간섭하지 않고 이웃도 이쪽에 신경 쓰지 않으며 서로 근본을 모른 채로 지난다. … 이래서 사람들이 모두 제멋대로일 수밖에 없다." 물론 타지로 이동하려면 반드시 나누시

118) 도시 하층민이 주거한 장방형 다세대 가옥.
119) 에도 근교의 농촌지역, 현재의 나리타공항 근처.
120) 이에 단위로 구성원 개개인의 각종 인적 사항을 기록한 호구 대장.
121) 조닌의 대표자.

의 소개장이 필요하다는 규칙도 있었으나 그래도 이촌향도(離村向都)의 기세를 멈추게 할 수는 없었다. 더욱이 소라이의 말처럼 무가를 모두 '시골'로 돌려보내서 화폐경제로부터 유리시키는 일은 사실상 불가능했다. 성하정은 이러한 모순점을 내포하면서 소비사회인 도시 특유의 문제를 처리하기 위해 주민을 규율화하고 새로운 사회질서를 창안할 밖에는 달리 선택의 여지가 없었다.

도시문제는 인구 백만의 도시 에도에 가장 전형적으로 나타났다. 『에도 마치부레 집성』(江戶町觸集成)을 펴 보면 갖가지 생활 규제가 속속 드러난다. 여기서는 특히 밀집도시 · 소비도시에 고유한 규제의 내용과 함께, 장군 · 공가 · 다이묘의 행차나 조선통신사 행렬 같은 특별한 날의 연도 규제에 관해 살펴보자. 우선 의식주에 관해서 보면, 이는 원래 신분별로도 규제가 있었지만 성하정의 소비사회화가 진전됨에 따라서 새로운 규제가 등장하였다.

· 조닌의 가옥은 가볍고 조그맣게 지어야 한다. 가로목과 삼나무 문을 덧붙인 쇼인(書院)식이나 반월 모양의 작은 창문, 조각 장식, 나무를 엮은 장식은 금한다. 나무 마루를 깔거나 문틀을 칠하는 일, 화려한 색지를 쓰는 것도 금한다. …

· 조닌의 의류는 상하 신분에 따른 검약을 지켜야 한다. 모직으로 된 하오리(羽折 · 羽織)[122]나 갓파(合羽)[123]는 금한다. …

---

122) 기모노 위에 걸치는 덧옷.
123) 기름종이로 만든 우의.

· 조닌이 남을 접대할 때는 여하튼 가볍게 해야 한다. 설령 부유한 자라 해도 국 두 가지에 찬 다섯 가지를 넘어서는 안 된다.[124]

경제력이 커진 조닌을 기존 신분통제의 테두리 안에 가둬두기 위해 가옥·의류·식사에 제한을 가한 것이다. 그래도 소비 욕구는 억제되지 않았으며 신분질서와 시장질서는 본래 융합될 수 없는 성격이었기에 같은 내용의 규제를 거듭 반포할 수밖에 없었다.

· 송어는 정월부터
· 은어는 4월부터 …
· 생 표고버섯은 정월부터 4월까지 …
위 물건들은 여기에 적힌 시기에 맞춰 장사하도록 명한다. 정한 시기보다 앞서 매매하는 행위는 엄격히 금지한다.[125]

음식은 제철에 먹기보다 다투어서 '첫물'을 먹는다는 기호적인 소비 행동과 함께 사용가치보다는 유통가치에 대한 지향성이 높아

---

124) 『江戶町觸集成』 제1권, 寬文 8(1668)년 3월 20일. 이하, 이 자료집의 인용은 연월일만 기재함.

125) 寬文 12(1672)년 5월 2일. 또 교토에도 같은 법률이 반포된 바 있다(元祿 7, 1694년 9월, 『京都町觸集成』 제1권 p.29). "사과가 다 익어 나무에서 떨어진다고 호소하는 자가 있다. 금년은 제철보다 일찍 익은 듯하므로 떨어진 것들은 판매해도 좋다"(元祿 8, 1695년 6월 6일, 위의 책)라고 한 점으로 보아 시장원리에 따라 첫물의 가격이 비쌌으며, 부유한 조닌의 사치를 방지하고자 하는 위 규제가 꽤 엄격히 적용되었던 사실을 미루어 알 수 있다.

진 결과가 이러한 출하시기에 대한 규제로 나타난 것이다. 하지만 결과적으로 사람들은 신체의 자연성에서 조금씩 멀어졌고, 게다가 거듭된 규제로 인해 생활감각은 점점 더 인공적으로 길들여지게 되었다.[126]

공간적인 면에서는 화재 예방이 최대의 과제였다. 소방용수의 준비, 야간경비 의무, 무가 저택이나 큰 하천부지 같은 넓은 장소를 제외한 마치 내의 불꽃놀이 금지, 정월 중순에 가도마쓰(門松)[127] · 시메나와(注連繩)[128]를 모아서 태우는 행사인 사기초(左義長)의 규모 제한 등에 관해 거듭해서 금지령이 내려진 점은 역으로 규제만으로는 실화(失火)를 완벽하게 예방할 수 없었음을 의미한다. 1657년의 에도 대화재 이후로는 '띠 · 초가 · 판자' 지붕에 진흙을 바르도록 명하고 도로 폭과 민가의 규모를 제한하여 소방을 위한 넓은 골목을 설치하는 등, 건축 및 도시계획에 대한 규제가 이 무렵부터 시작되었다.

다음으로는 소비자가 토해 내는 방대한 양의 쓰레기 처리문제가 있었다. 분뇨는 거름으로써 상품가치가 있었으므로 그 수거는 '분뇨중매인조합(下肥仲買仲間)'이 관리하는 유통체계 안에서 이루어졌다.[129] 이는 근교 농업의 비료 수요가 도시 주민의 배설물 공

126) 성하정의 소비 규제와 신체관의 변화에 관해서는 成澤, 앞의 논문 참조.
127) 정초 문 앞에 세우는 소나무 장식.
128) 정초 부정을 막기 위해 문 앞에 매어두는 새끼줄.
129) 大石, 앞의 책, pp.135~138.

급량과 균형을 이루는 한도 내에서 성립하는 질서였고, 더구나 그 '악취'가 아직은 도시질서를 교란하는 요인으로까지 심화되지 않았기에 가능했다.

일반 쓰레기는 농촌에서처럼 매립하거나 소각처리를 할 수 없게 되면서 하수구·도랑·하천 같은 수로나 공공장소에 마구 버려졌기 때문에 종종 투기 금지령과 준설령이 공포되곤 했다. 하천이나 인공 수로는 물자 공급을 위한 유통로로서 이용되었으므로 위 법령의 주된 목적은 청류(淸流) 회복보다도 유통로 확보에 있었던 것으로 보인다. 육상에 대해서도 쓰레기 투기 장소를 없애고 평지로 만들라는 명령이 내려졌다.[130] 이윽고 에도의 에이다이시마(永代島, 東京 中央區)와 그 밖의 매립지가 쓰레기 집하장으로 지정되었으며 지주들에게는 오물 처리비(芥錢)가 부과되었다. 이 과정에서 철 지난 소나무 장식 따위를 물에 떠내려 보내지 못하게 된 것은 사기초의 금지 등과 함께 서민층의 민간신앙과 민속의 형태를 도시사회의 필요성에 맞추어 크게 변화시키는 요인이 되기도 하였다.[131]

게다가 사람과 물품의 왕래가 격심해진 까닭에 수많은 도로 규제가 생겨났다. 교량 근처에서 장사나 구걸뿐만 아니라 멈춰 서는

---

130) 예를 들어 "집회소(會所)에 지금까지 쌓인 쓰레기는 마치에 사는 자들이 5일 내로 빨리 치우고 그 자리를 평평하게 고르도록 하라"(慶安 2, 1649. 6. 28).
131) 伊藤好一, 『江戸の夢の島』(吉川弘文館, 1982), p.39 이하, 成澤, 앞의 논문, pp.195~197.

[그림 21] 에도 니혼바시(日本橋)의 정경(江戸名所圖繪 1권)

행위 자체를 금지했고[132]([그림 21]) 점포 앞 도로에 상품을 쌓아두
는 행위도 금했으며,[133] 이 밖에도 목재를 쌓는 방법 등 세부에 걸
쳐 규제가 가해졌다. 노면에 자갈을 깔아서 다지고 도로를 평탄하
게 만드는 일은 마치 내 가옥주와 마치 대표자들의 공동 책임이었

---

132) "마치 내의 다리 양끝이나 네거리의 장사꾼들로 인해 길이 복잡하므로 이
를 엄히 금한다. 또 걸인도 마찬가지이다"(慶安 2, 1649년 7월 12일), "이 다
리 위를 오가는 자들은 주야를 막론하고 멈춰 서 쉬어서는 안 된다"(元禄
11, 1698년 7월, 江戸 深川 永代橋에 걸린 高札).

133) "마치 내 점포의 물건은 차양 안쪽에 두어야 한다. 차양에서 조금이라도 도
로로 나와서 길을 막아서는 안 된다"(承應 2, 1653년 6월 19일).

으며 막부는 물리적인 강제를 통해 그 실행을 촉구했다.[134]

"마치 안에서 아이들이 길 위에 새끼줄을 치고 놀아 왕래에 방해가 되므로 이런 일이 없도록 각별히 주의를 줄 것." 연날리기도 금지되어 아이들의 유희가 배제되어 간다.[135] 아이들도 놀이도 교통질서라는 측면에서 보면 단순한 교란 요인에 지나지 않았다.

탈것에 관한 규제로는 1665년 에도 시가지 내에서 평민이 가마를 타는 행위가 금지되었다. 하지만 그 후로도 가마를 이용하는 조닌이 계속 늘자 막부는 가마에 문을 달거나 발을 치는 행위를 금함으로써 탄 사람의 정체를 알 수 있도록 했다. 결국 1726년에는 대여용 가마의 숫자 제한을 철폐하기에 이르렀는데,[136] 이것은 경제 외적인 강제력이 시장질서에 대한 통제력을 이미 상실한 좋은 예

---

134) "일전에도 명령한 대로 마치 내의 길이 좋지 않은 곳은 모두 잘 의논하고 비용을 공평히 나눠서 자갈을 깔고 길을 좋게 해야 한다. 근일 중에 하타모토(旗本)인 도로부교(奉行)가 마치를 순회한다고 한다. 길이 나쁜 마치는 집주인과 나누시 등을 밧줄로 묶어서 마치 안을 끌고 다닐 터이니 추호도 방심 없이 빨리 자갈로 길을 다지도록 하라"(萬治 3, 1660년 9월 11일).

135) 寛文 2, 1662년 1월 6일. 연날리기에 관해서는 萬治 2, 1659년 1월 17일자를 비롯하여 몇 차례 같은 명령이 내려졌다.

136) 大石, 앞의 책 pp.124~127. 또 寛文 5, 1665년 2월 10일자에는 '가마', '안타(編板)'를 금하는 법령이 보인다. '안타'란 대나무를 엮어서 만든 조잡한 가마로, 원래는 죄인이나 사체를 싣는 것이었다. 『岩波 古語辭典』은 '안타'가 "근세 중기 이후 가미가타(上方: 교토 · 오사카 일대)에서 가마를 칭한 것"이라고 하는데, 위 법령에 따르면 이미 근세 초기의 에도에서도 흔했던 것으로 보인다.

가 될 것이다. 18세기 이후로는 화물 운반수단으로 도시에서 각광 받기 시작한 다이하치구루마(大八車)[137]에 대해서도 교통규제가 가해졌다. 좁은 길은 주차 제한이 있었고, 사고 가해의 경우는 과실·고의를 막론하고 형사책임을 물었다.[138]

마치 내에 "물을 뿌릴 때는 통행인에게 물이 튀기는 일이 없도록 하라"[139]는 것도 교통량 증대를 전제로 한 규제였다. 그런데 이 법령을 아래 사료와 함께 생각해 보면 어떨까?

· 정월 행사로 서로 물을 끼얹는 일은 각자 집안에서 하는 것은 무방하다
· 밖으로 나와 마치 내에서 물을 끼얹고 그런 연후에 목욕탕으로 데리고 들어가는 일은 엄금한다.
· 물을 끼얹다가 싸움·논쟁이 생기면 필히 처벌한다.[140]

저택 내부라면 가족이나 친척, 하인들 사이의 일이므로 문제될 게 없지만 공동체 의식이 아예 존재하지 않는 마치 내에서 물을 뿌리다가는 비록 그것이 지난해 결혼한 신랑을 축하하기 위한 관습

137) 8인분의 노동을 대신한다는 의미의 화물 운반용 이륜 수레.
138) 大石, 앞의 책, pp.127~133.
139) 慶安 2, 1649년 2월 28일자. 이 외에도 자주 발령되었다.
140) 明曆 2, 1656년 1월 4일자 등. 한편, 교토에서는 결혼식에 조약돌을 던지는 관습에 대해 '행패 부리는 자들'이라 하여 자주 금지령을 내렸다. 元祿 13, 1700년 11월(『京都町觸集成』 제1권, p.82) 등.

적인 정월 행사라 해도 심각한 '싸움·언쟁'으로 발전하지 말라는 법이 없다. 즉, 아무리 사소한 계기일지라도 '소란'의 발생을 극도로 두려워하는 당국자의 자세가 여실히 드러나는 것이다.

유사한 내용의 법령은 이 후에도 자주 반포되었으니, 이는 각종 규제에도 불구하고 "싸움은 에도의 꽃"이라는 속설이 여전히 유효했음을 보여 준다. 또 하나의 예로서 제례 때 '미코시(御輿·神輿: 神位를 모신 가마)' 행렬을 둘러싼 다툼 정도는 내버려둬도 시간만 지나면 어떻게든 수습될 터인데 막부는 이것 또한 방관하지 않았다. 산노사이(山王祭, [그림 22])[141]에 관한 막부 법령을 하나 소개해 보자.

· 미코시가 통과할 때는 구경꾼들이 가마를 수행하는 자들에게 무례를 범하거나 언쟁을 거는 일이 없어야 한다. 또 수행자들은 행렬을 이어서 예의바르게 통과해야 한다….
· 미코시가 통과할 때는 구경꾼들이 언쟁을 거는 일이 없도록 해당 마치의 기모이리·가쓰교지(肝煎·月行事)[142] 등이 곁에 붙어 있어야 한다….
· 미코시가 잠시 휴식을 취할 동안도 언쟁이 일어나지 않도록 아랫것들을 주의시켜야 한다.[143]

---

141) 山王祭. 에도 막부 초대 장군인 德川家康이 관동지방으로 들어온 것을 기념하는 제례.
142) 마치의 주민 대표.
143) 明曆 2년 6월 2일자. 또 나중에는 미코시 행렬을 구경하는 자들에게 "말이

[그림 22] 에도의 산노사이(山王祭) 행렬(江戸名所圖繪 1권)

    '미코시'의 종교적인 신성함은 당연한 일처럼 무시되었고, 단지 '예의 바르게' 소란을 일으키지 않고 통과시키는 데에만 관심이 집중되었다. 농촌에서라면 혹 소란이 발생하더라도 일이 커지지 않도록 수습하는 역할을 맡을 자가 분명히 있었겠지만 지역에 대한 귀속의식이 약한 도시의 마치에서는 그러한 기능이 충분히 작용할 수 없었기 때문일 것이다. 마치의 주민 대표들에게 사전에 주

나 그 밖에 탈것들이 자유롭게 통행할 수 있도록 길을 비워둘 것"을 명하기도 했다(寬文 12, 1672년 6월 10일자). 막부 권력은 오로지 도시의 세속질서를 유지하는 데에만 관심을 집중하였던 것이다.

의를 촉구하도록 명령한 점이 그 사실을 잘 말해 준다.

심지어 "도로에 나와 더위를 식히는 자는 길을 내왕하는 자에 대해 조금이라도 무례를 범해서는 안 된다. 만일 언쟁이 발생하면 마치의 주민들이 재빨리 나서서 별일 없도록 수습해야 한다"[144]라는 정도이고 보면, 여름날 시원한 바깥바람을 쏘이다가 일어날 법한 사소한 언쟁까지도 규제하려는 너무나 지나친 마치부교의 예방 질서의식이 엿보인다. 과밀한 인구에 단신으로 생활하는 남자가 많고 타지에서 막일하러 온 사람을 비롯하여 정체 모를 자들이 수없이 출입하는 성하정의 사회적 긴장감이 위 법령에는 반영되었을 것이다.

이렇게 위로부터 강요된 도시의 질서의식은 장군·공가·다이묘, 그 밖에 막부 요인의 행렬 통과를 앞두고 가장 집약적으로 나타났다.[145] 행렬 앞을 가로지르지 않으며 일정한 거리를 두고 길가에 엎드려 머리를 조아리게 하는 예법은, 내려다보는 주체가 항상 권력자 쪽이며 엎드린 모습을 일방적으로 주시당하는 일이 실은 바로 지배당하는 일이었음을 의미한다. 그런데 각종 법령서를 살펴보면 실제로 연도 주민에 대한 규제는 정규 외교사절인 조선통신사를 맞을 때 가장 미세한 부분에까지 미쳤다. 이는 국내적인 권위·권력의 경우처럼 위압적으로 복종을 강요하기보다 외부로부

---

144) 明曆 2년, 6월 21일자 등.
145) 渡辺, 앞의 논문 「御「威光」と象徵」 참조.

터의 시선에 대한 미적 배려가 강하게 작용한 때문일 것이다.

사절단이 도착하기 한 달 전부터 자주 불조심을 엄명하는 외에,
마치에는 다음과 같은 명령이 하달되었다.

· 물건을 말리는 건조대는 말끔히 치울 것.

· 무엇이든 보기 흉한 것도 다 치울 것.

· 지붕과 차양을 청소할 것 ….

· 고시이타(腰板: 벽 · 장지문 아래에 두른 판자)가 부서진 곳은
수리하고 같은 색으로 칠할 것….

· 조선인들이 지나는 길에 모래를 뿌려서 길을 만들지 않도록
하고, 비로 잘 쓸고 물을 뿌려 깨끗이 할 것.

· 마치 스스로 당번을 세워 주야로 방심 없이 경비할 것. 가쓰교
지는 당일 이른 아침부터 앞뒤의 기도(木戶)에 붙어 서서 싸움 · 언
쟁이 벌어지지 않도록 주의할 것 ….

· 조선인이 통과할 때 이층에서 내려다보며 구경하지 말 것.

· 조선인이 통과할 때 손가락질하며 웃는 일이 없을 것.

· 네거리 · 다리 위에서 구경하거나 또는 차양보다 앞쪽으로 나
와서 구경하는 일이 없도록 할 것. 매사에 예의바르며 법절에 어긋
나지 않도록 주의할 것.[146]

146) 明曆 元, 1655년 9월 24일자, 같은 해 10월 1일자. 한편 '류큐인(琉球人)'에
대해서도 같은 내용의 법령이 반포되었다(寬文 11, 1671년 7월 20일자). 또
교토의 경우는 예컨대 正德 元, 1711년 8월『京都町觸集成』제1권, pp.187
~188) 등을 참조.

[그림 23] 조선 통신사 행렬(朝鮮人來朝圖)

외래인이 바라본 거리의 모습은 빈틈없이 청소와 손길이 미친 깨끗한 공간에, 차양 안쪽이나[147] 특별히 지정된 관람석 안에서 구경꾼들이 조용히 질서정연하게 행렬을 지켜보는 정경이어야만 했다[그림 23]. 그러나 그림 속의 에도 주민은 결코 '질서정연' 하지만은 않다―역자). 이는 말하자면 도시민의 일상생활을 규율해 온 그간

---

147) 통신사절이 통과하는 에도 니혼바시길(日本橋通)과 혼마치길(本町通)의 경관 정비를 위해 마치 단위로 길게 차양을 설치한 경위에 관해서는 玉井哲雄, 『江戸―失われた都市空間を讀む』(平凡社, 1988), pp.96~98이 자세하다.

의 성과를 '검열' 하는 행사의 날이었고, 주민의 입장으로서는 질서에 대한 참가의식을 스스로 확인하는 날이기도 했다. 제례이든 행렬 구경이든 원래는 민중의 에너지와 감정이 있는 그대로 분출되어야 마땅할 '축제의 시간' 이 거꾸로 그것들을 일정한 틀 내로 제어하는 '훈련의 시간' 이 되어 버린 것이다. 산노사이를 구경하는 일 또한 그러했다.

이상은 에도시대 전기(前期) 대도시에서 주민에게 실제로 부과된 생활 규율이다. 그런데 중기 이후는 주로 빈곤을 이유로 농촌에서 도시로 흘러든 자들이 막부의 단속에도 아랑곳없이 매년 큰 폭으로 증가하였다. 이들 대부분은 일정한 주거와 직업을 갖지 못한 '무숙인(無宿人)' 으로서 도시질서에 대한 최대의 교란 요인으로 작용하였다. 막부는 이들을 사도(佐渡: 현재 니가타〈新潟〉현에 속한 동해상의 섬)의 금·은 광산에 인부로 내보내는 등 여러 가지 방법을 써서 에도로부터 추방 또는 배제하고자 했다. 그러나 에도 후기에 들면서 연달아 발생한 몇 차례의 대기근과 도시 소요사태로 인해 도시질서는 걷잡을 수 없이 악화되었으니, 막부가 간세이개혁(寬政改革)[148]·덴포개혁(天保改革)[149]의 와중에 특히 도시 '무숙인' 에 대한 규율화를 구상한 것도 바로 그 때문이었다.

예컨대 간세이개혁에서는 '닌소쿠요세바(人足寄場)' [150]를 설치

148) 1787~1793년에 행해진 개혁정치.
149) 1841년부터 몇 년간에 걸친 개혁정치.
150) 무숙인을 대상으로 한 일종의 사회갱생시설.

하여 '무숙인'에 대한 직업훈련을 실시하였다. 당시로는 미결수 구류소 성격이 강했던 '로(牢)'에 수용해야 할 사람들에게 자활 갱생의 기회를 부여한 것으로, 막부는 에도 이시카와지마(石川島)에 특별한 시설을 만들어 단순 인부 일이나 석회 · 종이 · 기름 제조 같은 기술, 혹은 '농업'을 가르치고 일정한 임금도 지불했다.[151] 각 번에도 서서히 보급된 이 '요세바' 제도는 메이지 이후 감옥에서 행한 교정교육의 선구적 형태라고 일컬어지는데, '요세바' 내부의 행동 규율화는 아직 후대의 감옥에 비하면 그다지 세밀하지 않았던 듯하다. 그러나 매일 일정한 시간에 특정한 작업을 강제하고 생활 규율을 부과하는 징역 시설의 선구적 형태였던 점은 확실하다.

한편, 에도 후기에 들어 콜레라 같은 역병이 유행하면서 위생 규율이 처음으로 문제가 되었다. 콜레라는 1822년 규슈(九州)에서 긴키(近畿: 교토 주변)지방에 걸쳐 첫 피해를 낸 이래 1858, 59년 전국적으로 유행하였다. 당시 각지에서 반포된 법령을 보면 예방대책의 기본은 개개인의 신체 섭생법에 있었다. "근래 유행하는 콜레라는 치료법이 여럿 있다고는 하는데 그중 문외한들이 알아둘 만한 방법을 여기에 적는다. 사전에 이를 막으려면 무엇보다 몸을 따뜻하게 하여 배에는 천을 두르고 과음 · 과식을 피하며 그 밖에 소화

---

151) 人足寄場顯彰會 편, 『人足寄場史 ―我が國自由刑 · 保安處分の源流』(創文社, 1974), 참조.

가 힘든 음식을 일절 먹지 말아야 한다."[152]

이 시대까지 질병의 원인은 보통 귀신·악령 같은 초자연적인 힘이나 몸 안의 '기(氣)'가 순조롭지 못하여 한 곳에 뭉치는 등의 이상에 기인한 것이라고 믿어왔다. 호흡을 조절하는 조식법(調息法)이 중시된 점과 관련해서 가이바라 에키켄(貝原益軒)[153]은 개인이 "몸 밖에서 안을 실하게 만드는 이치"로써 외기(外氣)의 건습(乾濕)·한난(寒暖)·음양·독기 따위에 주의할 것을 주장했으나 공간 즉, 환경 속에 확산된 특정한 이물질이 불특정 다수의 몸에 동시에 영향을 미치는 사실에 대해서는 당연히 거의 의식하지 못했다.[154] 페스트의 대유행으로 인구가 격감했던 중세 유럽 제국이나 혹은 이민에 수반된 전염병 유입 때문에 고심하던 북아메리카와[155] 같은 역사적인 경험이 이 나라에는 없었던 것이다. 따라서 병자를 강제 격리함으로써 전염의 위험을 피한다는 공중위생관념도 아직 전혀 알지 못했다. 예를 들어 1858년 콜레라 유행 때도 교토에서는

---

152) 安政 5, 1858년 8월 22일자(『幕末御觸書集成』 제5권 p.354). 또 교토의 경우도 「流行吐瀉病豫防法」이 시행되었다(『京都町觸集成』 제12권, p.307).

153) 1630~1714. 에도 전기의 유학자.

154) 畵田源四郎, 『疫病と狐憑き―近世庶民の醫療事情』(みすず書房, 1985)은 奧州 守山領의 마을을 소재로 하여, 역병 유행에 대응한 사기(邪氣) 방지, 방충, 기도, 음식물 금기, 약물 요법 등을 분석함으로써 전염병에 대한 근세인의 전형적인 관념과 행동을 생생하게 보여 주었다.

155) A. M. Kraut, 『沈默の旅人たち』(中島健 일역, 靑土社, 1997)은 18세기 이후 감염증 유행과 이민 차별이 깊이 결부되었음을 논하였다.

천황이 사가(嵯峨: 교토시 右京區 중부)의 고쇼(御所)에서 '양재기도(禳災祈禱)'를 올렸을 뿐이었다.[156]

또 히라타 아쓰타네(平田篤胤)[157]는 1811년 문하생들에게 「의도대의」(醫道大意)란 제목으로 강의했는데, 그 속에서 "모든 외국은 말세에 접어든 말국(末國)으로 정신적·물질적 오염(汚穢)이 심한 까닭에 예부터 나라가 어지럽고 병도 많아서 섭생법이나 의약이 발달하였다. … 이는 난세에는 전쟁이 잦아서 자연히 명장이 많은 것과 같은 이치이다"[158]라고 하였다. 그는 이 강의를 통해 병원체가 늘 외부세계 특히 '외국'으로부터 침입한다는 점을 강조하고자 한 것은 아니었다. '외국'이란 "심히 더럽고 거친 곳"인 까닭에 오히려 의학과 해부학이 발달했으니 그 성과는 적극적으로 섭취해야만 한다고 주장한 것이다. 그리고 아쓰타네 자신도 "미리 병을 고치는" 질병 예방의 중요성을 주장했지만 그 방법은 어디까지나 '기(氣)의 침체'를 막고 "기를 연마하는 수양법"이 중심이었다.

그러나 전염병 피해가 심각해지면서 점차 가옥을 청결히 유지하고 습기를 제거하며 공기 소통을 원활히 하는 등의 이물질 배제와 더불어, 공간 개량을 통해 전염을 막고자 하는 발상과 그에 따

---

156) 『京都町觸集成』 제12권, p.282.

157) 1776~1843. 에도 후기의 국학자.

158) 「志都石屋講本 下」(平田篤胤全集刊行會 編, 『新修平田篤胤全集』 제14권, 名著出版, pp.78~79.

른 각종 규제가 등장하기에 이르렀다.[159] 앞 장에서 언급했던 기숙사 내 병자에 대한 규제나 사쿠마 쇼잔(佐久間象山)[160]이 1858년 사체를 화장할 때 나는 연기로 인한 콜레라 전파를 막기 위해 다이묘에게 화장의 전면 금지를 건의한 일, 게다가 1862년 막부가 개항장에 입항하는 외국 선박에 대해 검역증명서 제출을 요구한 일 따위는 모두 같은 맥락에서 나온 규제들이었다.[161]

다시 말하면 질병의 원인이 개개인의 신체와는 직접적인 상관없이 공간을 통해 넓은 범위로 번져 나간다라는 새로운 관념이 탄생한 것이다. 개항 및 도시화의 진전에 따라서 외부 이물질에 노출된 환경과의 관계 속에서 사람의 신체를 명확히 의식하게끔 되었다. 이리하여 감염 차단을 위해 청결한 공간을 만들고 유지하려는 예방행정적인 규제가 본격적으로 시동된 것은 유신 이후의 일이었다. 한 예로서 [그림 24](1879)의 경우, 콜레라는 바다 저편으로부터 침략해 오는 외적의 이미지로 묘사되었다. 방역은 국방과 마찬가지로 외부에서 침투하는 대량의 적과 일대 격전을 치르는 일로 인식되었던 것이다.

---

159) 山本俊一, 『日本コレラ史』(東京大學出版會, 1982), pp.668~672.

160) 1811~1864. 에도 말기의 급진적 유학자 · 병학자.

161) 또한 사체 냄새를 맡으면 '역부(疫腐) · 패열(敗熱) 등 질병'이 옮으니 이를 방치하지 말고 가매장하라는 법령도 반포되었다. 安政 5년 8월 24일자(『幕末御觸書集成』제5권, p.355).

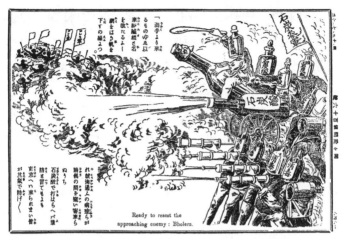

Ready to resert the
approaching enemy : Bholera.

[그림 24] 콜레라에 반격하는 일본(團團珍聞 제116호)

(3) 전망

에도시대의 성하정은 공간적인 면에서 분명히 메이지 이후 주
요 도시의 기원을 이루었다. 그런데 도시민의 행동양식 특히 규율
화란 측면에서도 성하정은 후대 도시질서의 출발점이 된 것은 아
닐까?

오물처리법·교통규제·화물규제 등은 과밀도시를 배경으로
나타난 현상인데, 이러한 규제가 지향한 바는 "사람과 물자가 지체
없이 유통하는" 세계였다. 화폐를 매개 삼아 물자와 이윤이 빠른
속도로 유통하는 시장경제의 발달에 병행하여, 에도 후기의 도시

에서는 매사가 처음과 끝을 구분하지 못할 정도로 빠르고 매끄럽게 흐르는 것이 사회질서의 필요조건이었다. 이러한 현상은 이윽고 문명개화 이후 기계 시계로 가늠하는 균질한 시간흐름과 맞물리면서 '근대적'인 코스모스를 형성하게 된다.

소비도시라는 측면에서 보면 의식주의 과잉소비에 대한 규제가 많았다. 화폐·상업의 논리만으로 움직이는 시장질서는 그냥 내버려두면 무가 지배의 근저를 뒤흔들 우려가 있었기에 권력으로서는 반드시 통제를 가해야만 했다. 그 결과 도시 주민의 행동은 더욱더 세부에 걸쳐 예방적으로 규제되기에 이르렀으며, 다른 한편으로는 민중의 에너지를 어딘가로 발산시키면서 동적인 안정을 도모하기보다는 조그만 소요의 싹이라도 미연에 잘라 없애자는 발상이 지배세력 전체에 공유되었다.

또한 에도시대까지는 메이지 초년의 나체금지령과 같이 외부의 시선과 수치관념에 입각한 규제는 아직 나타나지 않았다. 그러나 비슷한 사례로서, 행렬을 지어 도시 내부를 통과하는 외부인의 눈을 의식하여 구경꾼을 규제한 예는 상당수 보였다.

4. 선종 사원의 생활규율

질서의 기원을 찾아서 역사의 강을 거슬러 오르는 우리의 여행은 근세 무가사회·도시사회만으로 끝날 수 없다. 왜냐하면 '근대적'인 갖가지 기능집단에 내재하는 성립 조건의 원형을 중세의 사찰이라는 하나의 소우주에서 찾을 수 있기 때문이다.

(1) 군대와 승원(僧院)

작가 미즈카미 쓰토무(水上勉, 1919~)는 1944년 입대하여 치중만마대(輜重輓馬隊)[162]의 훈련을 받은 경험을 토대로 소설 『병졸의 갈기』(兵卒の汐鬃, 1972)[163]를 썼다. 그 속에서 그는 과거 동자승 시절 임제종(臨濟宗: 선종의 일파)의 선사(禪寺)에서 겪은 수행 생활과

---

162) 말을 이용해서 수송·보급을 담당한 부대.
163) 『水上勉全集』 제15권(中央公論社)에 수록. 또한 水上의 『ものの聲ひとの聲』(小學館ライブラリ—, 1994)에 '소승집단(小僧集團)'의 일상을 회고한 문장이 있다(「庫裡王國の〈掟〉に耐えて」).

군대 내무반 생활을 함께 반추하면서 "선승이 되기 위한 수행승의 일상이 군대와 하나도 다르지 않았다"라고 술회했다. "선사에서는 때가 되면 승당(僧堂)으로 가야만 했다. 승당은 운수도장(雲水道場)으로 당연히 그곳에는 집단생활이 기다리고 있었다. 고참승과 신참승 사이에 군대 못지않게 서열과 차별이 있었고 '단(單)'이라 부르는 판자마루 반 평 정도의 자리를 터전 삼아 주야로 그곳에서 좌선을 하고 노동도 하였다. 간혹 졸다가는 고참승의 경책봉(警策棒)[164]이 날아든다", "일곱 명의 선배가 있었는데 열세 살인 나는 신참이었기에 모두로부터 무던히 괴롭힘을 당했다. 심지어 얼굴 생김새에 불만을 가지는 이도 있었다. 선배들은 무슨 일이 있을 때마다 나를 몰아세우고 사소한 실수에도 폭력을 가했다. … 아무리 굽실대도 선배가 후배를 때리려고 들면 다 이유가 있는 법이었다". 출신도 생김새도 성격도 서로 다른 사람들과의 공동생활을 통해 작가는 "남이 남을 이해할 수 있는 길은 이 세상에 없다라는 체념이 열세 살 어린 마음에 확실히 뿌리내렸다"라고 하였다.

작가가 젊은 시절 이처럼 두 가지 집단생활을 체험할 수 있었던 것은 실로 우연에 지나지 않았다. 역사적으로 보더라도 에도시대 무가사회의 행동규율을 매개로 한 인과관계를 생각하는 쪽이 자연스럽지 더 거슬러 올라가서 중세적인 선사의 집단규율이 메이지 이후 군대 내무반의 일상생활에 직접적이고도 전면적인 영향을 끼

164) 졸음과 나태함을 일깨우기 위한 길이 넉자 정도의 나무 봉.

쳤다고는 감히 상상하기 어려울 것이다.[165] 그러나 남자만으로 구성된 집단에 집단 내부의 질서가 고참·신참 간 서열과 완력을 통해 유지된다는 점에서는 선사와 군대가 다르지 않으며, 두 개의 사회질서 모델이 갖는 상호 유사성은 작가가 개인적인 체험을 통해 깨달은 점 이상으로 큰 것이었다.

이제 도겐(道元)[166]이 남긴 영평사(永平寺)[167]의 청규(淸規)를 분석함으로써 선종 사원의 질서관을 해독해 보고자 한다. 이는 비단 메이지시대 군대의 질서관을 규명하기 위한 것만이 아니다. 나아가서 20세기 초 이래 일본사회 전체를 뒤덮은 듯이 보이는 사회질서상의 기원을 밝히기 위함이다.

(2) 청규(淸規)의 형성

민간 불교의 역사에서 승려가 개별적으로 심산유곡에 은거하며

---

165) 水上 자신은 "예전 일본 군대 내무반의 생활규범이 선종의 이 도제(徒弟) 수행을 위한 도장의 방식을 배운 것이라고들 한다"(앞의 책 『ものの聲ひとの聲』, p.107)라고 했는데, 구체적으로 무엇을, 언제, 누가 배웠다는 것인지, 혹은 단순히 유사성에 입각한 추측에 불과한 건지 확실하게 밝히지는 않았다.

166) 1200~1253. 가마쿠라시대 전기의 선승으로 일본 조동종(曹洞宗)의 개조(開祖).

167) 조동종의 대본산으로 현재 후쿠이현(福井縣)소재.

수행하는 것이 일반적이었던 '산림두수(山林斗藪)'의 시대를 거쳐, 많은 수행승이 한 장소에 모여 생활과 수행을 함께 하는 '총림(叢林)'이 형성되면서부터 현실적으로는 집단생활의 규율이 필요하게 되었다. 이때 외부로부터 강제된 국가적 규범이 아닌, 청승(清僧) 자신들이 정한 청정한 일상을 위한 자치 규약을 '청규'라고 한다.

경전을 중심으로 한 구(舊) 불교의 경우도 예를 들어 법상종(法相宗)[168]의 승려 게다쓰보 사다요시(解脱房貞慶, 1155~1213)는 「권학기」(勸學記)[169]에서 하루 일과표를 엄격히 정해 '근행(勤行: 불전에서의 독경·공양)'과 '학문(불경 학습)'에 집중할 것을 권유하였다.

진사(辰巳: 오전 7시~11시)에는 학문, 오(午: 11시~오후 1시)는 근행, 미(未: 1시~3시)는 학문, 신(申: 3시~5시)은 외전(外典: 주로 유학서)·세사(世事: 세속서) 등, 유(酉: 5시~7시)는 근행·염불, 술해(戌亥: 7시~11시)는 학문, 자축(子丑: 11시~오전3시)에는 휴식·수면, 인묘(寅卯: 3시~7시)에는 학문

그는 '음란한 일과 주연'(淫事酒宴) 등 세속적인 것을 즐기거나 얕은 학문으로 '위세'를 부리는 일을 경계함은 물론이고, 짧은 휴식 시간이라 해도 쓸데없는 잡담을 허용치 않았다. 또 수면·식사

---

168) 원래 南都六宗의 하나로 삼장법사 현장이 개조.
169) 鈴木學術財團 편, 『增補改訂日本大藏經』 제64권, 「法相宗章疏」 3(講談社)에 수록.

같은 시간을 최소한으로 줄이면서 오직 수련에의 집중만을 목표로 삼아 승원(僧院) 생활을 규율하고자 했다.

그러나 선종의 경우는 단순히 실제 생활상의 필요나 수련만을 위해 규칙을 제정한 것은 아니었다. 오히려 일상생활의 모든 부분을 수련을 위한 시간·공간으로 삼고자 했으며, 오고 가며 앉고 눕는(行住坐臥) 네 가지 동작(四威儀) 그 자체가 불법(佛法)에 의거한 수행이고 참선이어야만 했다(日常心是道). 여기서는 노동까지도 총림 전체를 위한 봉사활동이나 자급을 위한 생산활동이기에 앞서서 무엇보다도 깨달음(開悟)의 기회로서 의미가 부여되었다.

중국에서 시작된 선종이 유교적인 예악·윤리의 영향을 받아들여[170] 계율보다도 청규를 중시하며 성문화되어 간 것은 당나라 때의 백장사(百丈寺) 승려 회해(懷海) 이후의 일이라고 하는데, 현존하는 가장 오래된 청규로는 송대에 저술된 『선원청규』(仙苑清規: 12세기 초 성립)가 있다. 다만 중국의 경우는 선(禪)의 실천이란 면에서 노동에 중점을 두었으며 생활 규율은 상대적으로 비중이 낮았다. 송으로 건너간 일본 승려들은 이 청규를 받아들였고, 묘안 요사이(明庵榮西)[171]가 제일 먼저 『출가대강』(出家大綱)[172]을 통해 '의식(衣食)'과 '예절'에 관한 규정을 강조하였다. 그 내용은 법의(法

---

170) 西村惠信, 『禪林修行論』(法藏館, 1987), p.92 참조.
171) 1141~1215. 가마쿠라시대 초기의 승려.
172) 山本勇夫 편, 『高僧名著全集』 제18권(平凡社)에 수록. 원저는 1200년에 저술

衣)의 종류와 용도 · 식사시간 엄수 · 식재료 제한 · 탁발(托鉢) 방법을 논한 이외에, 아침에 일어나면 우선 치목(齒木)으로 이를 닦고 식사 전에 손을 깨끗이 씻으며 합장하여 부처의 이름(佛名)을 읊는다, 식전 · 식후에 시주(施主)를 위한 축원을 올리고 식후에는 바로 이를 닦는다, 등에서부터 배설 방법에 이르기까지 약간의 범절을 포함한 것이었다.

그러나 『출가대강』은 말미에 '계(戒)'와 '율(律)'에 관해서도 대략적으로 언급하였으며 전체적으로 보아 일상의 생활규율을 중심으로 한 내용은 아니었다. 일본에서 청규가 총림 생활의 실제 규율로서 본격적으로 활용되기 시작한 것은 아무래도 도겐부터이다. 아래에서는 도겐의 영평사 청규를 주 소재로 삼아 선종 사원의 질서관이 어떤 구조를 지녔는지 재현해 보도록 하자.

(3) 공간

선승들에게 사원이란 공간이 갖는 의미는 특별했다. 우선 출가한 승려로서는 그곳이 '사바(娑婆)' ─메이지시대 군대에서도 바깥세상을 '사바'라고 불렀다─ 로부터 완전히 단절된 공간이었음은 말할 나위 없다. 그 공간으로 들어갈지 여부를 정하는 일은 개인의 자유의지였고, 다만 그 자격은 남성만으로 한정되었다. 여름 한 철 90일간의 안거(安居)에 참여한 후 하산할지 혹은 장기간 머무를지를 선택하는 일도 승려 각자의 자유에 맡겨졌다. 그러나 일단 입산한 이상은 출입이 엄중히 규제되었다. 우선 사찰 입구에는 산문(山門)이 있다. "산은 성(城)·시(市)에 맞서는 곳이니 성·시가 속(俗)이라면 산림은 진(眞)이다. 승원이 속세를 등지고 세진(世塵)을 달관하였음"[173]을 상징하는 것이 바로 '산문'이다. 비린 음식과 술(葷酒)을 들이지 않음[174]은 물론이고, 저녁 식사 후 산문을 나서는 일은 허용되지 않았다.[175] 외부 방문객과 속인은 허가를 받은 후에 제한된 장소만 출입할 수 있었다.

경내는 설법을 행하는 법당 이외에 불전과 승당 즉, 좌선당을 중심으로 집단생활에 필요한 건물들이 일정한 양식과 구성을 취하며 배치되었다. 주위를 에워싼 산림과는 달리 주지승이나 장로(長老)의 눈이 공간의 구석구석에까지 미칠 수 있는 구조였다. 그러므로 사찰 구역의 내부는 늘 청결하게 잘 정돈되어야만 했으며 특히 부엌(庫裡)과 변소(東司)가 그러했다.

공양을 마친 다음은 밥과 국을 치우고 식기와 도구류도 정성껏 씻어서 정하게 하여라. 높은 곳에 둘 것은 높은 곳에 두고 낮은 곳에 둘 것은 낮은 곳에 두어라.… 젓가락·국자 등 모든 기물도 마찬가

---

173) 西村惠信, 『禪僧の生活』(雄山閣出版, 1983), p.28.
174) 「觀音導利興聖護國寺重雲堂式」(『道元禪師全集 下』에 수록). 이하, 「重雲堂式」이라고 약기함.
175) 「入衆日用淸規」(西村, 앞의 책 『禪僧の生活』, pp.77~90에 번역문 있음).

지로 잘 정리해서 정성 들여 점검하고 조심스럽게 놓아 두어야 한
다(典座教訓).[176]

여기서는 각종 집기를 깨끗이 깔끔하게 수납하는 것만으로는
불충분하며 어디까지나 내면의 '정성'을 요구하고 있다. 성심을
깃들여야만 제대로 된 정돈이 실현되는 것이다.

승당은 취침·식사·좌선을 위한 공간인데 그 속에서 승려 각자
가 점하는 개인적인 공간 즉, '단(單)'은 상호간에 조금도 차이 없
이 같은 넓이로 균일화되었다. '단'의 정돈법은 좁은 공간을 유효
하게 사용하기 위한 합리성이 두루 고려되었고 이는 동시에 하나
의 시선으로 공간 전체를 가시화하기 위한 방법이기도 했다. 또한
기상 후 침구 하나 하나에 대해 개고 접는 방식을 적은 「변도법」(弁
道法)의 아래 내용을 읽어 보면, 형식을 치밀하게 갖추는 일이 곧
잡념을 멀리하기 위한 하나의 궁리가 아닐까 하는 생각마저 든다.

두 손으로 이불(被) 두 귀퉁이를 쥐고 길이로 접어 이중으로 한
다. 또 길이로 접어서 사중(四重)으로 한다. 다음에 안쪽을 향해 너
비로 접어서 사중으로 한다. 모두 합하면 십육중이다. 이것을 요(眠
單)의 끄트머리에 둔다. 다음으로 요를 마찬가지 방법으로 개어 이

---

176) 中村璋八 외, 『全譯注 典座教訓·赴粥飯法』(講談社學術文庫, 1991), p.37.
　　 이하 본문의 사료 인용은 이 책에 따른다. 주방의 쓰레기 처리에 대해 특별
　　 히 주의를 촉구하지 않은 것은 아직 큰 문제가 아니었기 때문일까?

불 아래쪽으로 집어넣고 베개(枕子)를 이불 속에 끼워 넣는다. 이불
을 둘 때는 겹친 쪽의 머리를 몸 쪽으로 향하게 한다. 그 다음에 합
장하고 두 손으로 가사(袈裟)를 싼 이불보(被巾)를 집어서 조심스
럽게 이불 위에 놓는다. 다음으로 또 합장하고 이불보를 풀어서 이
를 이불 위에다 편다. 이불보 양끝으로 아래쪽을 향해 이불 좌우를
싼다. 이불 앞뒤를 싸서는 안 된다.

메이지 이후 군대 내무반의 의복을 정리하는 방식에서 엿보이
는 과도한 엄밀성이 바로 여기에 기원을 둔 건 아니었을까? 형식의
치밀함과 허술함으로 정신상태를 재는 척도를 삼은 점도 양자가
동일하다.

변소(厠)의 경우도 부정(不淨)을 닦아내는 나뭇조각인 '주(籌)'
와 뒤 씻는 물을 담은 '정통(淨桶)'을 법도에 따라서 사용하게 하
는 등, 여러 가지 세밀한 규칙을 세워서 공간질서를 유지하고자 했
다. 다만 근대적인 코스모스와는 달리 공간의 밝기를 특별히 요구
하지는 않았다. 미즈카미 쓰토무도 도장(道場) 안은 "낮이건 밤이
건 똑같이 어두워서 신문도 읽지 못했다"라고 적고 있다.

나아가서 승원 생활의 기강을 유지하는 역할인 '유나(維那)'에
게는 "여름·겨울에 따라서 실내의 깔개·발·휘장을 바꾸고 화
로를 개폐하는" 등의 의무가 부여되었으며, 이것들을 "모름지기
사전에 단속해야 한다"라고 하였다.[177] 계절과 기후 변화에 대응해

---

177)「日本國越前永平寺知事清規」(『道元禪師全集 下』).

서 가구를 교체하고 실내 온도와 통풍을 조절하여 인공적 공간을 유지하는 것이 사찰 공간의 중요한 특징이었다. 향을 피우는 일도 비린 음식이나 배설물의 자연스러운 악취를 배제함으로써 좌선에 몰두하는 인공 공간을 만들기 위한 궁리에 불과하였다. 향은 "온갖 악취와 더러움을 태워서 번뇌(迷妄)의 악업을 끊고 이를 전부 소멸시킨다"(觀心論).

그 옛날 산속을 방랑하며 심신의 집착을 털어 없애는 수행을 하던 승려는 "내키는 대로 거리낌없는" 구름과 물의 움직임을 통하여 거꾸로 인간이 시공에 구속된 존재임을 뼈저리게 느꼈을 것이다.

.너는 보이지 않는가? 높고 높은 산 위의 구름은 스스로 휘감고 또 스스로 푼다. 도도히 흐르는 계곡 물은 굽은 곳은 따라서 굽고 바른 곳은 따라서 바르게 흐른다. 중생의 나날도 운수(雲水)와 같다. 허나 운수는 자유롭지만 인간은 그렇지 못하다. 만일 그럴 수 있다면 삼계(三界: 욕계 · 색계 · 무색계)의 윤회가 어디서든 일어나지 않겠는가[178]

하지만 그러한 '자연'은 승원 내에서는 인위적으로 설계되고 정화된 정원으로 압축되었으며, 단지 상징적인 풍경으로 남았을 뿐이었다. 이리하여 속세로부터 두절되어 청결하고 빈틈없이 정돈된 이 인공적인 공간은 그 후 승원 생활의 모델만으로 그치지 않

178) 鏡島元隆 역주, 『道元禪師語錄』(講談社學術文庫, 1990) 31.

고, 공간적인 사회질서에 대한 일반 모델로서 아득히 '근대의 방향'까지도 미리 제시한 듯이 보인다. 다만, 예컨대 음식을 조리할 때 불경을 읊어서 '조공(竈公)'[179]의 명복을 빌거나 식사 때 '생반(生飯)'[180]을 미리 들어서 나누는 것 같은 영적 세계와의 교섭이 의례화의 과정을 겪으면서도 중세 선사에는 여전히 남아 있었다. 이점에서는 근대적 코스모스와의 거리가 아직 요원한 듯이 보일 수도 있다. 그러나 역사를 돌이켜보면 세속화·인공화된 공간의 구석구석까지를 합리화의 논리가 빈틈 없이 장악했던 시대란 아예 존재하지 않을 것이다.

(4) 시간과 속도

선종 사원에서는 식사·배설·입욕·취침 등 인간 생리에 해당하는 시간이나 심지어는 노동 시간까지도 좌선·설법 시간과 마찬가지로 성스러운 시간이었다.

승당(僧堂)의 하루는 종소리와 같이 인위적으로 통보되는 시각에 따라서 날이 새고 진다. 오전 4시경 기상(開靜) 종, 오후 9시경 취침(開寢) 종이 울린다. 그 사이 네 차례의 좌선을 중심으로 하여,

---

179) 아궁이 불의 수호신.
180) 귀신을 공양하는 밥.

조식(粥座) · 중식(齊座) · 석식(藥石) 때는 운판(雲板)[181] 또는 어판 (魚板: 목어) 따위로 시간이 통보되었다. 노동 · 휴식 때도 마찬가지 이다. 물론 기계 시계가 아닌 계절에 따라서 시각이 조금씩 다른 부정시법(不定時法)을 취했다고는 하지만 원칙적으로 모두가 일제 행동을 취하도록 시간표가 미리 정해져서 이를 통해 개개인의 신 체 생리를 통제하였다. 이상은 5월부터 7월 사이의 하안거(夏安居) 와 11월부터 1월 사이의 동안거(冬安居) 같은 소위 안거 기간 동안 승원에서 집단생활을 할 때의 시간 개념이며, 각지를 행각(行脚)할 때의 시간은 이에 얽매이지 않았다.

이러한 시간 규율은 당시 선종 사원을 제외한 다른 사회에서는 볼 수 없는 것이었다. 방금 '사바'에서 빠져 나온 사람이 이 규율에 복종하여 신속히 행동하는 일은 물론 쉽지 않았을 것이다. 다만 선 종 사원의 시간표는 근대의 기능집단처럼 일정 시간 안에 일정한 생산효과를 올릴 것을 목표로 삼지는 않았다. 애당초 최소 시간 내 에 최대의 가치를 얻는다는 경제적인 시간관념이 없었던 때문이 다. 학교나 군대처럼 교육기간의 제한도 없었고, 오히려 그렇기 때 문에 바로 지금, 현재의 시간을 '깨달음의 길'(學道)에 집중하도록 요구되었다.

옛 사람이 말하길 아침에 도를 듣고 저녁에 죽어도 괜찮다고 했

---

181) 청동 또는 철판을 이용한 구름 모양의 타악기.

다. 지금 깨달음의 길을 가는 이들에게도 이러한 마음이 필요하다. 기나긴 세월 윤회와 전생(轉生)을 거듭하는 사이에 몇 번이고 헛되이 태어나 헛되이 죽었는데 참으로 귀하게 인신(人身)으로 태어나서 때마침 불법을 만났으니 이때 한 몸을 바치지 않으면 또 어느 생에 이 한 몸을 바치겠는가(正法眼藏隨聞記 2의 21, 角川文庫판. 이하에서는「수문기」로 약칭함)

인간세상은 무상하여 사람의 일생이 그저 한순간에 지나지 않는다고 한다면 그 한정된 시간의 빠름이야말로 가장 무서운 일일 수밖에 없었다(學道用心集). 윤회와 전생을 전제로 한 시간이란 늘 계속해서 순환할 뿐, 우주와 역사의 처음부터 끝까지를 직선적으로 흐르는 시간이 아니었다. 따라서 선종사찰에서는 오래된 불교 경전이나 의식 순서에 관한 학습을 구 불교만큼은 중시하지 않았다. 도겐이 따르도록 강조한 '고불(古佛)의 일상'이란 원시불교 이래 뛰어난 옛 고승들의 행실을 말한 것으로, 의례 전통을 엄격하게 지키는 일도 새로운 사상이나 제도를 받아들이는 일도 그다지 중요한 관심사는 아니었다. 낡은 것이든 새로운 것이든 집착하지 않는 정신이야말로 칭송받았다. 예를 들어 승복은 오래 입어 낡은 것을 탐하여 너무 아까워하지 말고 또 새것을 탐하여 무리하게 구하지 않으며 찢어진 옷을 기워 오래 입는 것이 좋다고 하였다(수문기 2의 23).

더욱이 군대처럼 전쟁의 수라장에서 싸우는 것도 아니고 개인간 · 집단간의 경쟁도 없었으므로 신속한 행동을 다툴 필요는 없었다. 그냥 언제나 전체의 움직임이 한결같이 질서를 갖추도록 개개인이 신경을 써야만 했다. 식사 때는 "상하 모두 너무 다급하거나 너무 완만하지 않아야 한다. 빨리 먹어치우고는 팔짱을 끼고 좌중을 둘러보는 일은 반드시 피해야 한다." "음식을 나눌 때는 너무 빠르면 받는 사람이 당황하고 너무 늦으면 오래 앉아 기다리기가 힘든다"(赴粥飯法). 또 뭇 승려들이 좌선하는 장소를 드나들 때는 "보폭을 일정하게 해서 천천히 한가롭고 조용하게 걷는 것을 묘(妙)로 삼는다", "앉았다 일어날 때는 서서히 일어나야 한다. 마루에서 내려올 때도 천천히 내려와야 한다. 다리를 높이 쳐들어서 큰 걸음으로 걷거나 급하게 뛰어다녀서는 안 된다"(변도법).

(5) 신체

도겐의 어록인 『정법안장수문기』(6의 7)에는 "깨달음의 길에서 주의할 점은 오로지 본능적인 집착(本執)을 떨쳐 버리는 일이다. 우선 몸의 위엄을 바로잡으면 마음도 이를 따르는 법이다. 계율과 계행(戒行)을 지키면 마음도 따라서 새로워진다"라 하였다. 이 경우 '몸'을 신체, '마음'을 정신이라고 믿어 버려 신체의 정신에 대한 우위를 주장한 것이라고 해석해서는 곤란하다.[182] 본문은 이어서

---

182) 湯淺泰雄, 『身體論 ―東洋的心身論と現代』(講談社學術文庫, 1990)은 『正

"처음부터 도심(道心)이 없어도 억지로라도 불도를 따르고 배우면 종래에는 진정한 도심이 일게 된다. 처음 깨달음의 길을 걷는 자는 그저 다른 사람이 하는 대로 따라서 수도해야 한다"라고 하였다. 여기서 '마음'이란 바로 '도심' 즉, 부처의 깨달음을 얻고자 하는 보리심(菩提心)을 의미한다. '도심'이 없더라도 다른 승려들과 함께 수도하면 "자연히 도인이 되는 이치이다." 자신에게 보리심이 있든 없든 무엇보다도 먼저 일상 행동의 위엄을 바로 갖추라고 하는 것이 도겐의 참뜻이었던 것이다.

보다 직접적으로 심신의 관계에 대해서 시사한 다른 표현도 있다. "도를 얻음은 마음으로써 얻는가? 몸으로써 얻는가?" '심신일여(心身一如)'라는 말만으로는 부족하다. 도겐은 '마음'으로 불법을 이리저리 생각하는 것만으로 도는 얻을 수 없다고 보았다. "마음속의 생각과 지식을 다 내버리고 지관타좌(只管打坐)[183]하면 도

法眼藏隨聞記』 중 「心身學道」권의 해석에 관하여 玉城康四郎의 설에 찬성하면서 다음과 같이 논하였다. 도겐은 "마음(정신)을 신체보다 상위에 두는 일상 세간의 생각을 역전시켜서 신체를 마음보다 상위에 두어 중시하는 태도가 불도 수행의 기본자세라 하였다." 즉, 도겐은 "신체가 마음을 지배해야만 한다고 말했다"라고 인식한 것이다(pp.152~155). 하지만 이 저자는 「心身學道」권 본문의 어느 부분을 근거로 이렇게 주장할수 있는지에 관해서는 명시하지 않았다. 도겐은 '신체'를 '마음'보다 상위에 둔 것이 아니며 애초에 그에게는 심신 이원론적인 발상조차 없었다. "불법은 원래부터 심신일여(心身一如)이며, … 몸과 마음을 나누는 법이 없다. … 어찌 몸이 멸하는데 마음이 평소와 같겠는가"(『正法眼藏隨聞記』의 「弁道話」).

183) 오로지 좌선에 열중함.

는 저절로 가까워진다. 그러므로 도는 바로 몸으로써 얻는다"(수문기 2의 31).

여기서 "몸으로써 도를 얻는다"라고 함은 "몸으로 터득한다"라는 의미가 아니다. "오로지 좌선을 통해서"라는 뜻이다. 더구나 '좌선'이란 신체에만 연관된 행위가 아니라 "심신을 안정시켜" 정진해야 할 수행(正法眼藏의 坐禪儀)이기 때문에 "심신이 함께 도를 얻는다"라고 한 것이다. 참선을 심신을 떨쳐 버린다는 의미인 '심신방하(心身放下)'나 '심신탈락(心身脫落)'이라 표현한 것도 이러한 의미로 해석해야 할 것이다.

따라서 일상 행동에 대한 청규도 '신체'만이 아닌 '심신'의 규율로 이해해야 한다. 더구나 "속을 비움으로써 겉이 따르는" 법이므로 남의 눈에 띄는 몸의 자태(外相)만에 얽매이지 말아야 했다(수문기 2의 15). 이러한 점을 전제로 하여 신체 동작에 관한 정식화(定式化)가 요구되는 것이었다. 청규는 사계절의 좌선을 중심으로 한 총림 생활 속에서 기상·세면·식사·노동·취침 등 그 모든 면을 일일이 규율했는데, 규율의 필요성이란 측면에서 보면 청규는 다음 몇 가지 사항으로 분류할 수 있다.

먼저 승려들이 서로간에 다른 승려의 일상을 어지럽히지 않도록 하기 위한 신체규율이 있었다. 기상 때는 소리를 내거나 바람을 일으켜서 주위 승려들을 놀라게 해서는 안 된다(변도법). 식사 때 "하품·기지개는 몸을 구부려 무릎을 싸안고 웅크려서 해야 하고 또 코푸는 소리를 내지 말아야 한다. 재채기가 날 때는 당연히 코를 감싸야 한다"(부죽반법). 정숙에 관한 의무는 특별히 엄격했다. "실내에서의 담소는 언제나 아주 낮은 소리로 해야 한다. 신발 끄는 소리를 내어선 안 된다. 울음소리나 기침소리, 신음소리는 참으로 좋지 않다"(吉祥山永平寺衆寮箴規). 이 코스모스는 인간 행위를 통해 발생하는 모든 소리를 철저히 배제한 무음(無音)의 세계를 요구했던 것이다.

다음으로 승려 상호간과 불상에 대한 존중의 예가 있었다. "만약 실내나 복도, 계곡 근처와 나무 밑 그 어디서건 얼굴을 마주친 때는 서로 합장하여 머리를 숙이고 법도에 따라 인사하라"(道元禪師語錄 3). 승당에 들어갈 때도 합장하였다. 그 법식은 "손끝은 코끝과 마주한다. 머리를 숙이면 손끝도 숙이고 머리를 들면 손끝도 든다. 머리를 조금 옆으로 기울이면 손끝도 조금 기울인다. 팔은 가슴 가까이 붙이지 않고 팔꿈치는 겨드랑이 아래에 붙이지 말아야 한다"(부죽반법). 즉, 손끝과 얼굴, 팔·팔꿈치와 몸통의 위치 관계를 규제한 것이다. 이 밖에도 불상에게 밥을 공양하는 범절을 비롯하여 모든 예법은 신체 동작의 미세한 형태를 체득함으로써 실현되었다.

부처와 다른 승려에 대해 경의를 표할 뿐 아니라 식사·식기에 대해서도 예를 다해야만 했다. 조식(粥)·중식(齊)이나 맑은 국(羹)에는 일일이 '어(御)'라는 경어 표현을 어휘 앞에 붙이고, "쌀·소금·간장 등 여러 음식에 대해서는 '계십니다'라고 해야 한다. '쌀이 있다' '반찬이 있다'라고 해서는 안 된다. 음식 옆을 지날 때 승려와 행자는 인사를 올려야 한다"(永平寺示庫院文)라 하였다. "머리·얼굴에 닿은 손을 씻지 않은 채 그릇과 음식을 만지지 말아야 한다"(위의 자료)와 같은 부정을 막기 위한 규정도 사물 그 자체에 대한 경의 표현의 한 방법이었다. 이러한 것들은 불전에 공양하는 물건이기에 당연히 공경해야만 한다는 의미가 아니었다. 사물에 대한 집착에서 해방되기 위해서는 오히려 사소한 것에도 소홀하지 않아야 한다는 발상에 바탕을 둔 것이었다.

이는 물신화(物神化)와는 다르다. 또한 메이지 이후의 군대가 설정한 병기 및 각종 집기에 대한 '관급품(官給品) 세밀검사' 처럼 기능적인 필요성을 넘어서서 과도한 관리 기준을 요구하거나 경의 표현을 강요하는 등과 같은 물품지상주의도 아니었다. '은사(恩賜)'와 '관급'만이 강조된 일본 근대의 세속적인 권위체제 하에서는 사물에 대한 '예의'란 말초적인 형식주의에 빠져들기 십상이었다.

식사 예절에 관해서는 다음과 같은 것들이 있었다. "밥을 집어서 입에 처넣듯이 먹지 말며 흘린 밥을 주워먹지 말며 소리를 내어 밥을 씹지 마라. … 팔꿈치를 무릎으로 받쳐서 먹지 않도록 하라. 부처가 말씀하시길 손으로 떡과 밥을 마구 파헤치며 먹는 것은 닭이나 새와 같다고 하셨다. 더러운 손으로 음식을 집지 마라. … 입에 많은 밥을 넣고 먹는 것은 원숭이가 음식을 모아서 한꺼번에 먹는 것과 같다"(부죽반법). 이상은 음식을 탐하여 조수(鳥獸) 같은 꼴을 하거나 불결함과 소음 속에서 식사하지 않는다는 규율이다. "짐승처럼 식욕에 빠져서 사방을 둘러보며 먹을 것을 탐하거나 음식 때문에 목에서 꿀꺽꿀꺽 소리가 나는"것은 좋지 않다(入衆日用清規)라고 한 것은, '금수', '축생'이 바로 자신만을 아끼고 명리를 탐하는 자에 대한 비유(정법안장 行持下)이었기 때문이기도 하다.

또 "큰소리로 코를 풀거나 침을 크게 뱉지 마라. 소리 높여 웃지 마라."(重雲堂式) 등의 규정에서 볼 수 있는 것처럼 인간의 생리·감정에 어차피 수반되는 동물적인 야성과 충동을 바로잡으려는 발상이 전체에 일관되어 있다. 특히 '너털웃음(喧笑)', '익살스런 웃음(戲笑)', '대화중의 웃음(語笑·笑談)'을 엄격히 규제하였다(對大己五夏闍梨法·衆寮箴規). 이 같은 속된 웃음은 마음에 부끄러움을 모르는 행위로 간주되었고, 그렇기 때문에 깨달음의 표현인 '염화미소(拈華微笑)'[184]나 '가가대소(呵呵大笑)'는 승화된 웃음으로서 특별한 의미가 부여되었다.

잠잘 때의 체위에 관한 규정은 자신과 타인의 생리적 충동을 자극하지 않게 하려는 의도에서 나온 것으로 추측된다. 예컨대 엎드려서 자는 것을 '음란한 잠(淫睡)'이라 하여 엄금하였고, "벗은 몸을 부끄러워 하지 않는 외도(外道)의 법에 따르지 마라. 허리띠를 푼 채로 자지 마라"라고 하였다(변도법·입중일용청규).[185]

더구나 이러한 규범은 다른 사람의 시선을 의식하여 스스로를 통

---

184) 이심전심의 웃음.
185) 또한 몸을 위로 향해 자는 것을 '죽은 잠(屍睡)'이라 하여 금했으며, 오른쪽 겨드랑이를 아래로 해서 자는 '와위(臥位)'가 바른 자세라고 하였다.

제하는 '타자지향'적인 것이 아니라 자율적인 계율이어야만 했다.

세속의 예의로도 남이 보지 않는 곳 혹은 어두운 방안이라 할지라도 의복을 입을 때와 자리에 앉고 누울 때 감출 곳을 감추지 않으면 하늘과 귀신을 부끄러워할 줄 모른다고 욕하는 법이다. 그냥 남이 볼 때와 마찬가지로 감출 곳은 감추고 부끄러운 일은 부끄러워해야 한다. 불법의 계율도 이와 같다. 그러므로 도를 닦는 자(道者)는 안팎을 따지지 않으며 밝고 어두움을 가리지 않고 부처의 계율을 마음에 새겨서 남 눈에 띄지 않고 모르는 곳이라 해도 나쁜 일을 행하지 않는다(수문기 2의 18).

심신을 가장 합리적으로 집중하여 좌선을 행하기 위한 규율도 있었다.

몸은 바르고 단정하게 앉는다. 왼쪽으로 치솟거나 오른쪽으로 기울이지 말며 앞으로 숙이거나 뒤로 젖히지 마라. 귀와 어깨, 코와 배꼽은 반드시 평행을 이루어야 한다. 혀는 위턱에 붙이고 숨은 코로 쉬어라. 입술·이는 붙여서 다물고, 눈은 너무 부릅뜨거나 가늘게 뜨지 마라(정법안장 좌선의).

이처럼 신체 각 부위를 바르게 유지하는 일은 처음에는 상당한 긴장을 요하지만 그것이 자연스럽게 이루어질 때 '정신단좌(正身端坐)'가 실현된다고 보았다.

심신을 청정하게 다스리는 법은 『정법안장』의 「세면(洗面)」편에 아주 자세하게 소개되었다. 우선 일반론으로는 "모든 부처와 조상이 예부터 전해온 정법(正法)에 의하면 몸을 정결하게 씻으면 내외 심신 · 오장육부 · 의정이보(依正二報)[186] · 우주허공이 모두 금방 청정해진다. 또 향화(香花)를 피우면 과거 · 현재 · 미래의 인연과 행적이 금방 청정해진다"라고 했다. 몸을 깨끗이 씻고 향화를 사용함으로써 얼굴이나 손발같이 눈에 띄는 부분만이 아닌 시공을 초월하여 전 심신이 청정하게 된다는 것이다. 이어 칫솔로 이를 닦고 입을 헹구며 얼굴을 씻는 방법에 대해서도 자세한 규정이 있었다.

승원에서 '청정'이란 위생적인 '청결'만을 의미하는 것이 아니었다. '번뇌의 때'를 씻어낸다는 상징적인 정화의 의미를 보다 중시하였다. 배설 때는 뒤 씻을 물을 담은 정통(淨桶)을 변소로 가지고 들어가서 '손가락으로 튀겨 똥귀신'을 쫓아내는 의식을 행했다. 손톱을 깎고 머리를 미는 일도 같은 의미의 정화였으며(정법안장洗淨), '청중(清衆) · 청승(清僧) · 청규(清規)'라는 말도 여기에서 유래했다. 몸으로 들어가는 음식물도 마찬가지로 정화되지 않으면 안 되었다. "속가(在家)로부터 들여온 채소와 과일이 아직 정화되지 않았으면 물로 헹구고 향과 불에 쪼인 후 삼보(三寶)와 중승(衆僧)에게 바쳐야 한다."[187] 물로 씻고 향을 피우고 불에 쪼이는 것이

---

186) 전생의 업보로서 받은 나의 심신인 正報와 그 심신이 생을 의지하는 모든 사물인 依報.
187) 「永平寺示庫院文」(『道元禪師全集 下』에 수록).

'정화'의 구체적인 방법이었다.

신분제사회에서는 의복·두발 형태에 따라 신분과 가문을 표시하는데 선종 사원의 경우는 그러한 차이를 부정하고 상하 구분 없이 세속과의 단절을 상징하는 제복인 지키토쓰(直綴)[188] 위에 가사를 입었고, 특정한 때는 베쓰(襪)[189]·두건 그 밖에 갖가지 장신구를 몸에 걸쳤다. 특히 가사를 입는 일은 번뇌를 물리치고 더위·추위·독충 따위를 멀리 하는 등의 공덕이 있다고 여겨졌다(정법안장 袈裟功德).

좌선에 집중하지 않는 자에 대해서는 '경책', '선장(禪丈)'[190] 같은 도구를 사용하여 신체적인 제재를 가했다. "주지·장로 혹은 스승(師匠)·고승을 막론하고 제자가 잘못하면 자비심과 노파심으로 교훈을 주고 이끌어야 한다. 그때 설령 때려야할 일을 때리고 꾸짖어야 할 일을 꾸짖었다고 해서 불평하는 마음을 가져서는 안 된다. 선사(先師)이신 덴도조(天童淨) 화상이 주지로 계실 때 승당에서 승려들이 좌선중에 졸았다고 이를 나무래서 신발로 때리고 욕설을 퍼부으며 꾸짖었지만 모두가 맞는 것을 기뻐하고 이를 칭송했다. … 선사께서 말씀하시길 … 꾸짖고 때림은 부처를 대신해서 가르침을 주기 위함이다. 모든 형제들은 자비로써 이를 용서하라라고

---

188) 偏衫·裙子라는 두 가지 하의를 붙여서 입는 승복.
189) 발가락 부분이 갈라지지 않은 버선.
190) 졸음을 깨우기 위한 죽장.

하시니 모두가 감사의 눈물을 흘렸다"(수문기 1의 9).

질책과 체벌은 제자를 교화하기 위한 것이므로 기쁘게 받아들여야만 했다. 결과적으로 고통과 상처가 따른다 해도 스승의 뜻이나 꾸지람의 목적은 늘 옳았기에 제자가 그 부당함을 주장할 수는 없었다. 오히려 스승의 뜻을 깊이 헤아려서 제재를 정당화하고 감사해야만 했던 것이다. 훗날 제국 군대의 '군인정신 주입봉(注入棒)'이나 '사적인 제재'에 대해 체벌을 당한 사병이 '감사했습니다'라고 말해야 하는 관습, 즉 '사랑의 매·눈물의 질책'의 원형을 여기서 찾아볼 수 있다. 그러나 여러 사람이 보는 면전에서 체벌을 가하는 일은 그 사람의 명예를 훼손한다는 식의 체벌억제론은 아직 없었다.

하기야 도겐은 앞의 인용문에 이어서 "주지나 장로라고 제자를 마구 대하고 제 것처럼 생각하여 함부로 꾸짖는 것은 잘못이다"라고 자비로써 교화할 것을 강조하였다. "부드러운 말로 나무라고 타일러도 따를만 하면 따를 것이다"(수문기 3의 6)라고 하는 신념이 도겐의 교육관 근저에는 있었다. 일상적으로 욕설·매질을 가했다는 임제종파의 좌선법과는 실천적인 면에서 차이가 있은 듯하지만, 심신의 태만을 '경책'으로 바로잡는다는 방법론 그 자체는 조동종·임제종 모두가 공통적이었다.

(6) 언어

　오직 좌선에만 전념하는 지관타좌(只管打坐)가 수행의 기본이었으므로 승원 내에서는 대화에 관한 훈련을 중시하지 않았던 듯하다. 오히려 가급적 말을 삼가는 '함묵(緘默)'이 바람직한 일로 간주되었다. 식사 때는 "실내로 조용히 들어가고 서로 고개를 끄덕이며 담소해서는 안 된다. … 실내에서는 잡담을 금한다. 그저 침묵할 뿐이다"(부죽반법). 식사 중에 필요한 물건이 있으면 "조용히 손가락으로 가리켜서 받도록 하고 큰소리로 달라고 하지 마라"(위의 자료). "식사가 끝난 후 승당 안에서 머리를 맞대고 잡담하는 일을 금한다"(입중일용청규). 용변을 볼 때도 "옆 사람과 벽을 사이에 두고 이야기하지 마라"(위의 자료). "숙소 내에서 바깥 세상과 명리에 관한 일, 국가의 어지럽고 평안한 일, 함께 수행하는 동료에 관한 일로 잡담하지 마라. … 한가로이 담소하여 헛되이 세월을 보내지 말아야 한다"(영평사 잠규).

　잡담은 수행에의 집중을 방해할 뿐이니 무엇보다도 시간을 아껴서 정진하라고 도겐은 강조했다. 함구(緘口)는 타자와의 언어관계를 희박하게 하고 자아를 없앰으로써 말의 근원에 다가서기 위한 방법이었다. 이리하여 '함묵'을 수련한 후에 나오는 말을 통해서만이 정신의 신경지가 열린다는 것이었다.[191]

---

191) 西村, 앞의 책 『禪林修行論』 p.234 이하.

『벽암록』(碧巖錄)·『임제록』(臨濟錄)과 같은 중국 선(禪)의 고전들이 사제간의 문답을 중심으로 구성된 것처럼 일본 선의 경우도 승당 내의 설교 이외에 노동시간의 휴식 등을 이용한 즉흥적인 대화가 교화의 중요한 수단이었다. 원래 이러한 문답에 사용하는 언어 표현은 미리 정해진 형태를 취하는 것이 아니라 자유롭고 즉흥적이었다. 다만『정법안장수문기』에 기록된 문답은 사제간의 격렬한 주고받음이 아니라 스승이 제자에게 정성껏 타이르고 가르치는 형태를 취했는데, 좌선을 통한 개오(開悟) 이외에 언어를 설교에 활용한 점은 중국과 같았다. 이 밖에 임제종의 승려 주간 엔게쓰(中巖円月, 1300~1375)의 『중정자(中正子)』나 밧스이 도쿠쇼(拔隊得勝, 1327~1387)가 쓴『염산화이합수집』(塩山和泥合水集)도『정법안장수문기』와 같은 형식을 취했다.

일정한 시간에 행하는 설법 외에도 사제가 일대 일로 학습하는 기회는 일상적으로 있어 왔다. '공안(公案)'이라 하여 스승이 수행승에게 내리는 문제에 대해서도 그야말로 비정형적이며 독창적인 답이 요구되었다. 이리하여 승원 내에서는 사제간의 종적 관계를 통한 대화가 활발히 이루어진 한편, 동료 승려간의 횡적인 관계에서는 언어에 의한 의사소통이 극단적으로 억제되고 오직 침묵하며 좌선에 집중하도록 권유되었다.[192]

192) 단, 승단(僧團)에 있어서의 子弟敎育은 "주지가 직책을 맡은 자와 일반 승려를 교육하는 방법, 6두수(頭首) 가운데 제1위인 수좌(首座)가 다른 직책

정형화된 언어로는 '게(偈)'[193], '소(疏)'[194] 등이 있었다. 예를 들어 식전에는 식사의 감사함을 읊는 '게'가 있었고, 저녁 종(昏鐘)이 울리면 "종소리를 듣고서 번뇌가 가벼워지고 지혜가 깊어지며 보리심이 생기지 않고 지옥을 벗어나 불구덩이를 빠져 나오지 못한다면 어찌 성불을 바라고 중생을 제도할 것인가"라는 '게'를 읊었다(입중일용청규). 당연히 이러한 '게'는 학습을 통해 기억해야 했다. 도겐은 "설령 선에 관한 책자라 해도 문자를 보지 말고 그 내용도 취하지 마라"(중운당식)고 하여 경전 읽기를 금지하고 오로지 수행에 의한 깨달음(不立文字)만을 강조했으나 찬미 · 기원에 관한 정형문만은 예외로 쳤다. 또 국내외의 전적(典籍)을 학습하고 기억함으로써 도를 얻으려는 행위도 부정하였다. "깨달음을 구하는 자가 세간 사람들에게 지자(智者)나 박식한 이로 소문나서는 안 된다"(수문기 2의 16). 도는 어디까지나 일상생활의 실천을 통해서만 얻어지는 것이었다.

깨달음의 경지도 그것에 도달하는 길도 말로써는 표현할 수 없

자나 일반 승려에게 설법하는 방법, 지사(知事) · 두수 등의 직책을 맡은 자가 일반 승려를 가르치는 방법, 그리고 오래 수행한 선배가 다른 승려를 인도하는 방법 등이 있다"고 한다. 사제관계는 주지와 일반 승려의 관계만으로 국한되지 않고 중층적으로 조직화되었던 것이다. 加藤健一, 『道元 その思想と教育』(吉川弘文館, 1983), p.294.
193) 부처의 공덕을 찬미하는 운문.
194) 공양의 취지를 읊은 글월.

다고 인식되었기에 '갓(喝)!', '돗(咄)!' 이라고 하는 기백을 담은 외마디나 통봉(痛棒)이 사용되곤 했다.

　"강아지에게 불성이 있는가 없는가를 묻는 자가 있으면 그에게 말하라, 있고 없음이 다 틀린 것이라고. 그러면 어떻다는 거냐고 또 물어오면 일갈(一喝)하고 봉으로 쳐라"(도겐선사어록 38)

　하지만 이는 사용하는 사람의 역량에 따라서는 단순히 문답을 허용치 않는 막무가내식의 폭력으로 뒤바뀌기 쉬웠다. "깨달음의 기회를 준다"에서 "근성을 뜯어고친다"까지의 거리는 그다지 먼 것이 아니었다.

(7) 인간관계

　승려는 세속의 신분에 의해 차별받지 않는다는 원칙이 있었다. "세상에 태어나 아직 본 이름이 없으니 사성(四姓)[195]이 출가하면 모두 석씨(釋氏)를 칭하여라", "비천한 출신이라고 업신여기지 말라", "가장 천한 사람에게도 가장 귀한 사람의 지혜가 있고, 가장 귀한 사람에게도 형편없는 어리석음이 있는 법이다", "그러므로

---

195) 원래는 전통적인 명문거족인 源氏·平氏·藤原氏·橘氏를 가리키나 여기
　　서는 사농공상의 의미일까?

외면만으로 사람을 판단함은 심히 어리석은 일이다"(중료잠규). 원시불교로부터 이어온 차별철폐 원칙이 신분제사회에서는 관철되기 힘들었기 때문에 도겐도 청규 가운데 특히 이 부분을 강조했을 것이다. 실제로 귀족이나 권문세가의 힘이 승단(僧團) 내 인간관계에 지속적으로 강한 영향을 미친 점은 일본불교사의 큰 특징이라고 할 수 있다. 그러기에 중생 평등을 원칙으로 성원간 관계를 규율하려는 출가 집단의 출현은 역사상 획기적인 일이었다.

속세의 신분에 의존하지 않고 집단 내 인간관계를 규율하기 위해서는 승단 나름의 독자적인 원칙이 반드시 필요했다. 그중 하나는 '납차(臘差)' [196]에 따른 서열이었다. 승당 내의 좌석 순서는 이것에 따르든지 또는 '괘탑(掛塔: 掛錫이라고도 함)' [197]의 선후에 따랐다. 속명을 버리고 법명을 받은 승려들이 속계에서의 신분·연령에 상관없이 총림으로서 자율적인 질서를 창조하는 원칙이 바로 여기에 있었다. '납차'에 따른 서열은 선종 이외의 불교 사원에도 존재했다. 하지만 외부 권문세가의 비호에 의존하여 자율적인 조직원칙을 무너뜨리기 일쑤였던 다른 종파의 역사를 통해 보더라도 도겐이 위의 원칙을 강조한 의의는 대단히 컸다.

수행승은 '납차'를 쌓음과 더불어 '공안' 등을 통해 깨달음의 경지를 시험받았다. 도를 깨치는 정도에는 연공(年功)과 무관하게

---

196) 출가하여 戒를 받은 후의 햇수.
197) 그 승당에 입문하는 일.

당연히 개인차가 있었지만 '납차'를 서열의 기본으로 삼는 점에서는 변함이 없었다. 그리고 "실내에 함께 앉아 일을 할 때 힘든 일은 먼저 하좌(下座)에게 시키는 것이 승려의 법도이다. 햇수가 모자란 자가 상좌(上座)의 힘들어하는 모습을 가만히 보고만 있는 것은 무례한 일이다. 만약 좋은 일이 있으면 모름지기 상좌에게 양보해야 한다. 이것이 모두 부처의 정법(正法)이다"(중료잠규)라고 한 바와 같이 하좌는 상좌에게 봉사하는 것이 당연시되었다.

게다가 다수 승려가 공동으로 생활하는 승원에서는 주지나 장로 아래로 역할 분담에 따른 기능적인 조직이 형성되었다. 좌선·식사 때 주지승에 대신하여 감독역을 맡는 '수좌', 주지의 뜻을 받들어 문서를 작성하는 '서기(書記)', 경장(經藏)의 관리 책임자인 '장주(藏主)'와 '지장(知藏)', 빈객·일시 체류자를 접대하는 '지객(知客)', 욕탕을 관리하는 '지욕(知浴)', 불전을 관리하는 '지전(知殿)' 등으로 구성된 서반(西班)과, 서무를 총괄하는 '도사(都寺)', 승려들의 행동 감시 및 기강 유지를 담당하는 '유나(維那)', 일용물품 관리와 회계를 맡는 '부사(副寺)', 주방을 관리하는 '전좌(典座)', 건물·집기 수선과 산림·전원 관리 그리고 노동을 관장하는 '직세(直歲)' 등으로 구성된 동반(東班)이 바로 그것이다.[198]

이러한 직위는 역할 분담에 따라서 나뉠 뿐으로 상의하달이나 지휘명령관계를 의미하는 것은 아니었다. 주지의 권한도 사찰이

198) 西村, 앞의 책 『禪僧の生活』, p.53 이하 참조.

위치한 산 전체를 말하자면 인격적으로 지배하는 데 지나지 않았다. 장로를 제외한 각각의 직책은 전문적·고정적인 것이 아닌 당번·교대제가 기본이었으며, 그 임면(任免)은 주지승이 고참 승려와 의논해서 정했다.

한편으로 이 당시 불교사원 내부에서 분쟁 해결을 위해 어떤 결정이 필요할 때는 전산(全山)의 모든 승려가 모인 집회를 통해 평의·평결하는 제도가 있었다. 이는 고대 원시불교교단(敎團)으로부터 전해 내려온 것인데 일본의 경우는 특히 중세 초기에 사찰이 보유한 장원(寺領莊園)이 정치적으로 자립하면서 발달하기 시작하였다. 집회 날짜 결정, 집회 소집을 위한 수속, 연락문·고찰(高札, 방을 붙임)·패종(貝鐘) 등에 의한 통지 방법, 출결 조사, 불참자 벌칙 등에서부터 집회 당일의 정족수, 찬부를 적어서 투표하는 '합점(合點)'과 다수결 등의 의결방법, 결의문 작성법에 이르기까지 상세한 규정이 있었다.[199] 이렇게 모든 승려가 참여하는 회의는 광대한 장원과 승병을 보유한 남도북령(南都北領)[200]의 대사찰에서 성했는데, 선종 사원의 경우는 아직 그 실태가 잘 알려져 있지 않다. 여하튼 중세 사원에서 승려간의 관계를 규율하는 규칙이 상당한 수준으로 발달하고 있었음은 명확한 사실이다.

신분제를 대전제로 삼은 중세사회에서 흔히 '일미화합(一味和

---

199) 清田義英, 『日本中世寺院法の硏究』(敬文堂, 1987), p.37 이하.
200) 나라 興福寺와 교토 延曆寺.

合: 동등한 자격으로 집단을 이룸'이라 불리던 이러한 집단적 인간관계의 존재는 역시 속세를 떠난 비일상적인 세계였기에 가능한 특별한 것이었다. "출가인은 한 스승 아래 물과 젖이 화합하는 것과 같다. … 한 배를 타고 바다를 건너듯이 같은 마음으로 범절도 같이 한다. 서로 잘못을 바로잡아서 함께 깨달음의 길을 나아간다"(수문기 5의 9).

사찰 밖의 세상에서도 이를테면 중세 후기의 '일규(一揆)'[201]와 같이 비일상적인 문제를 공동으로 해결하기 위해 '일미신수(一味神水)'[202]의 절차를 갖추고 연대감이 강한 '일미동심(一味同心)' 집단을 형성하는 예가 있었다.[203] 그 평의·평결 방법은 사원의 집회 제도와 비슷했다고 하는데, 다만 '일규'는 특별한 목적 달성을 위해 한시적으로 형성된 집단이기 때문에 선종 사원의 경우처럼 일상생활을 공동으로 영위하기 위한 인간관계의 규칙을 필요로 하지는 않았다.

201) 상위 권력에 대항하여 동일한 목적을 수행하려는 자들의 결사 조직, 근세 이후는 민란과 유사한 의미로 사용됨.
202) 신사의 성스러운 물을 나눠 마시고 서약함.
203) 勝俣鎭夫, 『一揆』(岩波新書, 1982), 참조.

(8) 공과 사

승원은 공권력의 입장에서 보면 하나의 사적인 집단에 지나지 않았지만 속계의 사사로운 지배·보호관계로부터 자립한 세계라는 의미에서 '공계(公界)'라고도 불리었다.[204] 또 개인에 대한 충성이나 은애(恩愛)의 세계를 벗어나 모든 중생에 대한 보편적인 은애관에 입각한다는 의미에서도 세속의 사적인 관계를 초월하였다. 그래서 도겐은 부모와 같은 특정인에 대해 명복을 비는 행위를 부정하고, "출가는 은혜를 잊고 무위(無爲)로 들어서는 일이다. 고로 출가자는 은혜를 보답함에 있어서 어떤 한 사람에게만 한정해서는 안 된다. 일체 중생에게 부모와 똑같이 깊은 은혜를 입었다고 생각하고, 힘자라는 대로 선의 뿌리(善根)를 온 세상에 퍼트려야 한다"(수문기 2의 24)라고 했던 것이다.

승원이란 세계로 입문하는 인간은 보통 개개인의 해탈을 목적으로 하지만, 오히려 그 때문에 내부질서는 더 한층 개인적·사적인 공간을 극소화하여 '자신을 없앰(我性滅却)'으로써 성립될 수 있었다. 기상에서 취침까지 승려 개인이 자유롭게 쓸 만한 시간은 거의 없었다. '방산(放散)'이라는 짧은 자유시간이 있긴 했으나 "한가로이 담소하여 헛되이 세월을 보내지 마라"라고 했듯이 어디까지나 '정진'에 집중하기 위한 생활 속의 작은 휴식에 지나지 않았다.

204) "本寮公界之道場也"(吉祥山永平寺衆寮箴規).

공간적으로는 '단'이 개인의 전유물이었지만 그곳에 개인 물품을 두는 일은 용납되지 않았고 불상이나 불화(佛畵)조차 둘 수 없었다. "각자의 탁상머리에 부처나 보살상을 놓아두는 것은 무례한 짓이다. 또 그림을 걸어서도 안 된다"(중료잠규). 처음부터 "설령 굶어죽고 얼어죽는다 할지라도 하루 한 시간이라도 불법에 따라야 한다"라는 법도였으므로, "의복·바리때(衣鉢) 외에는 조금도 모아 두지 말고 구걸해서 먹은 나머지는 굶는 중생에게 베풀어라"(수문기 1의 20)라고 엄중히 훈계되었다. 당시 불교 각 종파의 사원에서는 '부처의 것'으로 기부된 물품조차 승려 개인의 것인 양 써 버리는 경우가 드물지 않았다.[205] 도겐 자신도 앞서 언급한 묘안 요사이가 죽은 후 건인사(建仁寺)[206]의 승려들이 좋은 옷과 재물을 모으는 데 집착하는 모습을 목도하고 있었던 만큼(수문기 3의 4), 영평사 청규가 갖는 역사적 의미는 결코 작지 않았다.

그러나 원래 수행이란 승려 본인의 해탈이나 승려 개인에 의한 중생 구제를 위해서 행하는 것이다. 혹은 자신이나 남을 위해서가 아닌 불법(佛法)을 위한 것이라 해도 총림은 개개인의 수행을 위한 시간·공간의 집합체라 해도 좋다. 이는 말하자면 개인의 목적 달성 즉, '기사구명(己事究明)'에 집중하도록 공적으로 강제되거나 유도되는 시공이었다. 승당 내에서는 모든 승려가 "공(公)을 마음

---

205) 笠松宏至,「佛物·僧物·人物」(『法と言葉の中世史』, 平凡社, 1984).
206) 교토 東山區에 위치한 임제종 건인사파의 총본산.

의 본분으로 삼아야 한다. 사(私)를 마음에 담지 마라"(知事淸規)라고 한 바와 같이, 젖과 물처럼 화합하기 위한 이타행(利他行)에 더하여 서로에게 자애를 베풀도록 강조되었다. 하지만 "그리스도와 성령이 현재하는 공동체"라는 교회의 이념과는 다르게 승단 전체는 어떤 상징적인 의미를 갖지는 않았으며, "총림공동체는 어디까지나 실존적 개체의 편의상 결합체"에 불과하였다.[207] 그것은 또한 상호 협력하여 하나의 공적인 목적을 달성하기 위해 구성원의 사사로운 언동을 통제한, 이를테면 메이지 이후의 군대조직과도 성격이 달랐다.

(9) 전망

이상과 같은 '청규'의 분석을 통해 드러난 이 코스모스의 역사적 특징은 무엇일까?

우선 규율화가 어떤 일정한 방향을 향하고 있었음은 분명한 사실이다. 즉, 청규에서 바람직하지 않은 행동이란 예컨대 '외도의 법'이라든가 혹은 새나 짐승처럼 비속한 모습으로 표현되곤 했다. 식욕 · 성욕에서 하품 · 재채기 등에 이르는 생리적 욕구나 희로애락 같은 정감의 노골적인 표출은 극력 억제되었다. 이러한 행동 규

---

207) 西村, 앞의 책 『禪林修行論』, p.2.

제에 의해 개인의 신체적 습관은 교정되고 언동의 자유는 억제되어서 '총림의 청승(淸僧)'이라는 균질적이고 추상적인 존재로 거듭나는 것이다. 그것은 주방을 관리하는 '전좌'에게 재료의 "많고 적음을 논하지 말고 질이 좋고 나쁨을 따지지 마라", "참으로 물건에 따라서 마음을 바꾸지 말며 사람에 따라서 말을 바꾸지 마라"라고 훈계한 『전좌교훈』(典座教訓)의 가르침과 같이, 시간·공간·인간의 세부적 차이에 대한 관심 또는 잡념으로부터 정신을 해방시키고 오로지 수행에 집중토록 하기 위한 수단으로써 실현된 세계이었다.

인공적으로 정돈된 시간·공간 속에서 매일 정형화된 행동을 되풀이하는 일단의 사람들이 만들어 낸 이 코스모스는 당시 일본 열도 내에서는 외딴 섬나라 같은 존재였다. 세속을 완전히 벗어난 금욕의 세계였기에 세속세계에 대해 그 구성과 내용을 변화시키도록 영향을 미치는 일도 없었다. 그 후의 역사 전개를 보면 도리어 선사 자체가 세속의 영향을 받아서 서서히 규율을 이완하는 쪽으로 기울어 갔다.

그러나 하나의 모델이란 측면에서 보면 세간으로부터 폐쇄된 공간 안에서 생활을 위한 물자의 대부분을 외부에 의존하고 ─노동에 의한 물자 자급도는 중국의 선종 사원에 비해 극히 낮은 수준이었다─ 철 따라 절에서 받은 옷을 몸에 걸친 독신 남성 소비자들이 집단으로 거주한 점, 그리고 집단 내 상하관계에 입산 연차(年次)를 중시하고 세부에 걸쳐 생활을 규율한 점, 등이 메이지 이후의 군대와 대단히 유사하다.

일반적으로 규율화가 지향하는 방향은 N. 엘리어스가 제기한 대로 '문명화의 과정'과 일치하는 경우가 많다. 하지만 중세 선종 사원의 코스모스를 지탱한 배경은 서구세계에서 '문명화'를 재촉한 '사회적 구조변화'와는 분명히 달랐다. 다시 말하면 폭력 혹은 물리적 강제력의 독점에 성공한 절대군주의 궁정을 무대로 형성된 상류계급의 존재와, 그들의 신분의식에 입각한 예법 발달을 통해 달성된 코스모스와는 전혀 이질적인 것이었다. 또 여러 세기에 걸친 세속사회의 기능분화나, "인간의 상호의존 속에서 전혀 특수한 의존, 그것을 만들어 낸 개별 인간의 의지와 이성보다도 훨씬 강제력을 띤 강력한 질서가 생성된다."[208]라는 식의 변화의 결과도 아니었다. 그 반대로, 선종 사원의 내부질서는 개개인이 심신의 자연스러운 욕구를 극소화하며 스스로 깨달음을 얻으려는 목적에 집중한 결과로서 나타난 것이었다. 더욱이 그 질서는 신분제로부터 스스로 이탈한 구성원 각자가 의식적·합목적적으로 단기간에 형성해 가야만 했다.

선종 사원의 청규를 서구세계에 비교하려면 차라리 베네딕트(Benedictus, 480년경~547년 이후)가 건립한 수도원의 「회칙」(regula sancti Benedicti)이 적당할 것이다. 9세기 이후 서구 수도원제도의

---

208) N. Elais, 『文明化の過程』下권(波田節夫 외 일역, 法政大學出版局, 1978), pp.334~335.

기초로 자리잡은 「베네딕트 회칙」에서는 청규와의 공통점을 찾아볼 수 있다. 예를 들어 부정시법(不定時法)의 시간표에 입각한 성무(聖務)·명상·독서·노동, 일체의 사유물 금지, 침묵 장려, 그리고 1일 2회 식사에 단식일은 1회 식사, 원칙적으로 육식을 금지하는 등의 의식(衣食) 제한, 입문 순서에 따른 위계질서, 승원장(僧院長)과 장로에 대한 절대적인 복종, 규칙 위반자에 대한 체벌과 파문 등.

그러나 수도원의 일상생활에서 가장 주안점이 두어진 것은 '기도와 노동(orare et laborare)' [209]에 대한 집중이었기에, 찬미가 합창·성서 낭독·기도 등의 일정한 의식과 농작물 생산관리·취사·약간의 수공업 등 경제적 자립을 위한 활동에 할애되는 시간이 길었다. 매일의 시간표는 6~8시간 노동 외에 3~4시간의 성무, 그리고 3~4시간에 걸친 성스러운 독서·명상으로 구성되었다. 그 반면에 기상·취침·세면·식사·인사 등의 일상 행동은 수행의 일환으로서 그다지 적극적인 의미가 부여되지는 않았고, 따라서 청규와 같이 세부적인 행동규율은 거의 보이지 않는다. 기껏해야 "각자는 옷을 입은 채로 허리띠나 새끼 줄을 매고 자며,··· 신호가 울리면 언제라도 일어날 수 있도록 하라.··· 젊은이끼리는 서로 침

---

209) "ora et labora(기도하라, 그리고 일하라)"가 베네딕트 수도회로부터 기원한 것인지에 관해서는 논쟁이 있다. 또 실제로는 기도나 노동 중 어느 한 쪽으로 편중되어 균형을 취하기 힘든 것이 현실이었다. 마리=브노어·메우스 「〈祈れ, かつ働け(Ora et labora)〉—ベネディクト修道會のモットーか?」 (末永·朝倉 일역, 『みすず』 402·405, 1994년 9월·12월).

대를 붙여서 자지 말고 연장자 사이에 침대를 두어야 한다. 기상 때는 서로 조용히 깨워 주고 잠을 탐하지 마라"(22장 5~8절). "승원장 혹은 선배 수도승으로부터 작은 일이라도 질책당하면 … 바로 그 사람의 발밑에 몸을 던져서 사죄하라"(71장 6~8절). "비속한 대화나 남에 대한 소문을 떠들지 말고 큰소리로 웃지 마라"(6장 8절) 등이 주목되는 정도이다.[210]

또한 11세기 이후 시트파 수도회(Cistercian Order)[211]의 수도원에는 일정한 의례의 성격을 띤 식사 예법 · 대화 규율 · 입욕 규제 등이 있었다고 한다.[212] 그리고 종교개혁 이후 창설된 예수회(1534년 창설, 가톨릭교회 최대의 남자 수도회)는 가톨릭 신앙의 옹호와 선교를 위해 전투적인 조직을 형성했는데, 그중 이냐시오 로욜라(Ignatius de Loyola)[213]의 '영조(靈操)'나 '회헌(會憲)'은 각기 영혼을

---

210) Timothy Fry ed., 日本 트라피스트院 소장판,『ベネヂクト聖父の戒律』(1906년, 上智大學キリシタン文庫 소장). 또한 矢內義顯,「聖ベネディクトゥスの「戒律」とその靈性」(上智大學中世思想硏究所편,『中世の修道制』, (創文社, 1991), 押田雅治,「禪宗淸規とキリスト敎會則」(『曹洞宗硏究紀要』11~13, 1979~1981), 참고.

큰 소리로 웃는 것을 금하는 계율은 청규와 마찬가지로 마음의 정감을 억제하기 위한 방법이었다. 이는 웃음을 무규율과 어리석음의 표현이라 하여 금지했던 고대 및 중세 전기의 교회 전통과도 상통한다. 宮田光雄,『キリスト敎と笑い』(岩波新書, 1992), p.136 이하.

211) 1098년 창립, 엄격한 베네딕트 회칙을 중시함.

212) L. J. Lekai,『シト一會修道院』(朝倉文市 일역, 平凡社, 1989) 제23장.

213) 1491~1556. 예수회의 창설자.

안정시키기 위한 명상·묵상의 방법과 절제·청빈·순종의 윤리 및 건강 유지를 위한 주의점 등을 간추린 내용으로, 수도원 내부의 생활을 미세한 부분까지 규범화한 것은 아니었다.[214]

N. 엘리어스는 17, 8세기 유럽의 절대왕정 하에 성립한 '궁정사회'에서 발달된 예의 범절이 사람들의 행동 양식을 '문명화'의 방향으로 유도했다고 하였다.[215] 그가 '문명화'를 '기사(騎士)의 궁정신하화(廷臣化)'와 병행적인 것으로 이해하면서 수도원·수도회에 주목하지 않았던 것은 아마도 수도회의 생활규율이 어떤 특징을 지녔는지 이미 알고 있었기 때문일 것이다. 그렇다면 역으로 일본에 관해서는 중세 선종 청규의 역사적 의미를 밝히기 위해서도 전국시대의 무사가 에도시대에 들어 행정관료화하고 '궁정사회'를 형성해 가는 과정에 주목할 필요가 있다고 하겠다.

214) Ignacio de, Saint Loyola, 『靈操』(J. M. Vara 일역, 新世社, 1986), J. Catret, 『聖イグナチオデロヨラの道』(高橋敦子 일역, 新世社, 1985).
215) N. Elias, 앞의 책, 『文明化の過程』, 동 『宮廷社會』 참조.

5. 나오기

　이상에서 검토한 무가사회, 도시사회, 선종 사원은 서로 시대도 사회적 기반도 다르며 제각기 고유한 논리로써 일정한 질서를 구성하였지만, 한편으로는 하나의 코스모스를 공유하는 측면 또한 강하다. 전근대에 이와 같은 질서상과 행동 규제가 있었기 때문에 이윽고 이것들은 각각의 시대에 특유한 부분을 떨쳐내고 전 세계를 호령하던 서양 모델을 흡수하면서 메이지 2, 30년대(대개 1890~1900년대)에 형성된 소위 '근대적 사회질서' 속에서 재생될 수 있었다. 이때 비로소 특정한 신분과 집단에만 통용되던 부분사회의 질서로서가 아니라 국민적 규모로 확대되어 이미 선택의 여지가 없는 '문명사회'의 모델로서 '일본적 사회질서상'이 성립한 것이다. 물론 어떠한 시대에도 신분 · 지역 · 성별 · 연령의 차이를 전제로 한 개별적인 사회질서상은 존재했다. 그러나 획일적인 하나의 질서상이 사회 전체를 뒤덮기 시작한 것이 바로 '근대'였다고 할 수 있다.

　지금까지는 정치적으로 '창조된 전통'을 중심으로 메이지 이후 일본의 사회질서를 고찰하는 방법이 일반적이었다. 예를 들어 천황제나 가부장적인 가족제도가 얼른 보기에는 전근대적인 유산을 그대로 답습한 듯이 보이지만, 사실은 유신 이후 형성된 새로운 신분 및 계급 지배의 질서로서 재구성되는 과정이 명백히 밝혀졌다. 돌이켜보면 개화의 추진자 역할을 담당한 황족·화족·가부장이 개화의 추진자였음과 동시에 그들 스스로가 '문명화'에 의해 창조된 존재들이었다.

그러나 전쟁을 거쳐 1960, 70년대의 고도성장 이후 이러한 구 제도가 착실히 쇠퇴한 것과는 반대로, 이 책에서 말하는 '근대'의 코스모스는 지역·계급·연령·성의 차이를 넘어서서 더 한층 견고하고 보다 더 전면적으로 일본사회에 침투하고 있다. 따라서 '근대화'란 이름의 선(善)이 포화상태에 이르러 인간으로서는 도무지 제어할 수 없는 악을 잉태하는 구조가 드러났다. 심지어 코스모스의 외부로 내몰린 불결하고 어둡고 혼란스러운 세계는 점점 더 심한 차별·모멸·공포의 대상이 되고 있다. 인간이 이 같은 질서와 코즈몰로지(cosmology)를 창안하고 그 속에 안주하고 있는 까닭에 인간 스스로가 점점 더 생태계 내에서 주체하기 힘든 존재가 되어 버렸다(「서론」의 문제제기 참조).

'출구'가 없는 듯이 보이는 것은 필자 스스로가 바로 이 코스모스에 완전히 매몰된 탓일까?

저자 후기

이 책의「제1부」와「제2부 4」는 이미 발표한 다음 논문을 보완하였다.

· 「제1부」:「近代日本の社會秩序」(東京大學社會科學硏究所편, 『現代日本社會 4 歷史的前提』, 東京大學出版會, 1991)

· 「제2부 4」:「社會秩序の起源 ―禪宗寺院における生活規律」 (『思想』851호, 岩波書店, 1995. 5)

나머지 장을 새로 작성하여 한 권의 책으로 묶기까지는 긴 시간이 걸렸다. 특히 최근 수년 동안 필자의 관심이 '역사'를 떠나 '정책론'으로 기운 탓도 있어서 집중할 만한 시간을 가지기 힘들었다.

처음 이 주제에 관심을 가진 것이 언제쯤이었는지 분명히 기억나지 않는다. 그러나 어떠한 기존 이론이나 역사 문헌으로부터 자극을 받아서 시작한 일이 아닌 것만은 확실하다. 오히려 일상생활속에서, 예컨대 진흙 · 피 · 창자 같은 오물질을 제거하여 겉보기는 고르고 예쁘게 진열했지만 실제로는 교묘하게 인공적인 이물질을 첨가한 청정식품이나, '일사불란하고 정숙하고 정연하게' 학생들을 행동하게 하는 데 필요 이상의 정력을 소모하고 있는 학교, 항생물질의 효능에 안이하게 의존함으로써 제어하기 힘든 내성균을 만들어 버린 의료, 나아가서 속도 · 효율 · 편리함을 추구하여 멋지게 성공한 대가로 심신과 환경을 파괴당하고 있는 이 사회에 대해 의문을 느낀 때부터, 조금씩 '문제의 기원'을 생각하기 시작했다.

역사를 되짚어가는 여행 도중에 갖가지 분야에서 '근대비판'을 전제로 한 연구성과를 만날 수 있었다. 사회사 · 정신사/사상사 · 여성사 · 교육사 · 의료사 등, 각의 분야에서는 치밀한 자료 분석과 탁월한 논리 전개로 때로는 필자의 이해력을 훨씬 뛰어넘는 높은 수준의 연구도 적지 않았다. 이 책을 집필하는 과정만으로는 그러한 성과를 온전히 섭렵해서 소화해 내기가 도저히 불가능했고, 또 스스로 여러 방면에서 이론적 고찰의 심도가 부족했던 점도 깊이 자각하고 있다.

이 책의 목적은 19세기 말부터 20세기 초두에 걸쳐 일본열도에서 형성된 사회질서의 형태를 가능한 한 총괄적으로 소묘해 보고, 아울러 그것들에 선행하는 몇 가지 기원을 추정해 보는 점에 있다. 하나의 시론(試論)으로서 비판을 받을 수 있으면 감사하겠다.

이와나미(岩波)서점 편집부의 고지마 기요시(小島潔) 씨는 일찍부터 열성껏 출판을 권유해 주셨다. 고지마 씨의 조언과 비판에 힘입어 가필한 부분도 적지 않다. 그 비평력에 경의와 함께 감사의 뜻을 표하고 싶다. 또한 필자가 역사를 주제로 책을 쓰는 일은 이번이 겨우 두 권째에 불과하지만, 아마도 마지막일 것이다. 지금까지 기회 있을 때마다 일본현대사에 대한 관심을 일깨워주신 아버님, 어머님께 이 책을 바친다.

1997. 10.
나루사와 아키라

역자 후기

  일본을 다녀 본 외국인들은 거의 공통적으로 일본인들의 탁월한 공공질서의식과 친절에 대해 말한다. 질서와 친절은 좁은 면적에 많은 사람이 서로 부대끼며 삶을 영위하는 속에서 불필요한 마찰과 갈등을 피하고 상호 원만한 관계를 도모하기 위해 오랜 세월에 걸쳐 축적된 생활의 지혜이자 기술이라고 볼 수 있다. 그러나 한편으로는 보다 원활한 지배를 위해 권력에 의해 강제되거나 인위적으로 조작된 측면 또한 분명히 존재한다.

  이 책의 원저는 나루사와 아키라(成沢光)『현대 일본의 사회질서, 그 역사적 기원을 구하여(現代日本の社會秩序—歷史的起源を求めて—)』(岩波書店, 1997)이다. 저자 나루사와 선생은 1939년생으로 도쿄대학에서 일본정치사를 전공하였고 현재는 도쿄의 호세이(法政)대학 교수로 계시며, 이 저작에 앞선 주요 저서로는 『정치의 언설(政治のことば)』(平凡社選書84, 1984)이 있다. 역자와는 일면식도 없는 이

분의 저서를 번역하겠다고 마음먹은 것은 우선 원저의 제목과 표지 이면의, "왜 형체도 색깔도 세밀하게 선별되고 깨끗이 손질된 생선과 야채만이 팔리는 것인가? 왜 학교는 '일사불란하고 정숙하고 정연하게' 학생을 집단행동 하게 하는가? 이러한 현대 일본의 과잉된 질서감각의 유래를 메이지시대 일본의 근대화, 에도시대 무가사회의 예법, 중세 선종사원의 일상규범에까지 거슬러 올라가서 검토한다'라는 소개글에 끌리는 바가 컸기 때문이다.

일본근세(에도시대)사를 전공하는 역자로서는 이전부터 메이지유신에 앞선 일본 근세에 관하여, "모든 사회단체의 지역별, 직종별 집단화와 피라미드형 조직화, 각 집단에 대한 권력의 효율적인 관리체제"를 바탕으로, "고도로 발달한 무가적(武家的) 관료제에 의해 잘 조직화된 통제사회라고 할 수 있으며, 이는 또한 우리가 익히 알고 있는 바와 같은 근대 일본의 행보에도 짙은 음영을 드리운다"(일본학교육협의회, 『일본의 이해』, p.133. 태학사, 2002)라는 인식을 지녀왔다. 다시 말해서 역자는 현대 일본인의 질서관이 실은 에도시대 막번체제 하의 조직적이고 엄정한 사회 통제와 밀접히 연관된 것임을 어렴풋이 느끼고 있었고, 원저의 주제는 이러한 관심에 하나의 해답을 제시하는 것으로 이해되었다.

이 책은 일본 근대와 근세, 중세사회의 일상 생활규범에 대한 미시사적인 접근을 통하여, 근·현대 일본의 사회질서와 그 역사적 기원에 관해 통시대적인 사회사 혹은 문명사적인 결론을 유도한다. 제1부는 19세기 말부터 20세기 초두의 일본사회에 나타난 근대적=

서구적인 질서관이 어떠한 특질을 지니는가를 시간 · 공간 · 신체 · 인간관계로 나누어 검토함으로써 현대까지 이어지는 일본적 사회질서의 원형을 제시하였다. 그리고 제2부에서는 그러한 일본 근 · 현대의 사회질서가 서양 모델이라는 외래적인 영향과 함께 에도시대의 무가사회와 도시사회, 그리고 중세 선종사원의 내부 규율을 역사적인 전제로 한 것이 아니냐는 가설을 시론적으로 제기하고 있다. 각각의 시대에 관해서는 방대한 양의 각종 규범서와 예법서, 법령집을 면밀히 검토하였고, 또 저자 자신이 「후기」에서 밝힌 바와 같이 사회사 · 사상사 · 여성사 · 교육사 · 의료사 등을 망라한 광범위한 분야의 선행 연구를 참조하고 있다.

저자는 서구적 근대의 질서관 또는 우주관이 전통 일본사회의 질서의식을 송두리째 파괴하면서 마치 점령군처럼 메이지시대의 일본에 유입된 것으로는 보지 않는다. 즉, 서구를 수용하기 전 일본 내부의 각 시대에 이미 고유한 역사적 전제가 마련되어 있었음을 수많은 사료를 통해 검증함으로써, 전근대와 근대 이후를 부분적인 연속과 단절, 일본적 특수성과 서구적 보편성의 혼합 및 상승효과라고 하는 복안적인 시각에서 규명하고자 한 것이다.

또한 중세 선종사원에 대한 기술을 제외하고는 일본적 질서형성의 모든 장면에 깊숙이 개입하는 지배권력의 의지가 전편에 걸쳐 강조되었다. 심지어는 "삶과 죽음의 구분도 의사라는 이름의 제삼자가 '과학적' 근거에 바탕을 둔 진단을 통해 결정하게 되었다. …사망진단서가 법적 효력을 가지게 됨으로써 개개인의 신체적 종말은 국가의 인정을 받은 연후에만 사체로서 최종 분류되었다." 이러한 저자의 시각에서 볼 때, 일본인의 질서의식은 결코 개개인의 내면에서부터 우러나와 스스로를 규율하는 자발적인 것이 아니다. 일상생활의 아주 미세한 부분에까지 촉수를 뻗친 무사정권 및 메이지 천황 제정부의 민간 통제와 위로부터 강제된 타율적인 질서의식이 근대화과정을 거치면서 점차 내면화, 체질화된 것으로 이해할 수 있다.

저자는 결론적으로 "'근대화'란 이름의 선(善)이 포화상태에 이르러 인간으로서는 도무지 제어할 수 없는 악을 잉태하는 구조가 드러났다"라고 하여 일본뿐만 아니라 인류사의 근대에 대한 강한 불신을 드러냄과 동시에, 그럼에도 불구하고 현재는 "거듭된 시행착오를 제외하고는 대체할 만한 새로운 질서가 보이지 않는다는 의미에서 하나의 '역사의 종말'"이라고 단언함으로써 연구 전망의 한계점을 스스로 지적하고 있다. 근대문명에 대해서는 그간 다양한 분야에서 수많은 비판적 논의가 진행되어 왔다. 그러나 탈근대를 향한 대안의 제시는 여전히 미흡한 상태이며 이 책의 경우도 그 예외가 아니다. 따라서 이 책은 근대문명의 돌파구를 전향적으로 모색하기보다 거꾸로 그 기원 즉, '종말의 시작'을 되물음으로써 인간과 자연을 파괴하는 일본적인 과잉질서의 근원을 과거로 소급해서 인식하고자 하는 독특한 방법론을 택한다.

역자 개인적으로는 이 책을 통해 일본사회를 보다 깊이 이해하기 위한 많은 시사점을 얻을 수 있었다. 또 이러한 특정 주제에 대해 통시대적인 역사 서술이 가능한 일본학계의 축적된 역량이 참으로 부러웠다.

　근대 이후 군대·학교·공장의 규율과 제도에 관한 기술을 통해서는 한국사회에 그대로 투영이 가능한 점도 많이 보였다. 게다가 일제 강점기에 반강제적으로 도입되었음이 분명한 지극히 이질적이며 타율적인 외래 질서가 일본 현지에서는 패전과 고도경제성장을 거치면서 기세가 크게 약화되었음에도 불구하고 한국사회에서 현재에 이르기까지 오히려 뿌리깊게 지속되는 것처럼 보이는 예도 많았다. 혹시라도 이는 우리 사회의 내재적 문화전통과 무관하지 않은 문제들인가? 또 흔히 말하는 것처럼 일제 침략이 만악(萬惡)의 원흉이라면, 우리의 전통적인 문화역량이 일본제국주의의 강고한 벽을 넘어서지 못했다는 것인가? 앞으로 이 방면의 연구 성과를 고대할 수밖에 없다.

　끝으로, 원저는 다종 다양한 각 시대별 사료를 현대어역 없이 원문 그대로 인용하면서 사료에서 사료로 이어지는 논리 전개의 방식을 취했다. 따라서 하나 하나의 사료를 쉬운 우리말로 옮기기 위해 긴 시간을 고심했음에도 불구하고 다소 오류를 범했을 가능성이 없지 않다. 그 모든 잘못은 말할 필요도 없이 역자의 책임이다.

2004. 6.
박경수

저자 나루사와 아키라(成沢 光)

1939년 출생.

도쿄대학 대학원 법학정치학연구과에서 일본정치사전공으로 박사학위를 취득하였다. 현재는 호세이(法政)대학 교수이다.

주요 저서로는 『정치의 언설(政治のことば)』(平凡社選書84, 1984)이 있으며, 현재는 생명윤리 문제에 깊은 관심을 가지고 있음.

역자 박경수

1955년 대구에서 출생.

계명대학교 일어교육과 졸업, 도호쿠(東北)대학 대학원 문학연구과에서 일본사전공으로 박사학위를 취득하였다. 전공분야는 일본근세(에도시대) 상인사 · 상품유통사이며, 1990년부터 현재까지 강릉대학교 인문대학 일본학과에 재직중이다. 이 역서는 약간의 외도라고 할 수 있음.

한림신서 일본학총서 발간에 즈음하여

1995년은 제2차 세계대전이 끝나고 우리나라가 일본 식민지에서 해방된 지 50년이 되는 해이며, 한·일간에 국교정상화가 이루어진 지 30년을 헤아리는 해이다. 한일 양국은 이러한 역사를 되돌아보면서 앞으로 크게 변화될 세계사 속에서 동북아시아의 평화와 번영을 추구해야 하리라고 생각한다.

한림대학교 일본학연구소는 이러한 역사의 앞날을 전망하면서 1994년 3월에 출범하였다. 무엇보다도 일본을 바르게 알고 한국과 일본을 비교하면서 학문적, 문화적인 교류를 모색할 생각이다.

본 연구소는 일본학에 관한 자료를 수집하고 제반 과제를 한·일간에 공동으로 조사 연구하며 그 결과가 실제로 한·일관계 발전에 이바지할 수 있도록 노력하고자 한다. 그러한 사업의 일환으로 여기에 일본에 관한 기본적인 도서를 엄선하여 번역 출판하기로 했다. 아직 우리나라에는 일본에 관한 양서가 충분히 소개되지 못했다고 느껴지기 때문이다.

본 연구소는 조사와 연구, 기타 사업이 한국 전체를 위해야 한다고 생각하며 한·일 양국만이 아니라 다른 여러 나라의 연구자나 연구기관과 유대를 가지고 세계적인 시야에서 일을 추진해 나갈 것이다. 그러므로 누구나 열린 마음으로 본 연구소가 뜻하는 일에 참여해 주기를 바란다.

한림신서 일본학총서가 우리 문화에 기여하고 21세기를 향한 동북아시아의 상호 이해를 더하며 평화와 번영을 증진시키는 데 보탬이 되기를 바란다. 많은 분들의 성원을 기대해 마지않는다.

1995년 5월
한림대학교 일본학연구소